LITUANO
VOCABULÁRIO

PORTUGUÊS BRASILEIRO

PORTUGUÊS LITUANO

Para alargar o seu léxico e apurar
as suas competências linguísticas

7000 palavras

Vocabulário Português Brasileiro-Lituano - 7000 palavras

Por Andrey Taranov

Os vocabulários da T&P Books destinam-se a ajudar a aprender, a memorizar, e a rever palavras estrangeiras. O dicionário é dividido em temas, cobrindo todas as principais esferas de atividades quotidianas, negócios, ciência, cultura, etc.

O processo de aprendizagem, utilizando os dicionários baseados em temáticas da T&P Books dá-lhe as seguintes vantagens:

- Informação de origem corretamente agrupada predetermina o sucesso em fases subsequentes da memorização de palavras
- Disponibilização de palavras derivadas da mesma raiz, o que permite a memorização de unidades de texto (em vez de palavras separadas)
- Pequenas unidades de palavras facilitam o processo de estabelecimento de vínculos associativos necessários para a consolidação do vocabulário
- O nível de conhecimento da língua pode ser estimado pelo número de palavras aprendidas

T&P Books Publishing
www.tpbooks.com

ISBN: 978-1-78767-334-2

Este livro também está disponível em formato E-book.
Por favor visite www.tpbooks.com ou as principais livrarias on-line.

VOCABULÁRIO LITUANO
palavras mais úteis

Os vocabulários da T&P Books destinam-se a ajudar a aprender, a memorizar, e a rever palavras estrangeiras. O vocabulário contém mais de 7000 palavras de uso comum organizadas tematicamente.

O vocabulário contém as palavras mais comummente usadas
Recomendado como adicional para qualquer curso de línguas
Satisfaz as necessidades dos iniciados e dos alunos avançados de línguas estrangeiras
Conveniente para o uso diário, sessões de revisão e atividades de auto-teste
Permite avaliar o seu vocabulário

Características especias do vocabulário

*   As palavras estão organizadas de acordo com o seu significado, e não por ordem alfabética
*   As palavras são apresentadas em três colunas para facilitar os processos de revisão e auto-teste
*   As palavras compostas são divididas em pequenos blocos para facilitar o processo de aprendizagem
*   O vocabulário oferece uma transcrição simples e adequada de cada palavra estrangeira

O vocabulário contém 198 tópicos incluindo:

Conceitos básicos, Números, Cores, Meses, Estações do ano, Unidades de medida, Roupas & Acessórios, Alimentos & Nutrição, Restaurante, Membros da Família, Parentes, Caráter, Sentimentos, Emoções, Doenças, Cidade, Passeios, Compras, Dinheiro, Casa, Lar, Escritório, Trabalho no Escritório, Importação & Exportação, Marketing, Pesquisa de Emprego, Esportes, Educação, Computador, Internet, Ferramentas, Natureza, Países, Nacionalidades e muito mais ...

TABELA DE CONTEÚDOS

GUIA DE PRONUNCIAÇÃO

Letra	Exemplo Lituano	Alfabeto fonético T&P	Exemplo Português
Aa	adata	[a]	chamar
Ąą	ąžuolas	[aː]	rapaz
Bb	badas	[b]	barril
Cc	cukrus	[ts]	tsé-tsé
Čč	česnakas	[tʃ]	Tchau!
Dd	dumblas	[d]	dentista
Ee	eglė	[æ]	semana
Ęę	vedęs	[æː]	primavera
Ėė	ėdalas	[eː]	plateia
Ff	fleita	[f]	safári
Gg	gandras	[g]	gosto
Hh	husaras	[ɣ]	agora
I i	ižas	[i]	sinônimo
Į į	mįslė	[iː]	cair
Yy	vynas	[iː]	cair
J j	juokas	[j]	Vietnã
Kk	kilpa	[k]	aquilo
L l	laisvė	[l]	libra
Mm	mama	[m]	magnólia
Nn	nauda	[n]	natureza
Oo	ola	[o], [oː]	noite
Pp	pirtis	[p]	presente
Rr	ragana	[r]	riscar
Ss	sostinė	[s]	sanita
Šš	šūvis	[ʃ]	mês
Tt	tėvynė	[t]	tulipa
Uu	upė	[u]	bonita
Ųų	siųsti	[uː]	blusa
Ūū	ūmėdė	[uː]	blusa
Vv	vabalas	[ʋ]	fava
Zz	zuikis	[z]	sésamo
Žž	žiurkė	[ʒ]	talvez

Comentários

Um macron como em (ū), ou um ogonek como em (ą, ę, į, ų) podem ser usados para marcar a extensão de uma vogal em Letão oficial moderno. Os acentos Agudos como em (Áá Ą́ą́), graves como em (Àà), e til como em (Ãã Ą̃ą̃) são usados para indicar acentuações tonais. No entanto, essas acentuações tonais geralmente não se escrevem, exceto em dicionários, gramáticas e quando necessário, para maior clareza na diferenciação de palavras homônimas e no uso em dialetos.

ABREVIATURAS
usadas no vocabulário

Abreviaturas do Português

adj	-	adjetivo
adv	-	advérbio
anim.	-	animado
conj.	-	conjunção
desp.	-	esporte
etc.	-	Etcetera
ex.	-	por exemplo
f	-	nome feminino
f pl	-	feminino plural
fem.	-	feminino
inanim.	-	inanimado
m	-	nome masculino
m pl	-	masculino plural
m, f	-	masculino, feminino
masc.	-	masculino
mat.	-	matemática
mil.	-	militar
pl	-	plural
prep.	-	preposição
pron.	-	pronome
sb.	-	sobre
sing.	-	singular
v aux	-	verbo auxiliar
vi	-	verbo intransitivo
vi, vt	-	verbo intransitivo, transitivo
vr	-	verbo reflexivo
vt	-	verbo transitivo

Abreviaturas do Lituano

dgs	-	plural
m	-	nome feminino
m dgs	-	feminino plural
v	-	nome masculino
v dgs	-	masculino plural

CONCEITOS BÁSICOS

Conceitos básicos. Parte 1

1. Pronomes

eu	àš	['aʃ]
você	tù	['tu]
ele	jìs	[jɪs]
ela	jì	[jɪ]
nós	mẽs	['mʲæs]
vocês	jũs	['juːs]
eles, elas	jiẽ	['jiɛ]

2. Cumprimentos. Saudações. Despedidas

Oi!	Sveĩkas!	['svʲɛɪkas!]
Olá!	Sveikì!	[svʲɛɪ'kʲɪ]
Bom dia!	Lãbas rýtas!	['lʲaːbas 'rʲiːtas!]
Boa tarde!	Labà dienà!	[lʲa'ba dʲiɛ'na!]
Boa noite!	Lãbas vãkaras!	['lʲaːbas 'vaːkaras!]
cumprimentar (vt)	sveĩkintis	['svʲɛɪkʲɪntʲɪs]
Oi!	Lãbas!	['lʲaːbas!]
saudação (f)	linkéjimas (v)	[lʲɪŋ'kʲɛjɪmas]
saudar (vt)	sveĩkinti	['svʲɛɪkʲɪntʲɪ]
Tudo bem?	Kaĩp sẽkasi?	['kʌɪp 'sʲækasʲɪ?]
E aí, novidades?	Kàs naũjo?	['kas 'nɑujɔ?]
Tchau! Até logo!	Ikì pasimãtymo!	[ɪ'kʲɪ pasʲɪmatʲiːmo!]
Até breve!	Ikì greĩto susìtikimo!	[ɪ'kʲɪ 'grʲɛɪtɔ susʲɪtʲɪ'kʲɪmɔ!]
Adeus!	Lìkite sveikì!	['lʲɪkʲɪtʲɛ svʲɛɪ'kʲɪ!]
despedir-se (dizer adeus)	atsisveĩkinti	[atsʲɪ'svʲɛɪkʲɪntʲɪ]
Até mais!	Ikì!	[ɪ'kʲɪ!]
Obrigado! -a!	Ãčiū!	['aːtʂʲuː!]
Muito obrigado! -a!	Labaĩ ãčiū!	[lʲa'bʌɪ 'aːtʂʲuː!]
De nada	Prãšom.	['praːʃom]
Não tem de quê	Nevertà padėkõs.	[nʲɛver'ta padʲe:'koːs]
Não foi nada!	Nėrà ùž ką̃.	[nʲeːˈra 'ʊʒ kaː]
Desculpa!	Atléisk!	[at'lʲɛɪsk!]
Desculpe!	Atléiskite!	[at'lʲɛɪskʲɪtʲɛ!]
desculpar (vt)	atléisti	[at'lʲɛɪstʲɪ]
desculpar-se (vr)	atsiprašýti	[atsʲɪpra'ʃɪːtʲɪ]

Me desculpe	Mãno atsiprāšymas.	['ma:nɔ atsʲɪ'pra:ʃɪ:mas]
Desculpe!	Atléiskite!	[atʲlʲɛɪskʲɪtʲɛ!]
perdoar (vt)	atléisti	[atʲlʲɛɪstʲi]
Não faz mal	Niéko baisaūs.	['nʲɛkɔ bʌɪ'sɑʊs]
por favor	prāšom	['pra:ʃom]

Não se esqueça!	Nepamíŗškite!	[nʲɛpa'mʲɪrʃkʲɪtʲɛ!]
Com certeza!	Žìnoma!	['ʒʲɪnoma!]
Claro que não!	Žìnoma nè!	['ʒʲɪnoma nʲɛ!]
Está bem! De acordo!	Sutinkù!	[sʊtʲɪŋ'kʊ!]
Chega!	Užtèks!	[ʊʒ'tʲɛks!]

3. Números cardinais. Parte 1

zero	nùlis	['nʊlʲɪs]
um	víenas	['vʲɛnas]
dois	dù	['dʊ]
três	trìs	['trʲɪs]
quatro	keturì	[kʲɛtʊ'rʲɪ]

cinco	penkì	[pʲɛŋ'kʲɪ]
seis	šešì	[ʃɛ'ʃɪ]
sete	septynì	[sʲɛptʲi:'nʲɪ]
oito	aštuonì	[aʃtʊa'nʲɪ]
nove	devynì	[dʲɛvʲi:'nʲɪ]

dez	dēšimt	['dʲæʃɪmt]
onze	vienúolika	[vʲɛ'nʊalʲɪka]
doze	dvýlika	['dvʲi:lʲɪka]
treze	trýlika	['trʲi:lʲɪka]
catorze	keturiólika	[kʲɛtʊ'rʲolʲɪka]

quinze	penkiólika	[pʲɛŋ'kʲolʲɪka]
dezesseis	šešiólika	[ʃɛ'ʃolʲɪka]
dezessete	septyniólika	[sʲɛptʲi:'nʲolʲɪka]
dezoito	aštuoniólika	[aʃtʊa'nʲolʲɪka]
dezenove	devyniólika	[dʲɛvʲi:'nʲolʲɪka]

vinte	dvìdešimt	['dvʲɪdʲɛʃɪmt]
vinte e um	dvìdešimt víenas	['dvʲɪdʲɛʃɪmt 'vʲɛnas]
vinte e dois	dvìdešimt dù	['dvʲɪdʲɛʃɪmt 'dʊ]
vinte e três	dvìdešimt trìs	['dvʲɪdʲɛʃɪmt 'trʲɪs]

trinta	trìsdešimt	['trʲɪsdʲɛʃɪmt]
trinta e um	trìsdešimt víenas	['trʲɪsdʲɛʃɪmt 'vʲɛnas]
trinta e dois	trìsdešimt dù	['trʲɪsdʲɛʃɪmt 'dʊ]
trinta e três	trìsdešimt trìs	['trʲɪsdʲɛʃɪmt 'trʲɪs]

quarenta	kéturiasdešimt	['kʲætʊrʲæsdʲɛʃɪmt]
quarenta e um	kéturiasdešimt víenas	['kʲætʊrʲæsdʲɛʃɪmt 'vʲɛnas]
quarenta e dois	kéturiasdešimt dù	['kʲætʊrʲæsdʲɛʃɪmt 'dʊ]
quarenta e três	kéturiasdešimt trìs	['kʲætʊrʲæsdʲɛʃɪmt 'trʲɪs]
cinquenta	peñkiasdešimt	['pʲɛŋkʲæsdʲɛʃɪmt]
cinquenta e um	peñkiasdešimt víenas	['pʲɛŋkʲæsdʲɛʃɪmt 'vʲɛnas]

cinquenta e dois	peñkiasdešimt dù	['pʲɛŋkʲæsdʲɛʃɪmt 'dʊ]
cinquenta e três	peñkiasdešimt trìs	['pʲɛŋkʲæsdʲɛʃɪmt 'trʲɪs]
sessenta	šẽšiasdešimt	['ʃæʃæsdʲɛʃɪmt]
sessenta e um	šẽšiasdešimt víenas	['ʃæʃæsdʲɛʃɪmt 'vʲiɛnas]
sessenta e dois	šẽšiasdešimt dù	['ʃæʃæsdʲɛʃɪmt 'dʊ]
sessenta e três	šẽšiasdešimt trìs	['ʃæʃæsdʲɛʃɪmt 'trʲɪs]
setenta	septýniasdešimt	[sʲɛp'tʲiːnʲæsdʲɛʃɪmt]
setenta e um	septýniasdešimt víenas	[sʲɛp'tʲiːnʲæsdʲɛʃɪmt 'vʲiɛnas]
setenta e dois	septýniasdešimt dù	[sʲɛp'tʲiːnʲæsdʲɛʃɪmt 'dʊ]
setenta e três	septýniasdešimt trìs	[sʲɛptʲiːnæsdʲɛʃɪmt 'trʲɪs]
oitenta	aštúoniasdešimt	[aʃ'tʊɑnʲæsdʲɛʃɪmt]
oitenta e um	aštúoniasdešimt víenas	[aʃ'tʊɑnʲæsdʲɛʃɪmt 'vʲiɛnas]
oitenta e dois	aštúoniasdešimt dù	[aʃ'tʊɑnʲæsdʲɛʃɪmt 'dʊ]
oitenta e três	aštúoniasdešimt trìs	[aʃ'tʊɑnʲæsdʲɛʃɪmt 'trʲɪs]
noventa	devýniasdešimt	[dʲɛ'vʲiːnʲæsdʲɛʃɪmt]
noventa e um	devýniasdešimt víenas	[dʲɛ'vʲiːnʲæsdʲɛʃɪmt 'vʲiɛnas]
noventa e dois	devýniasdešimt dù	[dʲɛ'vʲiːnʲæsdʲɛʃɪmt 'dʊ]
noventa e três	devýniasdešimt trìs	[dʲɛ'vʲiːnʲæsdʲɛʃɪmt 'trʲɪs]

4. Números cardinais. Parte 2

cem	šim̃tas	['ʃɪmtas]
duzentos	dù šimtaĩ	['dʊ ʃɪm'tʌɪ]
trezentos	trìs šimtaĩ	['trʲɪs ʃɪm'tʌɪ]
quatrocentos	keturì šimtaĩ	[kʲɛtʊ'rʲɪ ʃɪm'tʌɪ]
quinhentos	penkì šimtaĩ	[pʲɛŋ'kʲɪ ʃɪm'tʌɪ]
seiscentos	šešì šimtaĩ	[ʃɛ'ʃɪ ʃɪm'tʌɪ]
setecentos	septynì šimtaĩ	[sʲɛptʲiːnʲɪ 'ʃɪmtʌɪ]
oitocentos	aštuonì šimtaĩ	[aʃtʊɑ'nʲɪ ʃɪm'tʌɪ]
novecentos	devynì šimtaĩ	[dʲɛvʲiː'nʲɪ ʃɪm'tʌɪ]
mil	tū́kstantis	['tuːkstantʲɪs]
dois mil	dù tū́kstančiai	['dʊ 'tuːkstantsʲɛɪ]
três mil	trỹs tū́kstančiai	['trʲiːs 'tuːkstantsʲɛɪ]
dez mil	dẽšimt tū́kstančių	['dʲæʃɪmt 'tuːkstantsʲuː]
cem mil	šim̃tas tū́kstančių	['ʃɪmtas 'tuːkstantsʲuː]
um milhão	milijõnas (v)	[mʲɪlʲɪ'jɔːnas]
um bilhão	milijárdas (v)	[mʲɪlʲɪ'jardas]

5. Números. Frações

fração (f)	trùpmena (m)	['trʊpmʲɛna]
um meio	víena antróji	['vʲiɛna an'tro:jɪ]
um terço	víena trečióji	['vʲiɛna trʲɛ'tʂʲoːjɪ]
um quarto	víena ketvirtóji	['vʲiɛna kʲɛtvʲɪr'toːjɪ]
um oitavo	víena aštuntóji	['vʲiɛna aʃtʊn'toːjɪ]
um décimo	víena dešimtóji	['vʲiɛna dʲɛʃɪm'toːjɪ]

| dois terços | dvì trečioosios | [dvʲɪ 'trʲætsʲoosʲos] |
| três quartos | trỹs ketvìrtosios | ['trʲiːs kʲɛt'vʲɪrtosʲos] |

6. Números. Operações básicas

subtração (f)	atimtìs (m)	[atʲɪm'tʲɪs]
subtrair (vi, vt)	atiṁti	[a'tʲɪmtʲɪ]
divisão (f)	dalýba (m)	[da'lʲiːba]
dividir (vt)	dalìnti	[da'lʲɪntʲɪ]

adição (f)	sudėjìmas (v)	[suʲdʲe:'jɪmas]
somar (vt)	sudéti	[su'dʲe:tʲɪ]
adicionar (vt)	pridéti	[prʲɪ'dʲe:tʲɪ]
multiplicação (f)	daugýba (m)	[dau'gʲiːba]
multiplicar (vt)	dáuginti	['daugʲɪntʲɪ]

7. Números. Diversos

algarismo, dígito (m)	skaitmuõ (v)	[skʌɪt'mua]
número (m)	skaĩčius (v)	['skʌɪtsʲus]
numeral (m)	skaĩtvardis (v)	['skʌɪtvardʲɪs]
menos (m)	mìnusas (v)	['mʲɪnusas]
mais (m)	pliùsas (v)	['plʲusas]
fórmula (f)	fòrmulė (m)	['formulʲe:]

cálculo (m)	išskaičiãvimas (v)	[ɪʃskʌɪ'tsʲævʲɪmas]
contar (vt)	skaičiúoti	[skʌɪ'tsʲuatʲɪ]
calcular (vt)	apskaičiúoti	[apskʌɪ'tsʲuatʲɪ]
comparar (vt)	sulýginti	[su'lʲiːgʲɪntʲɪ]

Quanto, -os, -as?	Kíek?	['kʲiɛk?]
soma (f)	sumà (m)	[su'ma]
resultado (m)	rezultãtas (v)	[rʲɛzulʲ'ta:tas]
resto (m)	likùtis (v)	[lʲɪ'kutʲɪs]

alguns, algumas ...	kẽletas	['kʲælʲɛtas]
pouco (~ tempo)	nedaũg ...	[nʲɛ'daug ...]
resto (m)	vìsa kìta	['vʲɪsa 'kʲɪta]
um e meio	pusañtro	[pu'santrɔ]
dúzia (f)	tùzinas (v)	['tuzʲɪnas]

ao meio	peῖ pùsę	['pʲɛr 'pusʲɛ:]
em partes iguais	põ lýgiai	['po: lʲiːgʲɛɪ]
metade (f)	pùsė (m)	['pusʲe:]
vez (f)	kártas (v)	['kartas]

8. Os verbos mais importantes. Parte 1

| abrir (vt) | atidarýti | [atʲɪda'rʲiːtʲɪ] |
| acabar, terminar (vt) | užbaìgti | [uʒ'bʌɪktʲɪ] |

aconselhar (vt)	patarinéti	[patarʲɪ'nʲeːtʲɪ]
adivinhar (vt)	atspéti	[at'spʲeːtʲɪ]
advertir (vt)	pérspéti	['pʲɛrspʲeːtʲɪ]
ajudar (vt)	padéti	[pa'dʲeːtʲɪ]
almoçar (vi)	pietáuti	[pʲiɛ'tautʲɪ]
alugar (~ um apartamento)	núomotis	['nuɑmotʲɪs]
amar (pessoa)	myléti	[mʲiː'lʲeːtʲɪ]
ameaçar (vt)	grasìnti	[gra'sʲɪntʲɪ]
anotar (escrever)	užrašinéti	[ʊʒraʃɪ'nʲeːtʲɪ]
apressar-se (vr)	skubéti	[skʊ'bʲeːtʲɪ]
arrepender-se (vr)	gailétis	[gʌɪ'lʲeːtʲɪs]
assinar (vt)	pasirašinéti	[pasʲɪraʃɪ'nʲeːtʲɪ]
brincar (vi)	juokáuti	[jʊɑ'kautʲɪ]
brincar, jogar (vi, vt)	žaĩsti	['ʒʌɪstʲɪ]
buscar (vt)	ieškóti	[ɪɛʃ'kotʲɪ]
caçar (vi)	medžióti	[mʲɛ'dʒʲotʲɪ]
cair (vi)	krìsti	['krʲɪstʲɪ]
cavar (vt)	raũsti	['raʊstʲɪ]
chamar (~ por socorro)	kviẽsti	['kvʲɛstʲɪ]
chegar (vi)	atvažiúoti	[atva'ʒʲuɑtʲɪ]
chorar (vi)	veȓkti	['vʲɛrktʲɪ]
começar (vt)	pradéti	[pra'dʲeːtʲɪ]
comparar (vt)	lýginti	['lʲiːgʲɪntʲɪ]
concordar (dizer "sim")	sutìkti	[sʊ'tʲɪktʲɪ]
confiar (vt)	pasitikéti	[pasʲɪtʲɪ'kʲeːtʲɪ]
confundir (equivocar-se)	suklýsti	[sʊk'lʲiːstʲɪ]
conhecer (vt)	pažinóti	[paʒʲɪ'notʲɪ]
contar (fazer contas)	skaičiúoti	[skʌɪ'tʃʲuɑtʲɪ]
contar com ...	tikétis ...	[tʲɪ'kʲeːtʲɪs ...]
continuar (vt)	tẽsti	['tʲɛːstʲɪ]
controlar (vt)	kontroliúoti	[kɔntro'lʲuɑtʲɪ]
convidar (vt)	kviẽsti	['kvʲɛstʲɪ]
correr (vi)	bégti	['bʲeːktʲɪ]
criar (vt)	sukùrti	[sʊ'kʊrtʲɪ]
custar (vt)	kainúoti	[kʌɪ'nuɑtʲɪ]

9. Os verbos mais importantes. Parte 2

dar (vt)	dúoti	['duɑtʲɪ]
dar uma dica	užsimiñti	[ʊʒsʲɪ'mʲɪntʲɪ]
decorar (enfeitar)	puõšti	['puɑʃtʲɪ]
defender (vt)	giñti	['gʲɪntʲɪ]
deixar cair (vt)	numèsti	[nʊ'mʲɛstʲɪ]
descer (para baixo)	léistis	['lʲɛɪstʲɪs]
desculpar (vt)	atléisti	[at'lʲɛɪstʲɪ]
desculpar-se (vr)	atsiprašinéti	[atsʲɪpraʃɪ'nʲeːtʲɪ]
dirigir (~ uma empresa)	vadováuti	[vado'vautʲɪ]

discutir (notícias, etc.)	aptarinéti	[aptarʲɪ'nʲætʲɪ]
disparar, atirar (vi)	šáudyti	['ʃɑʊdʲiːtʲɪ]
dizer (vt)	pasakýti	[pasa'kʲiːtʲɪ]
duvidar (vt)	abejóti	[abʲɛ'jɔtʲɪ]
encontrar (achar)	ràsti	['rastʲɪ]
enganar (vt)	apgaudinéti	[apgɑʊdʲɪ'nʲeːtʲɪ]

entender (vt)	supràsti	[sʊp'rastʲɪ]
entrar (na sala, etc.)	įeĩti	[iːˈɛɪtʲɪ]
enviar (uma carta)	išsiụsti	[ɪʃ'sʲuːstʲɪ]
errar (enganar-se)	klýsti	['klʲiːstʲɪ]
escolher (vt)	išsiriñkti	[ɪʃsʲɪ'rʲɪŋktʲɪ]

esconder (vt)	slėpti	['slʲeːptʲɪ]
escrever (vt)	rašýti	[ra'ʃɪːtʲɪ]
esperar (aguardar)	láukti	['lʲɑʊktʲɪ]
esperar (ter esperança)	tikétis	[tʲɪ'kʲeːtʲɪs]
esquecer (vt)	užmíršti	[ʊʒ'mʲɪrʃtʲɪ]

estudar (vt)	studijúoti	[stʊdʲɪ'juatʲɪ]
exigir (vt)	reikaláuti	[rʲɛɪka'lʲɑʊtʲɪ]
existir (vi)	egzistúoti	[ɛgzʲɪs'tʊatʲɪ]
explicar (vt)	paáiškinti	[pa'ʌɪʃkʲɪntʲɪ]

falar (vi)	sakýti	[sa'kʲiːtʲɪ]
faltar (a la escuela, etc.)	praleidinéti	[pralʲɛɪdʲɪ'nʲeːtʲɪ]
fazer (vt)	darýti	[da'rʲiːtʲɪ]
ficar em silêncio	tyléti	[tʲiːˈlʲeːtʲɪ]
gabar-se (vr)	gìrtis	['gʲɪrtʲɪs]

gostar (apreciar)	patìkti	[pa'tʲɪktʲɪ]
gritar (vi)	šaũkti	['ʃɑʊktʲɪ]
guardar (fotos, etc.)	sáugoti	['sɑʊgotʲɪ]
informar (vt)	informúoti	[ɪnfor'mʊatʲɪ]
insistir (vi)	reikaláuti	[rʲɛɪka'lʲɑʊtʲɪ]

insultar (vt)	įžeidinéti	[iːʒʲɛɪdʲɪ'nʲeːtʲɪ]
interessar-se (vr)	dométis	[do'mʲeːtʲɪs]
ir (a pé)	eĩti	['ɛɪtʲɪ]
ir nadar	máudytis	['mɑʊdʲiːtʲɪs]
jantar (vi)	vakarieniáuti	[vakarʲiɛ'nʲæʊtʲɪ]

10. Os verbos mais importantes. Parte 3

ler (vt)	skaitýti	[skʌɪ'tʲiːtʲɪ]
libertar, liberar (vt)	išláisvinti	[ɪʃ'lʲʌɪsvʲɪntʲɪ]
matar (vt)	žudýti	[ʒʊ'dʲiːtʲɪ]
mencionar (vt)	minéti	[mʲɪ'nʲeːtʲɪ]
mostrar (vt)	ródyti	['rodʲiːtʲɪ]

mudar (modificar)	pakeĩsti	[pa'kʲɛɪstʲɪ]
nadar (vi)	plaũkti	['plʲɑʊktʲɪ]
negar-se a … (vr)	atsisakýti	[atsʲɪsa'kʲiːtʲɪ]
objetar (vt)	prieštaráuti	[prʲiɛʃta'rɑʊtʲɪ]

observar (vt)	**stebéti**	[ste'bʲe:tʲɪ]
ordenar (mil.)	**nurodinéti**	[nʊrodʲɪ'nʲe:tʲɪ]
ouvir (vt)	**girdéti**	[gʲɪr'dʲe:tʲɪ]
pagar (vt)	**mokéti**	[mo'kʲe:tʲɪ]
parar (vi)	**sustóti**	[sʊs'totʲɪ]

parar, cessar (vt)	**nustóti**	[nʊ'stotʲɪ]
participar (vi)	**dalyváuti**	[dalʲi:'vaʊtʲɪ]
pedir (comida, etc.)	**užsakinéti**	[ʊʒsakʲɪ'nʲe:tʲɪ]
pedir (um favor, etc.)	**prašýti**	[pra'ʃɪ:tʲɪ]
pegar (tomar)	**imti**	['ɪmtʲɪ]

pegar (uma bola)	**gáudyti**	['gaʊdʲi:tʲɪ]
pensar (vi, vt)	**galvóti**	[galʲ'votʲɪ]
perceber (ver)	**pastebéti**	[paste'bʲe:tʲɪ]
perdoar (vt)	**atléisti**	[at'lʲɛɪstʲɪ]
perguntar (vt)	**kláusti**	['klʲaʊstʲɪ]

permitir (vt)	**léisti**	['lʲɛɪstʲɪ]
pertencer a … (vi)	**priklausýti**	[prʲɪklʲaʊ'sʲi:tʲɪ]
planejar (vt)	**planúoti**	[plʲa'nʊatʲɪ]
poder (~ fazer algo)	**galéti**	[ga'lʲe:tʲɪ]
possuir (uma casa, etc.)	**mokéti**	[mo'kʲe:tʲɪ]

preferir (vt)	**teĩkti pirmenýbę**	['tʲɛɪktʲɪ pʲɪrmʲɛ'nʲi:bʲɛ:]
preparar (vt)	**gaminti**	[ga'mʲɪntʲɪ]
prever (vt)	**numatýti**	[nʊma'tʲi:tʲɪ]
prometer (vt)	**žadéti**	[ʒa'dʲe:tʲɪ]
pronunciar (vt)	**ištarti**	[ɪʃ'tartʲɪ]

propor (vt)	**siúlyti**	['sʲu:lʲi:tʲɪ]
punir (castigar)	**baũsti**	['baʊstʲɪ]
quebrar (vt)	**láužyti**	['lʲaʊʒʲi:tʲɪ]
queixar-se de …	**skústis**	['sku:stʲɪs]
querer (desejar)	**noréti**	[no'rʲe:tʲɪ]

11. Os verbos mais importantes. Parte 4

ralhar, repreender (vt)	**bárti**	['bartʲɪ]
recomendar (vt)	**rekomendúoti**	[rʲɛkomʲɛn'dʊatʲɪ]
repetir (dizer outra vez)	**kartóti**	[kar'totʲɪ]
reservar (~ um quarto)	**rezervúoti**	[rʲɛzʲɛr'vʊatʲɪ]
responder (vt)	**atsakýti**	[atsa'kʲi:tʲɪ]

rezar, orar (vi)	**melstis**	['mʲɛlˢstʲɪs]
rir (vi)	**juõktis**	['jʊaktʲɪs]
roubar (vt)	**võgti**	['vo:ktʲɪ]
saber (vt)	**žinóti**	[ʒʲɪ'notʲɪ]
sair (~ de casa)	**išeĩti**	[ɪ'ʃɛɪtʲɪ]

salvar (resgatar)	**gélbéti**	['gʲælʲbʲe:tʲɪ]
seguir (~ alguém)	**sèkti …**	['sʲɛktʲɪ …]
sentar-se (vr)	**séstis**	['sʲe:stʲɪs]
ser necessário	**bũti reikalĩngu**	['bu:tʲɪ rʲɛɪka'lʲɪngʊ]

ser, estar	bū́ti	['bu:t'ɪ]
significar (vt)	réikšti	['r'ɛɪkʃt'ɪ]
sorrir (vi)	šypsótis	[ʃɪːp'sot'ɪs]
subestimar (vt)	nejvértinti	[n'ɛɪː'v'ɛrt'ɪnt'ɪ]
surpreender-se (vr)	stebétis	[ste'b'e:t'ɪs]
tentar (~ fazer)	bandýti	[ban'd'i:t'ɪ]
ter (vt)	turéti	[tu'r'e:t'ɪ]
ter fome	noréti válgyti	[no'r'e:t'ɪ 'val'g'i:t'ɪ]
ter medo	bijóti	[b'ɪ'jot'ɪ]
ter sede	noréti gérti	[no'r'e:t'ɪ 'g'ært'ɪ]
tocar (com as mãos)	čiupinéti	[tʃ'up'ɪ'n'e:t'ɪ]
tomar café da manhã	pùsryčiauti	['pusr'i:tʃ'ɛut'ɪ]
trabalhar (vi)	dìrbti	['d'ɪrpt'ɪ]
traduzir (vt)	vérsti	['v'ɛrst'ɪ]
unir (vt)	apjùngti	[a'pjuŋkt'ɪ]
vender (vt)	pardavinéti	[pardav'ɪ'n'e:t'ɪ]
ver (vt)	matýti	[ma't'i:t'ɪ]
virar (~ para a direita)	sùkti	['sukt'ɪ]
voar (vi)	skrìsti	['skr'ɪst'ɪ]

12. Cores

cor (f)	spalvà (m)	[spal'i'va]
tom (m)	àtspalvis (v)	['a:tspal'v'ɪs]
tonalidade (m)	tònas (v)	['tonas]
arco-íris (m)	vaivórykštė (m)	[vʌɪ'vor'i:kʃt'e:]
branco (adj)	baltà	[bal'i'ta]
preto (adj)	juodà	[juɑ'da]
cinza (adj)	pilkà	[p'ɪl'i'ka]
verde (adj)	žalià	[ʒa'l'æ]
amarelo (adj)	geltóna	[g'ɛl'i'tona]
vermelho (adj)	raudóna	[rɑu'dona]
azul (adj)	mélyna	['m'e:l'i:na]
azul claro (adj)	žydrà	[ʒ'i:d'ra]
rosa (adj)	rõžinė	['ro:ʒ'ɪn'e:]
laranja (adj)	orànžinė	[o'ranʒ'ɪn'e:]
violeta (adj)	violètinė	[v'ɪjo'l'ɛt'ɪn'e:]
marrom (adj)	rudà	[ru'da]
dourado (adj)	auksìnis	[ɑuk's'ɪn'ɪs]
prateado (adj)	sidabrìnis	[s'ɪda'br'ɪn'ɪs]
bege (adj)	smėlio spalvõs	['sm'e:l'ɔ spal'i'vo:s]
creme (adj)	krèminės spalvõs	['kr'ɛm'ɪn'e:s spal'i'vo:s]
turquesa (adj)	tùrkio spalvõs	['turk'ɔ spal'i'vo:s]
vermelho cereja (adj)	vỹšnių spalvõs	[v'i:ʃn'u: spal'i'vo:s]
lilás (adj)	alỹvų spalvõs	[a'l'i:vu: spal'i'vo:s]
carmim (adj)	aviètinės spalvõs	[a'v'ɛt'ɪn'e:s spal'i'vo:s]

claro (adj)	šviesì	[ʃvʲiɛˈsʲɪ]
escuro (adj)	tamsì	[tamˈsʲɪ]
vivo (adj)	ryškì	[rʲiːʃkʲɪ]

de cor	spalvótas	[spalʲˈvotas]
a cores	spalvótas	[spalʲˈvotas]
preto e branco (adj)	juodaĩ báltas	[juɑˈdʌɪ ˈbalʲtas]
unicolor (de uma só cor)	vienspãlvis	[vʲiɛnsˈpalʲvʲɪs]
multicolor (adj)	įvairiaspãlvis	[iːvʌɪrʲæsˈpalʲvʲɪs]

13. Questões

Quem?	Kàs?	[ˈkas?]
O que?	Ką̃?	[ˈka:?]
Onde?	Kur̃?	[ˈkʊr?]
Para onde?	Kur̃?	[ˈkʊr?]
De onde?	Ìš kur̃?	[ɪʃ ˈkʊr?]
Quando?	Kadà?	[kaˈda?]
Para quê?	Kám?	[ˈkam?]
Por quê?	Kodė̃l?	[kɔˈdʲeːlʲ?]

Para quê?	Kám?	[ˈkam?]
Como?	Kaĩp?	[ˈkʌɪp?]
Qual (~ é o problema?)	Kóks?	[ˈkoks?]
Qual (~ deles?)	Kurìs?	[kʊˈrʲɪs?]

A quem?	Kám?	[ˈkam?]
De quem?	Apiẽ ką̃?	[aˈpʲɛ ˈka:?]
Do quê?	Apiẽ ką̃?	[aˈpʲɛ ˈka:?]
Com quem?	Sù kuõ?	[ˈsʊ ˈkʊɑ?]

Quanto, -os, -as?	Kíek?	[ˈkʲiɛk?]
De quem (~ é isto?)	Kienõ?	[kʲiɛˈno:?]

14. Palavras funcionais. Advérbios. Parte 1

Onde?	Kur̃?	[ˈkʊr?]
aqui	čià	[ˈtʂʲæ]
lá, ali	teñ	[ˈtʲɛn]

em algum lugar	kažkur̃	[kaʒˈkʊr]
em lugar nenhum	niẽkur	[ˈnʲɛkʊr]

perto de ...	priẽ ...	[ˈprʲɛ ...]
perto da janela	priẽ lángo	[ˈprʲɛ ˈlʲango]

Para onde?	Kur̃?	[ˈkʊr?]
aqui	čià	[ˈtʂʲæ]
para lá	teñ	[ˈtʲɛn]
daqui	ìš čià	[ɪʃ tʂʲæ]
de lá, dali	ìš teñ	[ɪʃ tʲɛn]
perto	šalià	[ʃaˈlʲæ]

longe	tolì	[to'lʲɪ]
perto de …	šalià	[ʃa'lʲæ]
à mão, perto	artì	[ar'tʲɪ]
não fica longe	netolì	[nʲɛ'tolʲɪ]

esquerdo (adj)	kairỹs	[kʌɪ'rʲi:s]
à esquerda	ìš kairě̃s	[ɪʃ kʌɪ'rʲe:s]
para a esquerda	į̃ kaĩrę	[i: 'kʌɪrʲɛ:]

direito (adj)	dešinỹs	[dʲɛʃɪ'nʲi:s]
à direita	ìš dešině̃s	[ɪʃ deʃɪ'nʲe:s]
para a direita	į̃ dẽšinę	[i: 'dʲæʃɪnʲɛ:]

em frente	príekyje	['prʲiɛkʲi:jɛ]
da frente	príekinis	['prʲiɛkʲɪnʲɪs]
adiante (para a frente)	pirmỹn	[pʲɪr'mʲi:n]

atrás de …	galè	[ga'lʲɛ]
de trás	ìš gãlo	[ɪʃ 'ga:lʲɔ]
para trás	atgal̃	[at'galʲ]

meio (m), metade (f)	vidurỹs (v)	[vʲɪdu'rʲi:s]
no meio	per̃ vìdurį	['pʲɛr 'vʲɪ:durʲɪ:]

do lado	šóne	['ʃonʲɛ]
em todo lugar	visur̃	[vʲɪ'sur]
por todos os lados	apliñkui	[ap'lʲɪŋkui]

de dentro	ìš vidaũs	[ɪʃ vʲɪ'daus]
para algum lugar	kažkur̃	[kaʒ'kur]
diretamente	tiẽsiai	['tʲɛsʲɛɪ]
de volta	atgal̃	[at'galʲ]

de algum lugar	ìš kur̃ nórs	[ɪʃ 'kur 'nors]
de algum lugar	ìš kažkur̃	[ɪʃ kaʒ'kur]

em primeiro lugar	pìrma	['pʲɪrma]
em segundo lugar	àntra	['antra]
em terceiro lugar	trẽčia	['trʲætʂʲæ]

de repente	staigà	[stʌɪ'ga]
no início	pradžiõj	[prad'ʒʲo:j]
pela primeira vez	pìrmą kar̃tą	['pʲɪrma: 'karta:]
muito antes de …	daũg laĩko priẽš …	['daug 'lʲʌɪkɔ 'prʲɛʃ …]
de novo	ìš naũjo	[ɪʃ 'naujɔ]
para sempre	visám laĩkui	[vʲɪ'sam 'lʲʌɪkui]

nunca	niekadà	[nʲiɛkad'a]
de novo	vẽl	['vʲe:lʲ]
agora	dabar̃	[da'bar]
frequentemente	dažnaĩ	[daʒ'nʌɪ]
então	tadà	[ta'da]
urgentemente	skubiaĩ	[sku'bʲɛɪ]
normalmente	įprastaĩ	[i:pras'tʌɪ]
a propósito, …	bejè, …	[bɛ'jæ, …]
é possível	įmãnoma	[i:'ma:noma]

provavelmente	tikétina	[tɪˈkʲeːtʲɪna]
talvez	gãli bū̃ti	[ˈgaːlʲɪ ˈbuːtʲɪ]
além disso, ...	bè tõ, ...	[ˈbʲɛ toː, ...]
por isso ...	todě̃l ...	[toˈdʲeːlʲ ...]
apesar de ...	nepáisant ...	[nʲɛˈpʌɪsant ...]
graças a ...	... dė́ka	[... dʲeːˈka]

que (pron.)	kàs	[ˈkas]
que (conj.)	kàs	[ˈkas]
algo	kažkàs	[kaʒˈkas]
alguma coisa	kažkàs	[kaʒˈkas]
nada	niẽko	[ˈnʲɛkɔ]

quem	kàs	[ˈkas]
alguém (~ que ...)	kažkàs	[kaʒˈkas]
alguém (com ~)	kažkàs	[kaʒˈkas]

ninguém	niẽkas	[ˈnʲɛkas]
para lugar nenhum	niẽkur	[ˈnʲɛkʊr]
de ninguém	niẽkieno	[ˈnʲɛˈkʲiɛnɔ]
de alguém	kažkienõ	[kaʒkʲiɛˈnoː]

tão	taĩp	[ˈtʌɪp]
também (gostaria ~ de ...)	taĩp pàt	[ˈtʌɪp ˈpat]
também (~ eu)	ĩrgi	[ˈɪrgʲɪ]

15. Palavras funcionais. Advérbios. Parte 2

Por quê?	Kodě̃l?	[kɔˈdʲeːlʲ?]
por alguma razão	kažkodě̃l	[kaʒkoˈdʲeːlʲ]
porque ...	... todě̃l, kàd	[... toˈdʲeːlʲ, ˈkad]
por qualquer razão	kažkodě̃l	[kaʒkoˈdʲeːlʲ]

e (tu ~ eu)	ĩr	[ɪr]
ou (ser ~ não ser)	arbà	[arˈba]
mas (porém)	bèt	[ˈbʲɛt]

muito, demais	pernelýg	[pʲɛrnʲɛˈlʲiːg]
só, somente	tiktaĩ	[tʲɪkˈtʌɪ]
exatamente	tiksliaĩ	[tʲɪksˈlʲʲɛɪ]
cerca de (~ 10 kg)	maždaũg	[maʒˈdɑʊg]

aproximadamente	apýtikriai	[aˈpʲiːtʲɪkrʲɛɪ]
aproximado (adj)	apýtikriai	[aˈpʲiːtʲɪkrʲɛɪ]
quase	bevéik	[bʲɛˈvʲɛɪk]
resto (m)	vìsa kìta (m)	[ˈvʲɪsa ˈkʲɪta]

cada (adj)	kiekvíenas	[kʲiɛkˈvʲiɛnas]
qualquer (adj)	bèt kurìs	[ˈbʲɛt kuˈrʲɪs]
muito, muitos, muitas	daũg	[ˈdɑʊg]
muitas pessoas	daũgelis	[ˈdɑʊgʲɛlʲɪs]
todos	visì	[vʲɪˈsʲɪ]
em troca de ...	mainaĩs į̃ ...	[mʌɪˈnʌɪs iː ...]
em troca	mainaĩs	[mʌɪˈnʌɪs]

| à mão | rankiniu būdù | ['raŋkʲɪnʲʊ buːˈdʊ] |
| pouco provável | kažì | [kaˈʒʲɪ] |

provavelmente	tikriáusiai	[tʲɪkˈrʲæʊsʲɛɪ]
de propósito	týčia	[ˈtʲiːtʂʲæ]
por acidente	netýčia	[nʲɛˈtʲiːtʂʲæ]

muito	labaĩ	[ɫaˈbʌɪ]
por exemplo	pãvyzdžiui	[ˈpaːvʲiːzdʒʲʊi]
entre	tar̃p	[ˈtarp]
entre (no meio de)	tar̃p	[ˈtarp]
tanto	tiẽk	[ˈtʲɛk]
especialmente	ýpač	[ˈiːpatʂ]

Conceitos básicos. Parte 2

16. Opostos

rico (adj)	turtìngas	[tʊr'tʲɪngas]
pobre (adj)	skurdùs	[skʊr'dʊs]
doente (adj)	ser̃gantis	['sʲɛrgantʲɪs]
bem (adj)	sveĩkas	['svʲɛɪkas]
grande (adj)	dìdelis	['dʲɪdʲɛlʲɪs]
pequeno (adj)	mãžas	['maːʒas]
rapidamente	greĩtai	['grʲɛɪtʌɪ]
lentamente	lėtaĩ	[lʲeː'tʌɪ]
rápido (adj)	greĩtas	['grʲɛɪtas]
lento (adj)	lėtas	['lʲeːtas]
alegre (adj)	liñksmas	['lʲɪŋksmas]
triste (adj)	liūdnas	['lʲuːdnas]
juntos (ir ~)	kártu	['kartʊ]
separadamente	atskiraĩ	[atskʲɪ'rʌɪ]
em voz alta (ler ~)	gar̃siai	['garsʲɛɪ]
para si (em silêncio)	tỹliai	['tʲiːlʲɛɪ]
alto (adj)	aũkštas	['ɑʊkʃtas]
baixo (adj)	žẽmas	['ʒʲæmas]
profundo (adj)	gilùs	[gʲɪ'lʲʊs]
raso (adj)	seklùs	[sʲɛk'lʲʊs]
sim	taĩp	['tʌɪp]
não	nè	['nʲɛ]
distante (adj)	tólimas	['tolʲɪmas]
próximo (adj)	artimas	['artʲɪmas]
longe	tolì	[to'lʲɪ]
à mão, perto	artì	[ar'tʲɪ]
longo (adj)	ìlgas	['ɪlʲgas]
curto (adj)	trumpas	['trʊmpas]
bom (bondoso)	gẽras	['gʲæras]
mal (adj)	pìktas	['pʲɪktas]
casado (adj)	vẽdęs	['vʲædʲɛːs]

solteiro (adj)	nevẽdęs	[nʲɛ'vʲædʲɛ:s]
proibir (vt)	uždraũsti	[ʊʒ'draʊstʲɪ]
permitir (vt)	leĩsti	[ˈlʲɛɪstʲɪ]
fim (m)	pabaigà (m)	[pabʌɪ'ga]
início (m)	pradžia (m)	[prad'ʒʲæ]
esquerdo (adj)	kairỹs	[kʌɪ'rʲi:s]
direito (adj)	dešinỹs	[dʲɛʃɪ'nʲi:s]
primeiro (adj)	pìrmas	[ˈpʲɪrmas]
último (adj)	paskutìnis	[paskʊ'tʲɪnʲɪs]
crime (m)	nusikaltìmas (v)	[nʊsʲɪkalʲ'tʲɪmas]
castigo (m)	bausmẽ (m)	[baʊs'mʲe:]
ordenar (vt)	įsakýti	[i:sa'kʲi:tʲɪ]
obedecer (vt)	paklùsti	[pak'lʲʊstʲɪ]
reto (adj)	tiesùs	[tʲiɛ'sʊs]
curvo (adj)	kreĩvas	[ˈkrʲɛɪvas]
paraíso (m)	rõjus (v)	[ˈro:jʊs]
inferno (m)	prãgaras (v)	[ˈpra:garas]
nascer (vi)	gìmti	[ˈgʲɪmtʲɪ]
morrer (vi)	mìrti	[ˈmʲɪrtʲɪ]
forte (adj)	stiprùs	[stʲɪp'rʊs]
fraco, débil (adj)	sìlpnas	[ˈsʲɪlʲpnas]
velho, idoso (adj)	sẽnas	[ˈsʲænas]
jovem (adj)	jáunas	[ˈjaʊnas]
velho (adj)	sẽnas	[ˈsʲænas]
novo (adj)	naũjas	[ˈnaʊjas]
duro (adj)	kíetas	[ˈkʲiɛtas]
macio (adj)	mìnkštas	[ˈmʲɪŋkʃtas]
quente (adj)	šìltas	[ˈʃɪlʲtas]
frio (adj)	šáltas	[ˈʃalʲtas]
gordo (adj)	stóras	[ˈstoras]
magro (adj)	plónas	[ˈplʲonas]
estreito (adj)	siaũras	[ˈsʲɛʊras]
largo (adj)	platùs	[plʲa'tʊs]
bom (adj)	gẽras	[ˈgʲæras]
mau (adj)	blõgas	[ˈblʲo:gas]
valente, corajoso (adj)	drąsùs	[dra:'sʊs]
covarde (adj)	bailùs	[bʌɪ'lʲʊs]

17. Dias da semana

segunda-feira (f)	pirmãdienis (v)	[pᵢɪr'ma:dⁱɪɛnʲɪs]
terça-feira (f)	antrãdienis (v)	[an'tra:dⁱɪɛnʲɪs]
quarta-feira (f)	trečiãdienis (v)	[trⁱɛ'tʃⁱædⁱɪɛnʲɪs]
quinta-feira (f)	ketvirtãdienis (v)	[kⁱɛtvⁱɪr'ta:dⁱɪɛnʲɪs]
sexta-feira (f)	penktãdienis (v)	[pⁱɛŋk'ta:dⁱɪɛnʲɪs]
sábado (m)	šeštãdienis (v)	[ʃⁱɛʃ'ta:dⁱɪɛnʲɪs]
domingo (m)	sekmãdienis (v)	[sⁱɛk'ma:dⁱɪɛnʲɪs]

hoje	šiañdien	['ʃændⁱɪɛn]
amanhã	rytój	[rⁱi:'toj]
depois de amanhã	porýt	[po'rⁱi:t]
ontem	vãkar	['va:kar]
anteontem	ùžvakar	['ʊʒvakar]

dia (m)	dienà (m)	[dⁱɪɛ'na]
dia (m) de trabalho	dárbo dienà (m)	['darbɔ dⁱɪɛ'na]
feriado (m)	šveñtinė dienà (m)	['ʃvɛntʲɪnʲe: dⁱɪɛ'na]
dia (m) de folga	išeiginė dienà (m)	[ɪʃɛɪ'gʲɪnʲe: dⁱɪɛ'na]
fim (m) de semana	savãitgalis (v)	[sa'vʌɪtgalʲɪs]

o dia todo	vìsą dìeną	['vⁱɪsa: 'dⁱɛna:]
no dia seguinte	sèkančią dìeną	['sⁱɛ̃kantʃⁱæ: 'dⁱɛna:]
há dois dias	priẽš dvì dienàs	['prⁱɛʃ 'dvⁱɪ dⁱɪɛ'nas]
na véspera	išvakarése	['ɪʃvakarⁱe:se]
diário (adj)	kasdiènis	[kas'dⁱɛnʲɪs]
todos os dias	kasdiẽn	[kas'dⁱɛn]

semana (f)	saváitė (m)	[sa'vʌɪtⁱe:]
na semana passada	praeitą saváitę	['praⁱɛɪta: sa'vʌɪtⁱɛ:]
semana que vem	ateìnančią saváitę	[a'tⁱɛɪnantʃⁱæ: sa'vʌɪtⁱɛ:]
semanal (adj)	kassaváitinis	[kassa'vʌɪtʲɪnʲɪs]
toda semana	kàs saváitę	['kas sa'vʌɪtⁱɛ:]
duas vezes por semana	dù kartùs pe̋r saváitę	['dʊ kar'tʊs pⁱɛr sa'vʌɪtⁱɛ:]
toda terça-feira	kiekvíeną antrãdienį	[kⁱɪɛk'vⁱi:ena: an'tra:dⁱi:enʲɪ:]

18. Horas. Dia e noite

manhã (f)	rýtas (v)	['rⁱi:tas]
de manhã	rytè	[rⁱi:'tⁱɛ]
meio-dia (m)	vidùrdienis (v)	[vⁱɪ'dʊrdⁱɪɛnʲɪs]
à tarde	popiẽt	[po'pⁱɛt]

tardinha (f)	vãkaras (v)	['va:karas]
à tardinha	vakarè	[vaka'rⁱɛ]
noite (f)	naktìs (m)	[nak'tⁱɪs]
à noite	nãktį	['na:kti:]
meia-noite (f)	vidùrnaktis (v)	[vⁱɪ'dʊrnaktⁱɪs]

segundo (m)	sekùndė (m)	[sⁱɛ'kʊndⁱe:]
minuto (m)	minùtė (m)	[mⁱɪ'nʊtⁱe:]
hora (f)	valandà (m)	[valⁱan'da]

meia hora (f)	pùsvalandis (v)	['pʊsvalʲandʲɪs]
quarto (m) de hora	ketvirtis valandõs	[kʲɛtʲvʲɪrtʲɪs valʲanˈdoːs]
quinze minutos	penkiólika minùčių	[pʲɛŋˈkʲolʲɪka mʲɪˈnʊtʂʲuː]
vinte e quatro horas	parà (m)	[paˈra]

nascer (m) do sol	sáulės patekéjimas (v)	['saʊlʲeːs patʲɛˈkʲɛjɪmas]
amanhecer (m)	aušrà (m)	[aʊʃˈra]
madrugada (f)	ankstyvas rýtas (v)	[aŋkˈstʲiːvas 'rʲiːtas]
pôr-do-sol (m)	saulélydis (v)	[saʊˈlʲeːlʲiːdʲɪs]

de madrugada	ankstì rytè	[aŋkˈstʲɪ rʲiːˈtʲɛ]
esta manhã	šiañdien rytè	['ʃænʲdʲɛn rʲiːˈtʲɛ]
amanhã de manhã	rytój rytè	[rʲiːˈtoj rʲiːˈtʲɛ]

esta tarde	šiañdien diẽną	['ʃænʲdʲɛn 'dʲiɛnaː]
à tarde	popiẽt	[poˈpʲɛt]
amanhã à tarde	rytój popiẽt	[rʲiːˈtoj poˈpʲɛt]

esta noite, hoje à noite	šiañdien vakarè	['ʃænʲdʲɛn vakaˈrʲɛ]
amanhã à noite	rytój vakarè	[rʲiːˈtoj vakaˈrʲɛ]

às três horas em ponto	lýgiai trẽčią vãlandą	['lʲiːgʲɛɪ 'trʲætʂʲæ 'vaːlanda:]
por volta das quatro	apiẽ ketvirtą vãlandą	[aˈpʲɛ kʲɛtvʲɪrta: vaːlʲanda:]
às doze	dvýliktai vãlandai	['dvʲiːlʲɪktʌɪ 'vaːlandʌɪ]

em vinte minutos	ùž dvidešimtiẽs minùčių	['ʊʒ dvʲɪdʲɛʃɪmˈtʲɛs mʲɪˈnʊtʂʲuː]
em uma hora	ùž valandõs	['ʊʒ valʲanˈdoːs]
a tempo	laikù	[lʲʌɪˈkʊ]

... um quarto para	bè ketvirčio	['bʲɛ 'kʲɛtvʲɪrtʂʲɔ]
dentro de uma hora	valandõs bégyje	[valʲanˈdoːs 'bʲeːgʲiːje]
a cada quinze minutos	kàs penkiólika minùčių	['kas pʲɛŋˈkʲolʲɪka mʲɪˈnʊtʂʲuː]
as vinte e quatro horas	vìsą pãrą (m)	['vʲɪsa: 'paːra:]

19. Meses. Estações

janeiro (m)	saũsis (v)	['saʊsʲɪs]
fevereiro (m)	vasãris (v)	[vaˈsaːrʲɪs]
março (m)	kovàs (v)	[kɔˈvas]
abril (m)	balañdis (v)	[baˈlʲandʲɪs]
maio (m)	gegužė̃ (m)	[gʲɛgʊˈʒʲeː]
junho (m)	biržẽlis (v)	[bʲɪrˈʒʲælʲɪs]

julho (m)	líepa (m)	['lʲiɛpa]
agosto (m)	rugpjũtis (v)	[rʊgˈpju:tʲɪs]
setembro (m)	rugséjis (v)	[rʊgˈsʲɛjɪs]
outubro (m)	spãlis (v)	['spa:lʲɪs]
novembro (m)	lãpkritis (v)	['lʲa:pkrʲɪtʲɪs]
dezembro (m)	grúodis (v)	['grʊadʲɪs]

primavera (f)	pavãsaris (v)	[paˈva:sarʲɪs]
na primavera	pavãsarį	[paˈva:sarʲɪː]
primaveril (adj)	pavasarìnis	[pavasaˈrʲɪnʲɪs]
verão (m)	vãsara (m)	['va:sara]

no verão	vãsarą	['va:sara:]
de verão	vasarìnis	[vasa'rʲɪnʲɪs]
outono (m)	ruduõ (v)	[rʊ'dʊɑ]
no outono	rùdenį	['rʊdʲɛnʲɪ:]
outonal (adj)	rudenìnis	[rʊdʲɛ'nʲɪnʲɪs]
inverno (m)	žiemà (m)	[ʒʲiɛ'ma]
no inverno	žiēmą	['ʒʲɛma:]
de inverno	ziemìnis	[ʒʲiɛ'mʲɪnʲɪs]
mês (m)	ménuo (v)	['mʲe:nʊɑ]
este mês	šį́ ménesį	[ʃɪ: 'mʲe:nesʲɪ:]
mês que vem	kìtą ménesį	['kʲɪ:ta: 'mʲe:nesʲɪ:]
no mês passado	praeitą ménesį	['praʲɛɪta: 'mʲe:nesʲɪ:]
um mês atrás	priẽš ménesį	['prʲɪ:ɛʃ 'mʲe:nesʲɪ:]
em um mês	ùž ménesio	['ʊʒ 'mʲe:nesʲɔ]
em dois meses	ùž dvejų̃ ménesių	['ʊʒ dve'ju: 'mʲe:nesʲu:]
todo o mês	vìsą ménesį	['vʲɪsa: 'mʲe:nesʲɪ:]
um mês inteiro	vìsą ménesį	['vʲɪsa: 'mʲe:nesʲɪ:]
mensal (adj)	kasmėnesìnis	[kasmʲe:ne'sʲɪnʲɪs]
mensalmente	kàs ménesį	['kas 'mʲe:nesʲɪ:]
todo mês	kiekvíeną ménesį	[kʲiɛk'vʲɪ:ɛna: 'mʲe:nesʲɪ:]
duas vezes por mês	dù kartùs peñ ménesį	['dʊ kar'tʊs per 'mʲe:nesʲɪ:]
ano (m)	mḗtai (v dgs)	['mʲætʌɪ]
este ano	šiaĩs mḗtais	['ʃɛɪs 'mʲætʌɪs]
ano que vem	kitaĩs mḗtais	[kʲɪ'tʌɪs 'mʲætʌɪs]
no ano passado	praeitaĩs mḗtais	[praʲɛɪ'tʌɪs 'mʲætʌɪs]
há um ano	priẽš metùs	['prʲɛʃ mʲɛ'tʊs]
em um ano	ùž mḗtų	['ʊʒ 'mʲætu:]
dentro de dois anos	ùž dvejų̃ mḗtų	['ʊʒ dvʲɛ'ju: 'mʲætu:]
todo o ano	visùs metùs	[vʲɪ'sʊs mʲɛ'tʊs]
um ano inteiro	visùs metùs	[vʲɪ'sʊs mʲɛ'tʊs]
cada ano	kàs metùs	['kas mʲɛ'tʊs]
anual (adj)	kasmetìnis	[kasmʲɛ'tʲɪnʲɪs]
anualmente	kàs metùs	['kas mʲɛ'tʊs]
quatro vezes por ano	kẹturis kartùs per metùs	['kʲætʊrʲɪs kar'tʊs pʲer mʲɛ'tʊs]
data (~ de hoje)	dienà (m)	[dʲiɛ'na]
data (ex. ~ de nascimento)	datà (m)	[da'ta]
calendário (m)	kalendõrius (v)	[kalʲɛn'do:rʲʊs]
meio ano	pùsė mḗtų	['pʊsʲe: 'mʲætu:]
seis meses	pùsmetis (v)	['pʊsmʲɛtʲɪs]
estação (f)	sezònas (v)	[sʲɛ'zonas]
século (m)	ámžius (v)	['amʒʲʊs]

20. Tempo. Diversos

tempo (m)	laĩkas (v)	['lʲʌɪkas]
momento (m)	akìmirka (m)	[a'kʲɪmʲɪrka]
instante (m)	momentas (v)	[mo'mʲɛntas]
instantâneo (adj)	staigùs	[stʌɪ'gʊs]
lapso (m) de tempo	laĩko tárpas (v)	['lʲʌɪkɔ 'tarpas]
vida (f)	gyvẽnimas (v)	[gʲiː'vʲænʲɪmas]
eternidade (f)	amžinýbė (m)	[amʒʲɪ'nʲiːbʲeː]

época (f)	epochà (m)	[ɛpo'xa]
era (f)	erà (m)	[ɛ'ra]
ciclo (m)	cìklas (v)	['tsʲɪklʲas]
período (m)	periòdas (v)	[pʲɛrʲɪ'jodas]
prazo (m)	laikótarpis (v)	[lʲʌɪ'kotarpʲɪs]

futuro (m)	ateitìs (m)	[atʲɛɪ'tʲɪs]
futuro (adj)	bùsimas	['bʊsʲɪmas]
da próxima vez	kìtą kart̃ą	['kʲɪta: 'karta:]
passado (m)	praeitìs (m)	[praʲɛɪ'tʲɪs]
passado (adj)	praẽjęs	[pra'e:jɛ:s]
na última vez	pràeitą kart̃ą	['praʲɛɪta: 'karta:]

mais tarde	vėliaũ	[vʲeː'lʲɛʊ]
depois de ...	põ	['po:]
atualmente	dabar̃	[da'bar]
agora	dabar̃	[da'bar]
imediatamente	tuõj pàt	['tʊɑj 'pat]
em breve	greĩtai	['grʲɛɪtʌɪ]
de antemão	ìš añksto	[ɪʃ 'aŋkstɔ]

há muito tempo	seniaĩ	[sʲɛ'nʲɛɪ]
recentemente	neseniaĩ	[nʲɛsʲɛ'nʲɛɪ]
destino (m)	likìmas (v)	[lʲɪ'kʲɪmas]
recordações (f pl)	atminìmas (v)	[atmʲɪ'nʲɪmas]
arquivo (m)	archỹvas (v)	[ar'xʲiːvas]

durante ...	... metu	[... mʲɛ'tʊ]
durante muito tempo	ilgaĩ ...	[ɪlʲ'gʌɪ ...]
pouco tempo	neilgaĩ	[nʲɛɪlʲ'gʌɪ]
cedo (levantar-se ~)	ankstì	[aŋk'stʲɪ]
tarde (deitar-se ~)	vėlaĩ	[vʲeː'lʲʌɪ]

para sempre	visám laĩkui	[vʲɪ'sam 'lʲʌɪkʊi]
começar (vt)	pradėtì	[pra'dʲeːtʲɪ]
adiar (vt)	pérkelti	['pʲɛrkʲɛlʲtʲɪ]

ao mesmo tempo	tuõ pàt metù	['tʊɑ 'pat mʲɛ'tʊ]
permanentemente	vìsą laĩką	['vʲɪsa: 'lʲʌɪka:]
constante (~ ruído, etc.)	nuolatìnis	[nʊɑlʲa'tʲɪnʲɪs]
temporário (adj)	laĩkinas	['lʲʌɪkʲɪnas]

às vezes	kartaĩs	[kar'tʌɪs]
raras vezes, raramente	retaĩ	[rʲɛ'tʌɪ]
frequentemente	dažnaĩ	[daʒ'nʌɪ]

21. Linhas e formas

quadrado (m)	kvadrãtas (v)	[kvad'ra:tas]
quadrado (adj)	kvadrãtinis	[kvad'ra:t'ɪn'ɪs]
círculo (m)	skritulỹs (v)	[skr'ɪtu'l'i:s]
redondo (adj)	apvalùs	[apva'lʲʊs]
triângulo (m)	trìkampis (v)	['tr'ɪkamp'ɪs]
triangular (adj)	trikampìnis	[tr'ɪkam'p'ɪn'ɪs]

oval (f)	ovãlas (v)	[o'va:lʲas]
oval (adj)	ovalùs	[ova'lʲʊs]
retângulo (m)	stačiãkampis (v)	[sta'tʂʲækamp'ɪs]
retangular (adj)	stačiãkampis	[sta'tʂʲækamp'ɪs]

pirâmide (f)	piramìdė (m)	[p'ɪra'm'ɪd'e:]
losango (m)	ròmbas (v)	['rombas]
trapézio (m)	trapècija (m)	[tra'pʲɛts'ɪjɛ]
cubo (m)	kùbas (v)	['kʊbas]
prisma (m)	prìzmė (m)	['pr'ɪzmʲe:]

circunferência (f)	apskritìmas (v)	[apskr'ɪ't'ɪmas]
esfera (f)	sferà (m)	[sfʲɛ'ra]
globo (m)	rutulỹs (v)	[rʊtu'l'i:s]
diâmetro (m)	diãmetras (v)	[d'ɪ'jamʲɛtras]
raio (m)	spindulỹs (v)	[sp'ɪndʊ'l'i:s]
perímetro (m)	perìmetras (v)	[pʲɛ'r'ɪmʲɛtras]
centro (m)	cèntras (v)	['tsʲɛntras]

horizontal (adj)	horizontalùs	[ɣorʲɪzonta'lʲʊs]
vertical (adj)	vertikalùs	[vʲɛrt'ɪka'lʲʊs]
paralela (f)	paralėlė (m)	[para'lʲɛlʲe:]
paralelo (adj)	lygiagretùs	[lʲi:gʲægrʲɛ'tʊs]

linha (f)	lìnija (m)	['lʲɪn'ɪjɛ]
traço (m)	brūkšnỹs (v)	[bru:kʃn'i:s]
reta (f)	tiesióji (m)	[t'iɛ'sʲo:jɪ]
curva (f)	kreivė̃ (m)	[kr'ɛɪ'vʲe:]
fino (linha ~a)	plónas	['plʲonas]
contorno (m)	kòntūras (v)	['kontu:ras]

interseção (f)	sánkirta (m)	['saŋk'ɪrta]
ângulo (m) reto	statùsis kampas (v)	[sta'tʊsʲɪs 'kampas]
segmento (m)	segmeñtas (v)	[sʲɛg'mʲɛntas]
setor (m)	sèktorius (v)	['sʲɛktorʲʊs]
lado (de um triângulo, etc.)	pùsė (m)	['pʊsʲe:]
ângulo (m)	kampas (v)	['kampas]

22. Unidades de medida

peso (m)	svõris (v)	['svo:r'ɪs]
comprimento (m)	ìlgis (v)	[ilʲg'ɪs]
largura (f)	plõtis (v)	['plʲo:t'ɪs]
altura (f)	aũkštis (v)	['ɑʊkʃt'ɪs]

profundidade (f)	gylis (v)	['gⁱi:lⁱɪs]
volume (m)	turis (v)	['tu:rⁱɪs]
área (f)	plótas (v)	['plⁱotas]

grama (m)	gramas (v)	['gra:mas]
miligrama (m)	miligramas (v)	[mⁱɪlⁱɪ'gra:mas]
quilograma (m)	kilogramas (v)	[kⁱɪlⁱo'gra:mas]
tonelada (f)	tona (m)	[to'na]
libra (453,6 gramas)	svaras (v)	['sva:ras]
onça (f)	uncija (m)	['ʊntsⁱɪjɛ]

metro (m)	metras (v)	['mⁱɛtras]
milímetro (m)	milimetras (v)	[mⁱɪlⁱɪ'mⁱɛtras]
centímetro (m)	centimetras (v)	[tsⁱɛntⁱɪ'mⁱɛtras]
quilômetro (m)	kilometras (v)	[kⁱɪlⁱo'mⁱɛtras]
milha (f)	mylia (m)	[mⁱi:lⁱæ]

polegada (f)	cólis (v)	['tsolⁱɪs]
pé (304,74 mm)	peda (m)	[pⁱe:'da]
jarda (914,383 mm)	járdas (v)	[jardas]

metro (m) quadrado	kvadratinis metras (v)	[kvad'ra:tⁱɪnⁱɪs 'mⁱɛtras]
hectare (m)	hektaras (v)	[ɣⁱɛk'ta:ras]

litro (m)	litras (v)	['lⁱɪtras]
grau (m)	laipsnis (v)	['lⁱʌɪpsnⁱɪs]
volt (m)	voltas (v)	['volⁱtas]
ampère (m)	amperas (v)	[am'pⁱɛras]
cavalo (m) de potência	árklio galia (m)	['arklⁱo ga'lⁱæ]

quantidade (f)	kiekis (v)	['kⁱɛkⁱɪs]
um pouco de ...	nedaug ...	[nⁱɛ'dɑʊg ...]
metade (f)	puse (m)	['pʊsⁱe:]
dúzia (f)	tuzinas (v)	['tʊzⁱɪnas]
peça (f)	vienetas (v)	['vⁱɪɛnⁱɛtas]

tamanho (m), dimensão (f)	dydis (v), išmatavimai (v dgs)	['dⁱi:dⁱɪs], [ɪʃma'ta:vⁱɪmʌɪ]
escala (f)	mastelis (v)	[mas'tⁱælⁱɪs]

mínimo (adj)	minimalus	[mⁱɪnⁱɪma'lⁱʊs]
menor, mais pequeno	mažiáusias	[ma'ʒⁱæʊsⁱæs]
médio (adj)	vidutinis	[vⁱɪdu'tⁱɪnⁱɪs]
máximo (adj)	maksimalus	[maksⁱɪma'lⁱʊs]
maior, mais grande	didžiáusias	[dⁱɪ'dʒⁱæʊsⁱæs]

23. Recipientes

pote (m) de vidro	stiklainis (v)	[stⁱɪk'lⁱʌɪnⁱɪs]
lata (~ de cerveja)	skardine (m)	[skar'dⁱɪnⁱe:]
balde (m)	kibiras (v)	['kⁱɪbⁱɪras]
barril (m)	statine (m)	[sta'tⁱɪnⁱe:]

bacia (~ de plástico)	dubenelis (v)	[dʊbe'nⁱe:lⁱɪs]
tanque (m)	bakas (v)	['ba:kas]

cantil (m) de bolso	kolba (m)	['kolʲba]
galão (m) de gasolina	kanistras (v)	[ka'nʲɪstras]
cisterna (f)	bākas (v)	['ba:kas]

caneca (f)	puodėlis (v)	[puɑ'dʲælʲɪs]
xícara (f)	puodėlis (v)	[puɑ'dʲælʲɪs]
pires (m)	lėkštėlė (m)	[lʲe:kʃtʲælʲe:]
copo (m)	stiklas (v)	['stʲɪklʲas]
taça (f) de vinho	taurė (m)	[tɑu'rʲe:]
panela (f)	púodas (v)	['puɑdas]

garrafa (f)	butelis (v)	['butʲɛlʲɪs]
gargalo (m)	kāklas (v)	['ka:klʲas]

jarra (f)	grafinas (v)	[gra'fɪnas]
jarro (m)	ąsōtis (v)	[a:'so:tʲɪs]
recipiente (m)	indas (v)	['ɪndas]
pote (m)	púodas (v)	['puɑdas]
vaso (m)	vazà (m)	[va'za]

frasco (~ de perfume)	butelis (v)	['butʲɛlʲɪs]
frasquinho (m)	buteliùkas (v)	[butʲɛ'lʲukas]
tubo (m)	tūbà (m)	[tu:'ba]

saco (ex. ~ de açúcar)	maišas (v)	['mʌɪʃas]
sacola (~ plastica)	paketas (v)	[pa'kʲɛtas]
maço (de cigarros, etc.)	plúoštas (v)	['plʲuɑʃtas]

caixa (~ de sapatos, etc.)	dėžė (m)	[dʲe:'ʒʲe:]
caixote (~ de madeira)	dėžė (m)	[dʲe:'ʒʲe:]
cesto (m)	krepšỹs (v)	[krʲɛp'ʃɪ:s]

24. Materiais

material (m)	mēdžiaga (m)	['mʲædʒʲæga]
madeira (f)	mēdis (v)	['mʲædʲɪs]
de madeira	medinis	[mʲɛ'dʲɪnʲɪs]

vidro (m)	stiklas (v)	['stʲɪklʲas]
de vidro	stiklinis	[stʲɪk'lʲɪnʲɪs]

pedra (f)	akmuō (v)	[ak'muɑ]
de pedra	akmeninis	[akmʲɛ'nʲɪnʲɪs]

plástico (m)	plāstikas (v)	['plʲa:stʲɪkas]
plástico (adj)	plastikinis	[plʲastʲɪ'kʲɪnʲɪs]

borracha (f)	gumà (m)	[gu'ma]
de borracha	guminis	[gu'mʲɪnʲɪs]

tecido, pano (m)	audinỹs (v)	[ɑudʲɪ'nʲi:s]
de tecido	iš áudinio	[ɪʃ 'ɑudʲɪnʲɔ]
papel (m)	pōpierius (v)	['po:pʲɛrʲus]
de papel	popierinis	[popʲiɛ'rʲɪnʲɪs]

| papelão (m) | kartònas (v) | [kar'tonas] |
| de papelão | kartòninis | [kar'tonʲɪnʲɪs] |

polietileno (m)	polietilènas (v)	[polʲiɛtʲɪr'lʲɛnas]
celofane (m)	celofãnas (v)	[tsʲɛlʲo'fa:nas]
linóleo (m)	linolèumas (v)	[lʲɪno'lʲɛʊmas]
madeira (f) compensada	fanerà (m)	[fanʲɛ'ra]

porcelana (f)	porceliãnas (v)	[portsʲɛ'lʲænas]
de porcelana	porceliãninis	[portsʲɛ'lʲænʲɪnʲɪs]
argila (f), barro (m)	mólis (v)	['molʲɪs]
de barro	molìnis	[mo'lʲɪnʲɪs]
cerâmica (f)	kerãmika (m)	[kʲɛ'ra:mʲɪka]
de cerâmica	keramikìnis	[kʲɛramʲɪ'kʲɪnʲɪs]

25. Metais

metal (m)	metãlas (v)	[mʲɛ'ta:lʲas]
metálico (adj)	metalìnis	[mʲɛta'lʲɪnʲɪs]
liga (f)	lydinȳs (v)	[lʲiːdʲɪ'nʲiːs]

ouro (m)	áuksas (v)	['ɑʊksas]
de ouro	auksìnis	[ɑʊk'sʲɪnʲɪs]
prata (f)	sidãbras (v)	[sʲɪ'da:bras]
de prata	sidabrìnis	[sʲɪda'brʲɪnʲɪs]

ferro (m)	geležìs (v)	[gʲɛlʲɛ'ʒʲɪs]
de ferro	geležìnis	[gʲɛlʲɛ'ʒʲɪnʲɪs]
aço (m)	pliènas (v)	['plʲɛnas]
de aço (adj)	plienìnis	[plʲiɛ'nʲɪnʲɪs]
cobre (m)	vãris (v)	['va:rʲɪs]
de cobre	varìnis	[va'rʲɪnʲɪs]

alumínio (m)	aliumìnis (v)	[alʲʊ'mʲɪnʲɪs]
de alumínio	aliumìninis	[alʲʊ'mʲɪnʲɪnʲɪs]
bronze (m)	brònza (m)	['bronza]
de bronze	brònzinis	['bronzʲɪnʲɪs]

latão (m)	žálvaris (v)	['ʒalʲvarʲɪs]
níquel (m)	nìkelis (v)	['nʲɪkʲɛlʲɪs]
platina (f)	plãtinà (m)	[plʲa:tʲɪ'na]
mercúrio (m)	gývsidabris (v)	['gʲiːvsʲɪdabrʲɪs]
estanho (m)	ãlavas (v)	['a:lʲavas]
chumbo (m)	švìnas (v)	['ʃvʲɪnas]
zinco (m)	cìnkas (v)	['tsʲɪŋkas]

O SER HUMANO

O ser humano. O corpo

26. Humanos. Conceitos básicos

ser (m) humano	žmogùs (v)	[ʒmo'gʊs]
homem (m)	výras (v)	['vʲiːras]
mulher (f)	móteris (m)	['motʲɛrʲɪs]
criança (f)	vaĩkas (v)	['vʌɪkas]
menina (f)	mergáitė (m)	[mʲɛr'gʌɪtʲeː]
menino (m)	berniùkas (v)	[bʲɛr'nʲʊkas]
adolescente (m)	paauglỹs (v)	[paɑʊ'glʲiːs]
velho (m)	sēnis (v)	['sʲænʲɪs]
velha (f)	sēnė (m)	['sʲænʲeː]

27. Anatomia humana

organismo (m)	organìzmas (v)	[orga'nʲɪzmas]
coração (m)	širdìs (v)	[ʃɪr'dʲɪs]
sangue (m)	kraũjas (v)	['krɑʊjas]
artéria (f)	artèrija (m)	[ar'tʲɛrʲɪjɛ]
veia (f)	vena (m)	[vʲɛ'na]
cérebro (m)	smẽgenys (v dgs)	['smʲægʲɛnʲiːs]
nervo (m)	nèrvas (v)	['nʲɛrvas]
nervos (m pl)	nèrvai (v dgs)	['nʲɛrvʌɪ]
vértebra (f)	slankstẽlis (v)	[slaŋk'stʲælʲɪs]
coluna (f) vertebral	stùburas (v)	['stʊbʊras]
estômago (m)	skrañdis (v)	['skrandʲɪs]
intestinos (m pl)	žarnýnas (v)	[ʒar'nʲiːnas]
intestino (m)	žarnà (m)	[ʒar'na]
fígado (m)	kẽpenys (v dgs)	['kʲæpʲɛnʲiːs]
rim (m)	ìnkstas (v)	['ɪŋkstas]
osso (m)	káulas (v)	['kɑʊlʲas]
esqueleto (m)	griáučiai (v)	['grʲæʊtsʲɛɪ]
costela (f)	šónkaulis (v)	['ʃoŋkɑʊlʲɪs]
crânio (m)	káukolė (m)	['kɑʊkolʲeː]
músculo (m)	raumuõ (v)	[rɑʊ'mʊa]
bíceps (m)	bìcepsas (v)	['bʲɪtsʲɛpsas]
tríceps (m)	trìcepsas (v)	['trʲɪtsʲɛpsas]
tendão (m)	saũsgyslė (m)	['sɑʊsgʲiːsʲlʲeː]
articulação (f)	są́naris (v)	['saːnarʲɪs]

pulmões (m pl)	plaučiai (v)	['plʲɑʊtʂʲɛɪ]
órgãos (m pl) genitais	lytìniai òrganai (v dgs)	[lʲi:'tʲɪnʲɛɪ 'organʌɪ]
pele (f)	óda (m)	['oda]

28. Cabeça

cabeça (f)	galvà (m)	[galʲ'va]
rosto, cara (f)	véidas (v)	['vʲɛɪdas]
nariz (m)	nósis (m)	['nosʲɪs]
boca (f)	burnà (m)	[bʊr'na]

olho (m)	akìs (m)	[a'kʲɪs]
olhos (m pl)	ãkys (m dgs)	['a:kʲi:s]
pupila (f)	vyzdỹs (v)	[vʲi:z'dʲi:s]
sobrancelha (f)	añtakis (v)	['antakʲɪs]
cílio (f)	blakstíena (m)	[blʲak'stʲiɛna]
pálpebra (f)	võkas (v)	['vo:kas]

língua (f)	liežùvis (v)	[lʲiɛ'ʒʊvʲɪs]
dente (m)	dantìs (v)	[dan'tʲɪs]
lábios (m pl)	lũpos (m dgs)	['lʲu:pos]
maçãs (f pl) do rosto	skruostìkauliai (v dgs)	[skrʊa'stʲɪkɑʊlʲɛɪ]
gengiva (f)	dantenõs (m dgs)	[dantʲɛ'no:s]
palato (m)	gomurỹs (v)	[gomʊ'rʲi:s]

narinas (f pl)	šnérvės (m dgs)	['ʃnʲærvʲe:s]
queixo (m)	smãkras (v)	['sma:kras]
mandíbula (f)	žandìkaulis (v)	[ʒan'dʲɪkɑʊlʲɪs]
bochecha (f)	skrúostas (v)	['skrʊastas]

testa (f)	kaktà (m)	[kak'ta]
têmpora (f)	smilkinỹs (v)	[smʲɪlʲkʲɪ'nʲi:s]
orelha (f)	ausìs (m)	[ɑʊ'sʲɪs]
costas (f pl) da cabeça	pakáušis, sprándas (v)	[pa'kɑʊʃɪs], ['sprandas]
pescoço (m)	kãklas (v)	['ka:klʲas]
garganta (f)	gerklė̃ (m)	[gʲɛrk'lʲe:]

cabelo (m)	plaukaĩ (v dgs)	[plʲɑʊ'kʌɪ]
penteado (m)	šukúosena (m)	[ʃʊ'kʊasʲɛna]
corte (m) de cabelo	kirpìmas (v)	[kʲɪr'pʲɪmas]
peruca (f)	perùkas (v)	[pʲɛ'rʊkas]

bigode (m)	ũsai (v dgs)	['u:sʌɪ]
barba (f)	barzdà (m)	[barz'da]
ter (~ barba, etc.)	nešióti	[nʲɛ'ʃotʲɪ]
trança (f)	kasà (m)	[ka'sa]
suíças (f pl)	žándenos (m dgs)	['ʒandʲɛnos]

ruivo (adj)	rùdis	['rʊdʲɪs]
grisalho (adj)	žìlas	['ʒʲɪlʲas]
careca (adj)	plìkas	['plʲɪkas]
calva (f)	plìkė (m)	['plʲɪkʲe:]
rabo-de-cavalo (m)	uodegà (m)	[ʊadʲɛ'ga]
franja (f)	kírpčiai (v dgs)	['kʲɪrptʂʲɛɪ]

29. Corpo humano

| mão (f) | plåštaka (m) | ['plʲaːʃtaka] |
| braço (m) | rankà (m) | [raŋ'ka] |

dedo (m)	pìřštas (v)	['pʲɪrʃtas]
polegar (m)	nykštỹs (v)	[nʲiːkʃ'tʲiːs]
dedo (m) mindinho	mažasis pìřštas (v)	[ma'ʒasʲɪs 'pʲɪrʃtas]
unha (f)	nãgas (v)	['naːgas]

punho (m)	kùmštis (v)	['kʊmʃtʲɪs]
palma (f)	délnas (v)	['dʲɛlʲnas]
pulso (m)	ríešas (v)	['rʲiɛʃas]
antebraço (m)	dìlbis (v)	['dʲɪlʲbʲɪs]
cotovelo (m)	alkū́nė (m)	[alʲ'kuːnʲeː]
ombro (m)	petìs (v)	[pʲɛ'tʲɪs]

perna (f)	kója (m)	['koja]
pé (m)	pédà (m)	[pʲeː'da]
joelho (m)	kẽlias (v)	['kʲælʲæs]
panturrilha (f)	blauzdà (m)	[blʲɑuz'da]
quadril (m)	šlaunìs (m)	[ʃlʲɑu'nʲɪs]
calcanhar (m)	kuĺnas (v)	['kuʲʃnas]

corpo (m)	kū́nas (v)	['kuːnas]
barriga (f), ventre (m)	pìlvas (v)	['pʲɪlʲvas]
peito (m)	krūtìnė (m)	[kruː'tʲɪnʲeː]
seio (m)	krūtìs (m)	[kruː'tʲɪs]
lado (m)	šónas (v)	['ʃonas]
costas (dorso)	nùgara (m)	['nʊgara]
região (f) lombar	juosmuõ (v)	[jʊɑs'mʊɑ]
cintura (f)	liemuõ (v)	[lʲiɛ'mʊɑ]

umbigo (m)	bámba (m)	['bamba]
nádegas (f pl)	sédmenys (v dgs)	['sʲeːdmenʲiːs]
traseiro (m)	pasturgalis, ùžpakalis (v)	[pas'tʊrgalʲɪs], ['ʊʒpakalʲɪs]

sinal (m), pinta (f)	ãpgamas (v)	['aːpgamas]
sinal (m) de nascença	ãpgamas (v)	['aːpgamas]
tatuagem (f)	tatuiruõtė (m)	[tatʊi'rʊɑtʲeː]
cicatriz (f)	rándas (v)	['randas]

Vestuário & Acessórios

30. Roupa exterior. Casacos

roupa (f)	apranga (m)	[apran'ga]
roupa (f) exterior	viršutìniai drabùžiai (v dgs)	[vʲɪrʃu'tʲɪnʲɛɪ dra'buʒʲɛɪ]
roupa (f) de inverno	žiemìniai drabùžiai (v)	[ʒʲiɛ'mʲɪnʲɛɪ dra'buʒʲɛɪ]

sobretudo (m)	páltas (v)	['palʲtas]
casaco (m) de pele	kailiniaĩ (v dgs)	[kʌɪlʲɪ'nʲɛɪ]
jaqueta (f) de pele	pùskailiniai (v)	['puskʌɪlʲɪnʲɛɪ]
casaco (m) acolchoado	pūkìnė (m)	[pu:'kʲɪnʲe:]

casaco (m), jaqueta (f)	striùkė (m)	['strʲukʲe:]
impermeável (m)	apsiaũstas (v)	[ap'sʲɛustas]
a prova d'água	nepéršlampamas	[nʲɛ'pʲɛrʃlʲampamas]

31. Vestuário de homem & mulher

camisa (f)	marškiniaĩ (v dgs)	[marʃkʲɪ'nʲɛɪ]
calça (f)	kélnės (m dgs)	['kʲɛlʲnʲe:s]
jeans (m)	džìnsai (v dgs)	['dʒʲɪnsʌɪ]
paletó, terno (m)	švárkas (v)	['ʃvarkas]
terno (m)	kostiùmas (v)	[kɔs'tʲumas]

vestido (ex. ~ de noiva)	suknėlė (m)	[suk'nʲælʲe:]
saia (f)	sijõnas (v)	[sʲɪ'jɔ:nas]
blusa (f)	palaidìnė (m)	[palʲʌɪ'dʲɪnʲe:]
casaco (m) de malha	sùsegamas megztìnis (v)	['susʲɛgamas mʲɛgz'tʲɪnʲɪs]
casaco, blazer (m)	žakètas, švarkèlis (v)	[ʒa'kʲɛtas], [ʃvar'kʲælʲɪs]

camiseta (f)	fùtbolininko marškiniaĩ (v)	['futbolʲɪnʲɪŋkɔ marʃkʲɪ'nʲɛɪ]
short (m)	šórtai (v dgs)	['ʃortʌɪ]
training (m)	spórtinis kostiùmas (v)	['sportʲɪnʲɪs kɔs'tʲumas]
roupão (m) de banho	chalátas (v)	[xa'lʲa:tas]
pijama (m)	pižamà (m)	[pʲɪʒa'ma]

suéter (m)	nertìnis (v)	[nʲɛr'tʲɪnʲɪs]
pulôver (m)	megztìnis (v)	[mʲɛgz'tʲɪnʲɪs]

colete (m)	liemẽnė (m)	[lʲiɛ'mʲænʲe:]
fraque (m)	frãkas (v)	['fra:kas]
smoking (m)	smòkingas (v)	['smokʲɪngas]

uniforme (m)	unifòrma (m)	[unʲɪ'forma]
roupa (f) de trabalho	dárbo drabùžiai (v)	['darbɔ dra'buʒʲɛɪ]
macacão (m)	kombinezònas (v)	[kɔmbʲɪnʲɛ'zonas]
jaleco (m), bata (f)	chalátas (v)	[xa'lʲa:tas]

32. Vestuário. Roupa interior

roupa (f) íntima	baltiniai (v dgs)	[balⁱtⁱ'ɪ'nⁱɛɪ]
camiseta (f)	apatiniai marškinėliai (v dgs)	[apa'tⁱɪnⁱɛɪ marʃkⁱɪ'nⁱe:lⁱɛɪ]
meias (f pl)	kojinės (m dgs)	['ko:jɪnⁱe:s]
camisola (f)	naktiniai marškiniai (v dgs)	[nak'tⁱɪnⁱɛɪ marʃkⁱɪ'nⁱɛɪ]
sutiã (m)	liemenėlė (m)	[lⁱiɛme'nⁱe:lⁱe:]
meias longas (f pl)	golfai (v)	['golⁱfʌɪ]
meias-calças (f pl)	pėdkelnės (m dgs)	['pⁱe:dkⁱɛlⁱnⁱe:s]
meias (~ de nylon)	kojinės (m dgs)	['ko:jɪnⁱe:s]
maiô (m)	maudymosi kostiumėlis (v)	['mɑʊdⁱi:mosⁱɪ kostⁱʊ'mⁱe:lⁱɪs]

33. Adereços de cabeça

chapéu (m), touca (f)	kepurė (m)	[kⁱɛ'pʊrⁱe:]
chapéu (m) de feltro	skrybėlė (m)	[skrⁱi:bⁱe:'lⁱe:]
boné (m) de beisebol	beisbolo lazda (m)	['bⁱɛɪsbolⁱɔ lⁱaz'da]
boina (~ italiana)	kepurė (m)	[kⁱɛ'pʊrⁱe:]
boina (ex. ~ basca)	beretė (m)	[bⁱɛ'rⁱɛtⁱe:]
capuz (m)	gobtuvas (v)	[gop'tʊvas]
chapéu panamá (m)	panama (m)	[pana'ma]
touca (f)	megzta kepuraitė (m)	[mⁱɛgz'ta kepʊ'rʌɪtⁱe:]
lenço (m)	skara (m), skarelė (m)	[ska'ra], [ska'rⁱælⁱe:]
chapéu (m) feminino	skrybėlaitė (m)	[skrⁱi:bⁱe:'lⁱʌɪtⁱe:]
capacete (m) de proteção	šalmas (v)	['ʃalⁱmas]
bibico (m)	pilotė (m)	[pⁱɪ'lⁱotⁱe:]
capacete (m)	šalmas (v)	['ʃalⁱmas]
chapéu-coco (m)	katiliukas (v)	[katⁱɪ'lⁱʊkas]
cartola (f)	cilindras (v)	[tsⁱɪ'lⁱɪndras]

34. Calçado

calçado (m)	avalynė (m)	['a:valⁱi:nⁱe:]
botinas (f pl), sapatos (m pl)	batai (v)	['ba:tʌɪ]
sapatos (de salto alto, etc.)	batėliai (v)	[ba'tⁱælⁱɛɪ]
botas (f pl)	auliniai batai (v)	[ɑʊ'lⁱɪnⁱɛɪ 'ba:tʌɪ]
pantufas (f pl)	šlepetės (m dgs)	[ʃlⁱɛ'pⁱætⁱe:s]
tênis (~ Nike, etc.)	sportbačiai (v dgs)	['sportbatʃⁱɛɪ]
tênis (~ Converse)	sportbačiai (v dgs)	['sportbatʃⁱɛɪ]
sandálias (f pl)	sandalai (v dgs)	[san'da:lⁱʌɪ]
sapateiro (m)	batsiuvys (v)	[batsⁱʊ'vⁱi:s]
salto (m)	kulnas (v)	['kʊʃnas]
par (m)	pora (m)	[po'ra]
cadarço (m)	batraištis (v)	['ba:trʌɪʃtⁱɪs]

amarrar os cadarços	várstyti	['varstⁱi:tⁱɪ]
calçadeira (f)	šáukštas (v)	['ʃɑukʃtas]
graxa (f) para calçado	ávalynės krėmas (v)	['a:valⁱi:nⁱe:s 'krⁱɛmas]

35. Têxtil. Tecidos

algodão (m)	mẽdvilnė (m)	['mⁱædvⁱɪlⁱnⁱe:]
de algodão	iš mẽdvilnės	[ɪʃ 'mⁱædvⁱɪlⁱnⁱe:s]
linho (m)	lìnas (v)	['lⁱɪnas]
de linho	iš lìno	[ɪʃ 'lⁱɪnɔ]

seda (f)	šílkas (v)	['ʃⁱɪlⁱkas]
de seda	šilkìnis	[ʃⁱɪlⁱ'kⁱɪnⁱɪs]
lã (f)	vìlna (m)	['vⁱɪlⁱna]
de lã	vilnõnis	[vⁱɪlⁱ'no:nⁱɪs]

veludo (m)	aksómas (v)	[ak'somas]
camurça (f)	zõmša (m)	['zomʃa]
veludo (m) cotelê	velvètas (v)	[vⁱɛlⁱ'vⁱɛtas]

nylon (m)	nailònas (v)	[nʌɪ'lⁱonas]
de nylon	iš nailòno	[ɪʃ nʌɪ'lⁱonɔ]
poliéster (m)	poliestéris (v)	[polⁱiɛ'stⁱærⁱɪs]
de poliéster	iš poliestéro	[ɪʃ polⁱiɛ'stⁱærɔ]

couro (m)	óda (m)	['oda]
de couro	iš ódos	[ɪʃ 'odos]
pele (f)	káilis (v)	['kʌɪlⁱɪs]
de pele	kailìnis	[kʌɪ'lⁱɪnⁱɪs]

36. Acessórios pessoais

luva (f)	pírštinės (m dgs)	['pⁱɪrʃtⁱɪnⁱe:s]
mitenes (f pl)	kùmštinės (m dgs)	['kʊmʃtⁱɪnⁱe:s]
cachecol (m)	šãlikas (v)	['ʃa:lⁱɪkas]

óculos (m pl)	akiniaĩ (dgs)	[akⁱɪ'nⁱɛɪ]
armação (f)	rėmẽliai (v dgs)	[rⁱe:'mⁱælⁱɛɪ]
guarda-chuva (m)	skėtis (v)	['skⁱe:tⁱɪs]
bengala (f)	lazdẽlė (m)	[laz'dⁱælⁱe:]
escova (f) para o cabelo	plaukų̃ šepetỹs (v)	[plⁱɑu'ku: ʃɛpⁱɛ'tⁱi:s]
leque (m)	vėduõklė (m)	[vⁱe:'duɑklⁱe:]

gravata (f)	kaklãraištis (v)	[kak'lⁱa:rʌɪʃtⁱɪs]
gravata-borboleta (f)	petelìškė (m)	[pⁱɛtⁱɛ'lⁱɪʃkⁱe:]
suspensórios (m pl)	pẽtnešos (m dgs)	['pⁱætnⁱɛʃos]
lenço (m)	nósinė (m)	['nosⁱɪnⁱe:]

pente (m)	šùkos (m dgs)	['ʃukos]
fivela (f) para cabelo	segtùkas (v)	[sⁱɛk'tukas]
grampo (m)	plaukų̃ segtùkas (v)	[plⁱɑu'ku: sⁱɛk'tukas]
fivela (f)	sagtìs (m)	[sak'tⁱɪs]

| cinto (m) | dìřžas (v) | ['dʲɪrʒas] |
| alça (f) de ombro | dìřžas (v) | ['dʲɪrʒas] |

bolsa (f)	rankinùkas (v)	[raŋkʲɪ'nʊkas]
bolsa (feminina)	rankinùkas (v)	[raŋkʲɪ'nʊkas]
mochila (f)	kuprìnė (m)	[kʊ'prʲɪnʲe:]

37. Vestuário. Diversos

moda (f)	madà (m)	[ma'da]
na moda (adj)	madìngas	[ma'dʲɪngas]
estilista (m)	modeliùotojas (v)	[modʲɛ'lʲʊatoːjɛs]

colarinho (m)	apýkaklė (m)	[a'pʲiːkaklʲe:]
bolso (m)	kišėnė (m)	[kʲɪ'ʃænʲe:]
de bolso	kišenìnis	[kʲɪʃɛ'nʲɪnʲɪs]
manga (f)	rankóvė (m)	[raŋ'kovʲe:]
ganchinho (m)	pakabà (m)	[paka'ba]
bragueta (f)	klỹnas (v)	['klʲiːnas]

zíper (m)	užtrauktùkas (v)	[ʊʒtrɑʊk'tʊkas]
colchete (m)	užsegìmas (v)	[ʊʒsʲɛ'gʲɪmas]
botão (m)	sagà (m)	[sa'ga]
botoeira (casa de botão)	kìlpa (m)	['kʲɪlʲpa]
soltar-se (vr)	atplýšti	[at'plʲiːʃtʲɪ]

costurar (vi)	siū́ti	['sʲuːtʲɪ]
bordar (vt)	siuvinéti	[sʲʊvʲɪ'nʲe:tʲɪ]
bordado (m)	siuvinéjimas (v)	[sʲʊvʲɪ'nʲɛjɪmas]
agulha (f)	ā̀data (m)	['a:data]
fio, linha (f)	siū́las (v)	['sʲuːlʲas]
costura (f)	siū́lė (m)	['sʲuːlʲe:]

sujar-se (vr)	išsitėpti	[ɪʃsʲɪ'tʲɛptʲɪ]
mancha (f)	dėmė̃ (m)	[dʲe:'mʲe:]
amarrotar-se (vr)	susiglámžyti	[sʊsʲɪ'glʲa mʒʲiːtʲɪ]
rasgar (vt)	suplė́šyti	[sʊp'lʲe:ʃɪːtʲɪ]
traça (f)	kañdis (v)	['kandʲɪs]

38. Cuidados pessoais. Cosméticos

pasta (f) de dente	dantū̃ pastà (m)	[dan'tu: pas'ta]
escova (f) de dente	dantū̃ šepetė̃lis (v)	[dan'tu: ʃepe'tʲe:lʲɪs]
escovar os dentes	valýti dantìs	[va'lʲi:tʲɪ dan'tʲɪs]

gilete (f)	skustùvas (v)	[skʊ'stʊvas]
creme (m) de barbear	skutìmosi krèmas (v)	[skʊ'tʲɪmosʲɪ 'krʲɛmas]
barbear-se (vr)	skùstis	['skʊstʲɪs]

sabonete (m)	muĩlas (v)	['mʊɪlʲas]
xampu (m)	šampū̃nas (v)	[ʃam'pu:nas]
tesoura (f)	žìrklės (m dgs)	['ʒʲɪrklʲe:s]

lixa (f) de unhas	dìldė (m) nagáms	['dʲɪlʲdʲeː na'gams]
corta-unhas (m)	gnybtùkai (v)	[gnʲiːpʲtʊkʌɪ]
pinça (f)	pincètas (v)	[pʲɪn'tsʲɛtas]

cosméticos (m pl)	kosmètika (m)	[kɔsʲmʲɛtʲɪka]
máscara (f)	kaũkė (m)	['kɑʊkʲeː]
manicure (f)	manikiũras (v)	[manʲɪ'kʲu:ras]
fazer as unhas	darýti manikiũrą	[da'rʲiːtʲɪ manʲɪ'kʲu:ra:]
pedicure (f)	pedikiũras (v)	[pʲɛdʲɪ'kʲu:ras]

bolsa (f) de maquiagem	kosmètinė (m)	[kɔsʲmʲɛtʲɪnʲe:]
pó (de arroz)	pudrà (m)	[pʊd'ra]
pó (m) compacto	pùdrinė (m)	['pʊdrʲɪnʲe:]
blush (m)	skaistalaĩ (v dgs)	[skʌɪsta'lʲaĩ]

perfume (m)	kvepalaĩ (v dgs)	[kvʲɛpa'lʲaĩ]
água-de-colônia (f)	tualètinis vanduõ (v)	[tʊa'lʲɛtʲɪnʲɪs van'dʊɑ]
loção (f)	losjònas (v)	[lʲo'sjɔ nas]
colônia (f)	odekolònas (v)	[odʲɛko'lʲonas]

sombra (f) de olhos	vokų̃ šešėliai (v)	[vo'ku: ʃeʲʃʲe:lʲɛɪ]
delineador (m)	akių̃ pieštùkas (v)	[a'kʲu: pʲɛʃʲtʊkas]
máscara (f), rímel (m)	tùšas (v)	['tʊʃas]

batom (m)	lũpų dažaĩ (v)	['lʲu:pu: da'ʒʌɪ]
esmalte (m)	nagų̃ làkas (v)	[na'gu: 'lʲa:kas]
laquê (m), spray fixador (m)	plaukų̃ làkas (v)	[plʲɑʊ'ku: 'lʲa:kas]
desodorante (m)	dezodorántas (v)	[dʲɛzodo'rantas]

creme (m)	krèmas (v)	['krʲɛmas]
creme (m) de rosto	vèido krèmas (v)	['vʲɛɪdɔ 'krʲɛmas]
creme (m) de mãos	rañkų krèmas (v)	['raŋku: 'krʲɛmas]
creme (m) antirrugas	krèmas (v) nuõ raukšlių̃	['krʲɛmas nʊɑ rɑʊkʃlʲʲu:]
creme (m) de dia	dienìnis krèmas (v)	[dʲiɛ'nʲɪnʲɪs 'krʲɛmas]
creme (m) de noite	naktìnis krèmas (v)	[nak'tʲɪnʲɪs 'krʲɛmas]
de dia	dienìnis	[dʲiɛ'nʲɪnʲɪs]
da noite	naktìnis	[nak'tʲɪnʲɪs]

absorvente (m) interno	tampònas (v)	[tam'ponas]
papel (m) higiênico	tualètinis pòpierius (v)	[tʊa'lʲɛtʲɪnʲɪs 'po:pʲɛrʲʊs]
secador (m) de cabelo	fènas (v)	['fʲɛnas]

39. Joalheria

joias (f pl)	brangenýbės (m dgs)	[brange'nʲiːbʲe:s]
precioso (adj)	brangùs	[bran'gʊs]
marca (f) de contraste	prabà (m)	[pra'ba]

anel (m)	žíedas (v)	['ʒʲiɛdas]
aliança (f)	vestùvinis žíedas (v)	[vʲɛs'tʊvʲɪnʲɪs 'ʒʲiɛdas]
pulseira (f)	apýrankė (m)	[a'pʲiːraŋkʲe:]

brincos (m pl)	auskaraĩ (v)	[ɑuska'rʌɪ]
colar (m)	vèrinỹs (v)	[vʲe:rʲɪ'nʲiːs]

coroa (f)	karūnà (m)	[karu:'na]
colar (m) de contas	karōliai (v dgs)	[ka'ro:lʲɛɪ]

diamante (m)	briliántas (v)	[brʲɪlʲɪ'jantas]
esmeralda (f)	smarãgdas (v)	[sma'ra:gdas]
rubi (m)	rubìnas (v)	[rʊ'bʲɪnas]
safira (f)	safŷras (v)	[sa'fʲi:ras]
pérola (f)	peřlas (v)	['pʲɛrlʲas]
âmbar (m)	giñtaras (v)	['gʲɪntaras]

40. Relógios de pulso. Relógios

relógio (m) de pulso	laĩkrodis (v)	['lʲʌɪkrodʲɪs]
mostrador (m)	ciferblãtas (v)	[tsʲɪfʲɛr'blʲa:tas]
ponteiro (m)	rodỹklė (m)	[ro'dʲi:klʲeː]
bracelete (em aço)	apỹrankė (m)	[a'pʲi:raŋkʲeː]
bracelete (em couro)	dirželis (v)	[dʲɪr'ʒʲæl ʲɪs]

pilha (f)	elemeñtas (v)	[ɛlʲɛ'mʲɛntas]
acabar (vi)	išsikráuti	[ɪʃsʲɪ'krɑʊtʲɪ]
trocar a pilha	pakeĩsti elemeñtą	[pa'kʲɛɪstʲɪ ɛlʲɛ'mʲɛnta:]
estar adiantado	skubéti	[skʊ'bʲeːtʲɪ]
estar atrasado	atsilìkti	[atsʲɪ'lʲɪktʲɪ]

relógio (m) de parede	síeninis laĩkrodis (v)	['sʲiɛnʲɪnʲɪs 'lʲʌɪkrodʲɪs]
ampulheta (f)	smėlio laĩkrodis (v)	['smʲeːlʲɔ 'lʲʌɪkrodʲɪs]
relógio (m) de sol	sáulės laĩkrodis (v)	['sɑʊlʲeːs 'lʲʌɪkrodʲɪs]
despertador (m)	žadintùvas (v)	[ʒadʲɪn'tʊvas]
relojoeiro (m)	laĩkrodininkas (v)	['lʲʌɪkrodʲɪnʲɪŋkas]
reparar (vt)	taisýti	[tʌɪ'sʲi:tʲɪ]

Alimentação. Nutrição

41. Comida

carne (f)	mésà (m)	[mⁱeːˈsa]
galinha (f)	vištà (m)	[vⁱɪʃˈta]
frango (m)	viščiùkas (v)	[vⁱɪʃˈtʂⁱukas]
pato (m)	ántis (m)	[ˈantⁱɪs]
ganso (m)	žãsinas (v)	[ˈʒaːsⁱɪnas]
caça (f)	žvérίena (m)	[ʒvⁱeːˈrⁱiɛna]
peru (m)	kalakutίena (m)	[kalⁱakuˈtⁱiɛna]

carne (f) de porco	kiaulίena (m)	[kⁱɛuˈlⁱiɛna]
carne (f) de vitela	veršίena (m)	[vⁱɛrˈʃiɛna]
carne (f) de carneiro	avίena (m)	[aˈvⁱiɛna]
carne (f) de vaca	jáutiena (m)	[ˈjɑutⁱiɛna]
carne (f) de coelho	triùšis (v)	[ˈtrⁱuʃⁱɪs]

linguiça (f), salsichão (m)	dešrà (m)	[dⁱɛʃˈra]
salsicha (f)	dešrẽlé (m)	[dⁱɛʃˈrⁱælⁱeː]
bacon (m)	bekònas (v)	[bⁱɛˈkonas]
presunto (m)	kumpis (v)	[ˈkumpⁱɪs]
pernil (m) de porco	kumpis (v)	[ˈkumpⁱɪs]

patê (m)	paštẽtas (v)	[paʃˈtⁱɛtas]
fígado (m)	kẽpenys (m dgs)	[kⁱɛpeˈnⁱiːs]
guisado (m)	fáršas (v)	[ˈfarʃas]
língua (f)	liežùvis (v)	[lⁱiɛˈʒuvⁱɪs]

ovo (m)	kiaušìnis (v)	[kⁱɛuˈʃɪnⁱɪs]
ovos (m pl)	kiaušìniai (v dgs)	[kⁱɛuˈʃɪnⁱɛɪ]
clara (f) de ovo	báltymas (v)	[ˈbalⁱtⁱiːmas]
gema (f) de ovo	trynỹs (v)	[trⁱiːˈnⁱiːs]

peixe (m)	žuvìs (m)	[ʒuˈvⁱɪs]
mariscos (m pl)	jũros gérýbés (m dgs)	[ˈjuːros gⁱeːˈrⁱiːbⁱeːs]
crustáceos (m pl)	vėžiãgyviai (v dgs)	[vⁱeːˈʒⁱægⁱiːvⁱɛɪ]
caviar (m)	ìkrai (v dgs)	[ˈɪkrʌɪ]

caranguejo (m)	krãbas (v)	[ˈkraːbas]
camarão (m)	krevẽté (m)	[krⁱɛˈvⁱɛtⁱeː]
ostra (f)	áustré (m)	[ˈɑustrⁱeː]
lagosta (f)	langùstas (v)	[lⁱanˈgustas]
polvo (m)	aštuonkòjis (v)	[aʃtuɑŋˈkoːjis]
lula (f)	kalmãras (v)	[kalⁱmaːras]

esturjão (m)	eršketίena (m)	[ɛrʃkⁱɛˈtⁱiɛna]
salmão (m)	lašišà (m)	[lⁱaʃɪˈʃa]
halibute (m)	õtas (v)	[ˈoːtas]
bacalhau (m)	ménké (m)	[ˈmⁱɛŋkⁱeː]

cavala, sarda (f)	skumbrė (m)	['skʊmbrʲeː]
atum (m)	tunas (v)	['tʊnas]
enguia (f)	ungurỹs (v)	[ʊngʊ'rʲiːs]

truta (f)	upétakis (v)	[ʊ'pʲeːtakʲɪs]
sardinha (f)	sardinė (m)	[sar'dʲɪnʲeː]
lúcio (m)	lydeka (m)	[lʲiːdʲɛ'ka]
arenque (m)	silkė (m)	['sʲɪlʲkʲeː]

pão (m)	duona (m)	['dʊana]
queijo (m)	suris (v)	['suːrʲɪs]
açúcar (m)	cukrus (v)	['tsʊkrʊs]
sal (m)	druska (m)	[drʊs'ka]

arroz (m)	rỹžiai (v)	['rʲiːʒʲɛɪ]
massas (f pl)	makaronai (v dgs)	[maka'roːnʌɪ]
talharim, miojo (m)	lakštiniai (v dgs)	['lʲaːkʃtʲɪnʲɛɪ]

manteiga (f)	sviestas (v)	['svʲiɛstas]
óleo (m) vegetal	augalinis aliėjus (v)	[ɑʊgalʲɪnʲɪs a'lʲɛjʊs]
óleo (m) de girassol	saulégražų aliėjus (v)	[sɑʊ'lʲeːgraːʒuː a'lʲɛjʊs]
margarina (f)	margarinas (v)	[marga'rʲɪnas]

| azeitonas (f pl) | alỹvuogės (m dgs) | [a'lʲiːvʊagʲeːs] |
| azeite (m) | alỹvuogių aliėjus (v) | [a'lʲiːvʊagʲuː a'lʲɛjʊs] |

leite (m)	pienas (v)	['pʲiɛnas]
leite (m) condensado	sutirštintas pienas (v)	[sʊ'tʲɪrʃtʲɪntas 'pʲiɛnas]
iogurte (m)	jogurtas (v)	[jo'gʊrtas]
creme (m) azedo	grietinė (m)	[grʲiɛ'tʲɪnʲeː]
creme (m) de leite	grietinėlė (m)	[grʲiɛtʲɪ'nʲeːlʲeː]

| maionese (f) | majonezas (v) | [majo'nʲɛzas] |
| creme (m) | kremas (v) | ['krʲɛmas] |

grãos (m pl) de cereais	kruopos (m dgs)	['krʊapos]
farinha (f)	miltai (v dgs)	['mʲɪlʲtʌɪ]
enlatados (m pl)	konservai (v dgs)	[kon'sʲɛrvʌɪ]

flocos (m pl) de milho	kukurūzų dribsniai (v dgs)	[kʊkʊ'ruːzuː 'drʲɪbsnʲɛɪ]
mel (m)	medus (v)	[mʲɛ'dʊs]
geleia (m)	džemas (v)	['dʒʲɛmas]
chiclete (m)	kramtomoji guma (m)	[kramto'mojɪ gʊ'ma]

42. Bebidas

água (f)	vanduõ (v)	[van'dʊa]
água (f) potável	geriamas vanduõ (v)	['gʲærʲæmas van'dʊa]
água (f) mineral	mineralinis vanduõ (v)	[mʲɪnʲɛ'raːlʲɪnʲɪs van'dʊa]

sem gás (adj)	be gazo	['bʲɛ 'gaːzɔ]
gaseificada (adj)	gazuotas	[ga'zʊatas]
com gás	gazuotas	[ga'zʊatas]
gelo (m)	ledas (v)	['lʲædas]

com gelo	sù ledaĩs	['sʊ lʲɛ'dʌɪs]
não alcoólico (adj)	nealkohòlonis	[nʲɛalʲko'ɣolonʲɪs]
refrigerante (m)	nealkohòlonis gérimas (v)	[nʲɛalʲko'ɣolonʲɪs 'gʲe:rʲɪmas]
refresco (m)	gaivùsis gérimas (v)	[gʌɪ'vʊsʲɪs 'gʲe:rʲɪmas]
limonada (f)	limonãdas (v)	[lʲɪmo'na:das]

bebidas (f pl) alcoólicas	alkohòliniai gérimai (v dgs)	[alʲko'ɣolʲɪnʲɛɪ 'gʲe:rʲɪmʌɪ]
vinho (m)	vỹnas (v)	['vʲi:nas]
vinho (m) branco	báltas vỹnas (v)	['balʲtas 'vʲi:nas]
vinho (m) tinto	raudónas vỹnas (v)	[rɑʊ'donas 'vʲi:nas]

licor (m)	lìkeris (v)	['lʲɪkʲɛrʲɪs]
champanhe (m)	šampãnas (v)	[ʃam'pa:nas]
vermute (m)	vèrmutas (v)	['vʲɛrmʊtas]

uísque (m)	vìskis (v)	['vʲɪskʲɪs]
vodca (f)	degtìnė (m)	[dʲɛk'tʲɪnʲe:]
gim (m)	džìnas (v)	['dʒʲɪnas]
conhaque (m)	konjãkas (v)	[konʲja:kas]
rum (m)	ròmas (v)	['romas]

café (m)	kavà (m)	[ka'va]
café (m) preto	juodà kavà (m)	[jʊɑ'da ka'va]
café (m) com leite	kavà sù píenu (m)	[ka'va 'sʊ 'pʲɛnʊ]
cappuccino (m)	kapučìno kavà (m)	[kapu'tʂɪnɔ ka'va]
café (m) solúvel	tirpì kavà (m)	[tʲɪr'pʲɪ ka'va]

leite (m)	píenas (v)	['pʲɛnas]
coquetel (m)	koktèilis (v)	[kok'tʲɛɪlʲɪs]
batida (f), milkshake (m)	píeniškas koktèilis (v)	['pʲɛnʲɪʃkas kok'tʲɛɪlʲɪs]

suco (m)	sùltys (m dgs)	['sʊlʲtʲi:s]
suco (m) de tomate	pomidòrų sùltys (m dgs)	[pomʲɪ'doru: 'sʊlʲtʲi:s]
suco (m) de laranja	apelsìnų sùltys (m dgs)	[apʲɛlʲ'sʲɪnu: 'sʊlʲtʲi:s]
suco (m) fresco	švìežiaĩ spáustos sùltys (m dgs)	[ʃvʲɛ'ʒʲɛɪ 'spɑʊstos 'sʊlʲtʲi:s]

cerveja (f)	alùs (v)	[a'lʲʊs]
cerveja (f) clara	šviesùs alùs (v)	[ʃvʲɛ'sʊs a'lʲʊs]
cerveja (f) preta	tamsùs alùs (v)	[tam'sʊs a'lʲʊs]

chá (m)	arbatà (m)	[arba'ta]
chá (m) preto	juodà arbatà (m)	[jʊɑ'da arba'ta]
chá (m) verde	žalià arbatà (m)	[ʒa'lʲæ arba'ta]

43. Vegetais

vegetais (m pl)	daržóvės (m dgs)	[dar'ʒovʲe:s]
verdura (f)	žalumýnai (v)	[ʒalʲʊ'mʲi:nʌɪ]

tomate (m)	pomidòras (v)	[pomʲɪ'doras]
pepino (m)	agur̃kas (v)	[a'gurkas]
cenoura (f)	mórka (m)	[mor'ka]
batata (f)	bùlvė (m)	['bʊlʲvʲe:]

cebola (f)	svogūnas (v)	[svo'gu:nas]
alho (m)	česnākas (v)	[tʂʲɛs'na:kas]
couve (f)	kopūstas (v)	[kɔ'pu:stas]
couve-flor (f)	kalafiòras (v)	[kalʲa'fʲoras]
couve-de-bruxelas (f)	briùselio kopūstas (v)	['brʲʊsʲɛlʲɔ ko'pu:stas]
brócolis (m pl)	brokolių kopūstas (v)	['brokolʲu: ko'pu:stas]
beterraba (f)	rūnkelis, burōkas (v)	['rʊŋkʲɛlʲɪs], [bʊ'ro:kas]
berinjela (f)	baklažānas (v)	[baklʲa'ʒa:nas]
abobrinha (f)	agurōtis (v)	[agʊ'ro:tʲɪs]
abóbora (f)	ròpė (m)	['ropʲe:]
nabo (m)	moliūgas (v)	[mo'lʲu:gas]
salsa (f)	petražolė (m)	[pʲɛ'tra:ʒolʲe:]
endro, aneto (m)	krāpas (v)	['kra:pas]
alface (f)	salòta (m)	[sa'lʲo:ta]
aipo (m)	saliēras (v)	[sa'lʲɛras]
aspargo (m)	smìdras (v)	['smʲɪdras]
espinafre (m)	špinātas (v)	[ʃpʲɪ'na:tas]
ervilha (f)	žìrniai (v dgs)	['ʒʲɪrnʲɛɪ]
feijão (~ soja, etc.)	pùpos (m dgs)	['pʊpos]
milho (m)	kukurūzas (v)	[kʊkʊ'ru:zas]
feijão (m) roxo	pupēlės (m dgs)	[pʊ'pʲælʲe:s]
pimentão (m)	pipìras (v)	[pʲɪ'pʲɪras]
rabanete (m)	ridìkas (v)	[rʲɪ'dʲɪkas]
alcachofra (f)	artišòkas (v)	[artʲɪ'ʃokas]

44. Frutos. Nozes

fruta (f)	vaìsius (v)	['vʌɪsʲʊs]
maçã (f)	obuolỹs (v)	[obʊɑ'lʲi:s]
pera (f)	kriáušė (m)	['krʲæʊʃe:]
limão (m)	citrinà (m)	[tsʲɪtrʲɪ'na]
laranja (f)	apelsìnas (v)	[apʲɛlʲˈsʲɪnas]
morango (m)	brāškė (m)	['bra:ʃkʲe:]
tangerina (f)	mandarìnas (v)	[manda'rʲɪnas]
ameixa (f)	slyvà (m)	[slʲi:'va]
pêssego (m)	persikas (v)	['pʲɛrsʲɪkas]
damasco (m)	abrikòsas (v)	[abrʲɪ'kosas]
framboesa (f)	aviētė (m)	[a'vʲɛtʲe:]
abacaxi (m)	ananāsas (v)	[ana'na:sas]
banana (f)	banānas (v)	[ba'na:nas]
melancia (f)	arbūzas (v)	[ar'bu:zas]
uva (f)	vỹnuogės (m dgs)	['vʲi:nʊɑgʲe:s]
ginja (f)	vyšnià (m)	[vʲi:ʃnʲæ]
cereja (f)	trēšnė (m)	['trʲæʃnʲe:]
melão (m)	meliònas (v)	[mʲɛ'lʲonas]
toranja (f)	greìpfrutas (v)	['grʲɛɪpfrutas]
abacate (m)	avokàdas (v)	[avo'kadas]

mamão (m)	papája (m)	[pa'pa ja]
manga (f)	mángo (v)	['mangɔ]
romã (f)	granãtas (v)	[gra'na:tas]

groselha (f) vermelha	raudoníeji serbeñtai (v dgs)	[raʊdo'nʲɛji sʲɛr'bʲɛntʌɪ]
groselha (f) negra	juodíeji serbeñtai (v dgs)	[jʊɑ'dʲiɛjɪ sʲɛr'bʲɛntʌɪ]
groselha (f) espinhosa	agrãstas (v)	[ag'ra:stas]
mirtilo (m)	mélỹnės (m dgs)	[mʲe:'lʲi:nʲe:s]
amora (f) silvestre	gérvuogės (m dgs)	['gʲɛrvʊagʲe:s]

passa (f)	razìnos (m dgs)	[ra'zʲɪnos]
figo (m)	figà (m)	[fʲɪ'ga]
tâmara (f)	datùlė (m)	[da'tʊlʲe:]

amendoim (m)	žẽmės riešutaĩ (v)	['ʒʲæmʲe:s rʲiɛʃu'tʌɪ]
amêndoa (f)	migdõlas (v)	[mʲɪg'do:lʲas]
noz (f)	graìkinis ríešutas (v)	['grʌɪkʲɪnʲɪs 'rʲiɛʃutas]
avelã (f)	ríešutas (v)	['rʲiɛʃutas]
coco (m)	kòkoso ríešutas (v)	['kokosɔ 'rʲiɛʃutas]
pistaches (m pl)	pistãcijos (m dgs)	[pʲɪs'ta:tsʲɪjɔs]

45. Pão. Bolaria

pastelaria (f)	konditèrijos gaminiaĩ (v)	[kɔndʲɪ'tʲɛrʲɪjɔs gamʲɪ'nʲɛɪ]
pão (m)	dúona (m)	['dʊɑna]
biscoito (m), bolacha (f)	sausaĩniai (v)	[saʊ'sʌɪnʲɛɪ]

chocolate (m)	šokolãdas (v)	[ʃoko'lʲa:das]
de chocolate	šokolãdinis	[ʃoko'lʲa:dʲɪnʲɪs]
bala (f)	saldaĩnis (v)	[salʲ'dʌɪnʲɪs]
doce (bolo pequeno)	pyragaítis (v)	[pʲi:ra'gʌɪtʲɪs]
bolo (m) de aniversário	tòrtas (v)	['tortas]

torta (f)	pyrãgas (v)	[pʲi:'ra:gas]
recheio (m)	ídaras (v)	['i:daras]

geleia (m)	uogiẽnė (m)	[ʊɑ'gʲɛnʲe:]
marmelada (f)	marmelãdas (v)	[marmʲɛ'lʲa:das]
wafers (m pl)	vãfliai (v dgs)	['va:flʲɛɪ]
sorvete (m)	ledaĩ (v dgs)	[lʲɛ'dʌɪ]
pudim (m)	pùdingas (v)	['pʊdʲɪngas]

46. Pratos cozinhados

prato (m)	pãtiekalas (v)	['pa:tʲiɛkalʲas]
cozinha (~ portuguesa)	virtùvė (m)	[vʲɪr'tʊvʲe:]
receita (f)	recèptas (v)	[rʲɛ'tsʲɛptas]
porção (f)	pòrcija (m)	['portsʲɪjɛ]

salada (f)	salõtos (m)	[sa'lʲo:tos]
sopa (f)	sriubà (m)	[srʲʊ'ba]
caldo (m)	sultinỹs (v)	[sʊlʲtʲɪ'nʲi:s]

sanduíche (m)	sumuštinis (v)	[sʊmuʃˈtʲɪnʲɪs]
ovos (m pl) fritos	kiaušinienė (m)	[kʲɛʊʃɪˈnʲɛnʲeː]

hambúrguer (m)	mėsainis (v)	[mʲeːˈsʌɪnʲɪs]
bife (m)	bifšteksas (v)	[bʲɪfʃtʲɛksas]

acompanhamento (m)	garnyras (v)	[garˈnʲiːras]
espaguete (m)	spagečiai (v dgs)	[spaˈgʲɛtʂʲɛɪ]
purê (m) de batata	bulvių košė (m)	[ˈbʊlʲvʲuː ˈkoːʃeː]
pizza (f)	pica (m)	[pʲɪˈtsa]
mingau (m)	košė (m)	[ˈkoːʃeː]
omelete (f)	omletas (v)	[omˈlʲɛtas]

fervido (adj)	virtas	[ˈvʲɪrtas]
defumado (adj)	rūkytas	[ruːˈkʲiːtas]
frito (adj)	keptas	[ˈkʲæptas]
seco (adj)	džiovintas	[dʒʲoˈvʲɪntas]
congelado (adj)	šáldytas	[ˈʃalʲdʲiːtas]
em conserva (adj)	marinuotas	[marʲɪˈnʊɑtas]

doce (adj)	saldus	[salʲˈdʊs]
salgado (adj)	sūrus	[suːˈrʊs]
frio (adj)	šaltas	[ˈʃalʲtas]
quente (adj)	karštas	[ˈkarʃtas]
amargo (adj)	kartus	[karˈtʊs]
gostoso (adj)	skanus	[skaˈnʊs]

cozinhar em água fervente	virti	[ˈvʲɪrtʲɪ]
preparar (vt)	gaminti	[gaˈmʲɪntʲɪ]
fritar (vt)	kepti	[ˈkʲɛptʲɪ]
aquecer (vt)	pašildyti	[paˈʃɪlʲdʲiːtʲɪ]

salgar (vt)	sūdyti	[ˈsuːdʲiːtʲɪ]
apimentar (vt)	įberti pipirų	[iːˈbʲɛrtʲɪ pʲɪˈpʲɪruː]
ralar (vt)	tarkuoti	[tarˈkʊɑtʲɪ]
casca (f)	luoba (m)	[ˈlʲʊɑba]
descascar (vt)	lupti bulves	[ˈlʊptʲɪ ˈbʊlʲvʲɛs]

47. Especiarias

sal (m)	druska (m)	[drʊsˈka]
salgado (adj)	sūrus	[suːˈrʊs]
salgar (vt)	sūdyti	[ˈsuːdʲiːtʲɪ]

pimenta-do-reino (f)	juodieji pipirai (v)	[jʊɑˈdʲiɛjɪ pʲɪˈpʲɪrʌɪ]
pimenta (f) vermelha	raudonieji pipirai (v)	[rɑʊdoˈnʲiɛjɪ pʲɪˈpʲɪrʌɪ]
mostarda (f)	garstyčios (v)	[garˈstʲiːtsʲos]
raiz-forte (f)	krienai (v dgs)	[krʲiɛˈnʌɪ]

condimento (m)	prieskonis (v)	[ˈprʲiɛskonʲɪs]
especiaria (f)	prieskonis (v)	[ˈprʲiɛskonʲɪs]
molho (~ inglês)	pādažas (v)	[ˈpaːdaʒas]
vinagre (m)	actas (v)	[ˈaːtstas]
anis estrelado (m)	anyžius (v)	[aˈnʲiːʒʲʊs]

manjericão (m)	bazìlikas (v)	[ba'zʲɪlʲɪkas]
cravo (m)	gvazdìkas (v)	[gvaz'dʲɪkas]
gengibre (m)	imbieras (v)	['ɪmbʲiɛras]
coentro (m)	kaléndra (m)	[ka'lʲɛndra]
canela (f)	cinamònas (v)	[tsʲɪna'monas]

gergelim (m)	sezãmas (v)	[sʲɛ'za:mas]
folha (f) de louro	láuro lãpas (v)	['lʲɑurɔ 'lʲʲa:pas]
páprica (f)	pãprika (m)	['pa:prʲɪka]
cominho (m)	kmỹnai (v)	['kmʲi:nʌɪ]
açafrão (m)	šafrãnas (v)	[ʃafra:nas]

48. Refeições

| comida (f) | valgis (v) | ['valʲgʲɪs] |
| comer (vt) | válgyti | ['valʲgʲi:tʲɪ] |

café (m) da manhã	pùsryčiai (v dgs)	['pusrʲi:tsʲɛɪ]
tomar café da manhã	pùsryčiauti	['pusrʲi:tsʲɛutʲɪ]
almoço (m)	piètūs (v)	['pʲɛ'tu:s]
almoçar (vi)	pietáuti	[pʲiɛ'tɑutʲɪ]
jantar (m)	vakariẽnė (m)	[vaka'rʲɛnʲe:]
jantar (vi)	vakarieniáuti	[vakarʲiɛ'nʲæutʲɪ]

| apetite (m) | apetìtas (v) | [apʲɛ'tʲɪtas] |
| Bom apetite! | Gẽro apetìto! | ['gʲærɔ apʲɛ'tʲɪtɔ!] |

abrir (~ uma lata, etc.)	atidarýti	[atʲɪda'rʲi:tʲɪ]
derramar (~ líquido)	išpìlti	[ɪʃ'pʲɪlʲtʲɪ]
derramar-se (vr)	išsipìlti	[ɪʃsʲɪ'pʲɪlʲtʲɪ]

ferver (vi)	vìrti	['vʲɪrtʲɪ]
ferver (vt)	vìrinti	['vʲɪrʲɪntʲɪ]
fervido (adj)	vìrintas	['vʲɪrʲɪntas]
esfriar (vt)	atvėsìnti	[atvʲe:'sʲɪntʲɪ]
esfriar-se (vr)	vėsìnti	[vʲe:'sʲɪntʲɪ]

| sabor, gosto (m) | skõnis (v) | ['sko:nʲɪs] |
| fim (m) de boca | príeskonis (v) | ['prʲiɛskonʲɪs] |

emagrecer (vi)	laikýti diètos	[lʲʌɪ'kʲi:tʲɪ 'dʲɛtos]
dieta (f)	dietà (m)	[dʲiɛ'ta]
vitamina (f)	vitamìnas (v)	[vʲɪta'mʲɪnas]
caloria (f)	kalòrija (m)	[ka'lʲorʲɪjɛ]

| vegetariano (m) | vegetãras (v) | [vʲɛgʲɛ'ta:ras] |
| vegetariano (adj) | vegetãriškas | [vʲɛgʲɛ'ta:rʲɪʃkas] |

gorduras (f pl)	riebalaĩ (v dgs)	[rʲiɛba'lʲʌɪ]
proteínas (f pl)	baltymaĩ (v dgs)	[balʲtʲi:'mʌɪ]
carboidratos (m pl)	angliãvandeniai (v dgs)	[an'glʲævandʲɛnʲɛɪ]
fatia (~ de limão, etc.)	griežinỹs (v)	[grʲiɛʒʲɪ'nʲi:s]
pedaço (~ de bolo)	gãbalas (v)	['ga:balʲas]
migalha (f), farelo (m)	trupinỹs (v)	[trupʲɪ'nʲi:s]

49. Por a mesa

colher (f)	šáukštas (v)	['ʃɑʊkʃtas]
faca (f)	peĩlis (v)	['pʲɛɪlʲɪs]
garfo (m)	šakùtė (m)	[ʃa'kʊtʲe:]

xícara (f)	puodùkas (v)	[pʊɑ'dʊkas]
prato (m)	lėkštė̃ (m)	[lʲe:kʃtʲe:]
pires (m)	lėkštẽlė (m)	[lʲe:kʃtʲælʲe:]
guardanapo (m)	servetẽlė (m)	[sʲɛrve'tʲe:lʲe:]
palito (m)	dantų̃ krapštùkas (v)	[dan'tu: krapʃ'tʊkas]

50. Restaurante

restaurante (m)	restorãnas (v)	[rʲɛsto'ra:nas]
cafeteria (f)	kavìnė (m)	[ka'vʲɪnʲe:]
bar (m), cervejaria (f)	bãras (v)	['ba:ras]
salão (m) de chá	arbãtos salònas (v)	[ar'ba:tos sa'lʲonas]

garçom (m)	padavė́jas (v)	[pada'vʲe:jas]
garçonete (f)	padavė́ja (m)	[pada'vʲe:ja]
barman (m)	bármenas (v)	['barmʲɛnas]

cardápio (m)	meniù (v)	[mʲɛ'nʲʊ]
lista (f) de vinhos	vỹnų žemė́lapis (v)	['vʲi:nu: ʒe'mʲe:lʲapʲɪs]
reservar uma mesa	rezervúoti staliùką	[rʲɛzʲɛr'vʊɑtʲɪ sta'lʲʊka:]

prato (m)	pãtiekalas (v)	['pa:tʲɪɛkalʲas]
pedir (vt)	užsisakýti	[ʊʒsʲɪsakʲi:tʲɪ]
fazer o pedido	padarýti užsãkymą	[pada'rʲi:tʲɪ ʊʒ'sa:kʲi:ma:]

aperitivo (m)	aperitỹvas (v)	[apʲɛrʲɪ'tʲi:vas]
entrada (f)	ùžkandis (v)	['ʊʒkandʲɪs]
sobremesa (f)	desèrtas (v)	[dʲɛ'sʲɛrtas]

conta (f)	są́skaita (m)	['sa:skʌɪta]
pagar a conta	apmokė́ti są́skaitą	[apmo'kʲe:tʲɪ 'sa:skʌɪta:]
dar o troco	dúoti grąžõs	['dʊɑtʲɪ gra:'ʒo:s]
gorjeta (f)	arbãtpinigiai (v dgs)	[ar'ba:tpʲɪnʲɪgʲɛɪ]

Família, parentes e amigos

51. Informação pessoal. Formulários

nome (m)	vardas (v)	['vardas]
sobrenome (m)	pavardě (m)	[pavar'dʲe:]
data (f) de nascimento	gimìmo datà (m)	[gʲɪ'mʲɪmɔ da'ta]
local (m) de nascimento	gimìmo vietà (m)	[gʲɪ'mʲɪmɔ vʲiɛ'ta]
nacionalidade (f)	tautýbě (m)	[tɑʊ'tʲi:bʲe:]
lugar (m) de residência	gyvěnamoji vietà (m)	[gʲi:vʲæna'mojɪ vʲiɛ'ta]
país (m)	šalìs (m)	[ʃa'lʲɪs]
profissão (f)	profèsija (m)	[profʲɛsʲɪjɛ]
sexo (m)	lýtis (m)	['lʲi:tʲɪs]
estatura (f)	ūgis (v)	['u:gʲɪs]
peso (m)	svõris (v)	['svo:rʲɪs]

52. Membros da família. Parentes

mãe (f)	mótina (m)	['motʲɪna]
pai (m)	tévas (v)	['tʲe:vas]
filho (m)	sūnùs (v)	[su̯:'nʊs]
filha (f)	dukrà, duktě (m)	[dʊk'ra], [dʊk'tʲe:]
caçula (f)	jaunesnióji duktě (m)	[jɛʊnes'nʲo:jɪ dʊk'tʲe:]
caçula (m)	jaunesnỹsis sūnùs (v)	[jɛʊnʲɛs'nʲi:sʲɪs su:'nʊs]
filha (f) mais velha	vyresnióji duktě (m)	[vʲi:res'nʲo:jɪ dʊk'tʲe:]
filho (m) mais velho	vyresnỹsis sūnùs (v)	[vʲi:rʲɛs'nʲi:sʲɪs su:'nʊs]
irmão (m)	brólis (v)	['brolʲɪs]
irmão (m) mais velho	vyresnỹsis brólis (v)	[vʲi:rʲɛs'nʲi:sʲɪs 'brolʲɪs]
irmão (m) mais novo	jaunesnỹsis brólis (v)	[jɛʊnʲɛs'nʲi:sʲɪs 'brolʲɪs]
irmã (f)	sesuõ (m)	[sʲɛ'sʊɑ]
irmã (f) mais velha	vyresnióji sesuõ (m)	[vʲi:rʲɛs'nʲo:jɪ sʲɛ'sʊɑ]
irmã (f) mais nova	jaunesnióji sesuõ (m)	[jɛʊnʲɛs'nʲo:jɪ sʲɛ'sʊɑ]
primo (m)	pùsbrolis (v)	['pʊsbrolʲɪs]
prima (f)	pùsseserė (m)	['pʊsseserʲe:]
mamãe (f)	mamà (m)	[ma'ma]
papai (m)	tětis (v)	['tʲe:tʲɪs]
pais (pl)	tévaĩ (v)	[tʲe:'vʌɪ]
criança (f)	vaĩkas (v)	['vʌɪkas]
crianças (f pl)	vaikaĩ (v)	[vʌɪ'kʌɪ]
avó (f)	senělė (m)	[sʲɛ'nʲælʲe:]
avô (m)	senẽlis (v)	[sʲɛ'nʲælʲɪs]
neto (m)	anũkas (v)	[a'nu:kas]

| neta (f) | anūkė (m) | [aˈnuːkʲeː] |
| netos (pl) | anūkai (v) | [aˈnuːkʌɪ] |

tio (m)	dėdė (v)	[ˈdʲeːdʲeː]
tia (f)	tetà (m)	[tʲɛˈta]
sobrinho (m)	sūnėnas (v)	[suːˈnʲeːnas]
sobrinha (f)	dukterėčia (m)	[dʊkteˈrʲeːtʂʲæ]

sogra (f)	úošvė (m)	[ˈʊɑʃvʲeː]
sogro (m)	úošvis (v)	[ˈʊɑʃvʲɪs]
genro (m)	žéntas (v)	[ˈʒʲɛntas]
madrasta (f)	pãmotė (m)	[ˈpaːmotʲeː]
padrasto (m)	patévis (v)	[paˈtʲeːvʲɪs]

criança (f) de colo	kũdikis (v)	[ˈkuːdʲɪkʲɪs]
bebê (m)	naujãgimis (v)	[nɑʊˈjaːgʲɪmʲɪs]
menino (m)	vaĩkas (v)	[ˈvʌɪkas]

mulher (f)	žmonà (m)	[ʒmoˈna]
marido (m)	výras (v)	[ˈvʲiːras]
esposo (m)	sutuoktìnis (v)	[sʊtʊakˈtʲɪnʲɪs]
esposa (f)	sutuoktìnė (m)	[sʊtʊakˈtʲɪnʲeː]

casado (adj)	vēdęs	[ˈvʲæːdʲɛːs]
casada (adj)	ištekėjusi	[ɪʃtʲɛˈkʲeːjʊsʲɪ]
solteiro (adj)	viengũngis	[vʲɪɛŋˈgʊŋgʲɪs]
solteirão (m)	viengũngis (v)	[vʲɪɛŋˈgʊŋgʲɪs]
divorciado (adj)	išsiskýręs	[ɪʃsʲɪˈskʲiːrʲɛːs]
viúva (f)	našlė̃ (m)	[naʃˈlʲeː]
viúvo (m)	našlỹs (v)	[naʃˈlʲiːs]

parente (m)	gimináitis (v)	[gʲɪmʲɪˈnʌɪtʲɪs]
parente (m) próximo	ãrtimas gimináitis (v)	[ˈaːrtʲɪmas gʲɪmʲɪˈnʌɪtʲɪs]
parente (m) distante	tólimas gimináitis (v)	[ˈtolʲɪmas gʲɪmʲɪˈnʌɪtʲɪs]
parentes (m pl)	gìminės (m dgs)	[ˈgʲɪmʲɪnʲeːs]

órfão (m), órfã (f)	našláitis (v)	[naʃˈlʲʌɪtʲɪs]
tutor (m)	globéjas (v)	[glʲoˈbʲeːjas]
adotar (um filho)	įsūnyti	[iːˈsuːnʲɪːtʲɪ]
adotar (uma filha)	įdukrinti	[iːˈdʊkrʲɪntʲɪ]

53. Amigos. Colegas de trabalho

amigo (m)	draũgas (v)	[ˈdrɑʊgas]
amiga (f)	draugė̃ (m)	[drɑʊˈgʲeː]
amizade (f)	draugỹstė (m)	[drɑʊˈgʲiːstʲeː]
ser amigos	draugáuti	[drɑʊˈgɑʊtʲɪ]

amigo (m)	pažístamas (v)	[paˈʒʲɪːstamas]
amiga (f)	pažįstamà (m)	[paʒʲɪːstaˈma]
parceiro (m)	pártneris (v)	[ˈpartnʲɛrʲɪs]

| chefe (m) | šėfas (v) | [ˈʃɛfas] |
| superior (m) | vĩršininkas (v) | [ˈvʲɪrʃɪnʲɪŋkas] |

proprietário (m)	**savininkas** (v)	[sav'ɪ'n'ɪŋkas]
subordinado (m)	**pavaldinys** (v)	[paval'd'ɪ'n'i:s]
colega (m, f)	**kolegà** (v)	[kɔl'ɛ'ga]

conhecido (m)	**pažįstamas** (v)	[pa'ʒ'ɪ:stamas]
companheiro (m) de viagem	**pakeleĩvis** (v)	[pak'ɛ'l'ɛɪv'ɪs]
colega (m) de classe	**klasiõkas** (v)	[kl'a's'o:kas]

vizinho (m)	**kaimýnas** (v)	[kʌɪ'm'i:nas]
vizinha (f)	**kaimýnė** (m)	[kʌɪ'm'i:n'e:]
vizinhos (pl)	**kaimýnai** (v)	[kʌɪ'm'i:nʌɪ]

54. Homem. Mulher

mulher (f)	**móteris** (m)	['mot'ɛr'ɪs]
menina (f)	**panẽlė** (m)	[pa'n'æl'e:]
noiva (f)	**núotaka** (m)	['nʊataka]

bonita, bela (adj)	**gražì**	[gra'ʒ'ɪ]
alta (adj)	**aukštà**	[ɑʊkʃ'ta]
esbelta (adj)	**lieknà**	[l'iɛk'na]
baixa (adj)	**neáukšto ũgio**	[n'ɛ'ɑʊkʃtɔ 'u:g'ɔ]

loira (f)	**blondìnė** (m)	[bl'on'd'ɪn'e:]
morena (f)	**brunẽtė** (m)	[brʊ'n'ɛt'e:]

de senhora	**dãmų**	['da:mu:]
virgem (f)	**skaistuõlė** (m)	[skʌɪs'tʊal'e:]
grávida (adj)	**nėščià**	[n'e:ʃ'tʂ'æ]

homem (m)	**výras** (v)	['v'i:ras]
loiro (m)	**blondìnas** (v)	[bl'on'd'ɪnas]
moreno (m)	**brunẽtas** (v)	[brʊ'n'ɛtas]
alto (adj)	**áukštas**	['ɑʊkʃtas]
baixo (adj)	**neáukšto ũgio**	[n'ɛ'ɑʊkʃtɔ 'u:g'ɔ]

rude (adj)	**grubùs**	[grʊ'bʊs]
atarracado (adj)	**petingas**	[p'ɛ't'ɪngas]
robusto (adj)	**tvìrtas**	['tv'ɪrtas]
forte (adj)	**stiprùs**	[st'ɪp'rʊs]
força (f)	**jėgà** (m)	[je:'ga]

gordo (adj)	**stambùs**	[stam'bʊs]
moreno (adj)	**tamsaũs gỹmio**	[tam'sɑʊs 'g'i:m'ɔ]
esbelto (adj)	**liẽknas**	['l'iɛknas]
elegante (adj)	**elegántiškas**	[ɛl'ɛ'gant'ɪʃkas]

55. Idade

idade (f)	**ámžius** (v)	['amʒ'ʊs]
juventude (f)	**jaunỹstė** (m)	[jɛʊ'n'i:st'e:]
jovem (adj)	**jáunas**	['jɑʊnas]

| mais novo (adj) | jaunèsnis (-ě) | [jɛʊ'nʲɛsnʲɪs] |
| mais velho (adj) | vyrèsnis | [vʲi:'rʲɛsnʲɪs] |

jovem (m)	jaunuõlis (v)	[jɛʊ'nʊɑlʲɪs]
adolescente (m)	paauglỹs (v)	[pɑɑʊ'glʲi:s]
rapaz (m)	vaikìnas (v)	[vʌɪ'kʲɪnas]

| velho (m) | sẽnis (v) | ['sʲænʲɪs] |
| velha (f) | sẽné (m) | ['sʲænʲe:] |

adulto	suáugęs	[sʊ'ɑʊgʲɛ:s]
de meia-idade	vidutìnio ámžiaus	[vʲɪdu'tʲɪnʲɔ 'amʒʲɛʊs]
idoso, de idade (adj)	pagyvẽnęs	[pagʲi:'vʲænʲɛ:s]
velho (adj)	sẽnas	['sʲænas]

aposentadoria (f)	peñsija (m)	['pʲɛnsʲɪjɛ]
aposentar-se (vr)	išeĩti į̃ peñsiją	[ɪ'ʃɛɪtʲɪ i: 'pʲɛnsʲɪja:]
aposentado (m)	peñsininkas (v)	['pʲɛnsʲɪnʲɪŋkas]

56. Crianças

criança (f)	vaĩkas (v)	['vʌɪkas]
crianças (f pl)	vaikaĩ (v)	[vʌɪ'kʌɪ]
gêmeos (m pl), gêmeas (f pl)	dvyniaĩ (v dgs)	[dvʲi:'nʲɛɪ]

berço (m)	lopšỹs (v)	[lʲop'ʃɪ:s]
chocalho (m)	barškalas (v)	['barʃkalʲas]
fralda (f)	výstyklas (v)	['vʲi:stʲi:klʲas]

chupeta (f), bico (m)	čiulptùkas (v)	[tʂʊlʲp'tʊkas]
carrinho (m) de bebê	vežimẽlis (v)	[vʲɛʒʲɪ'mʲe:lʲɪs]
jardim (m) de infância	vaikų̃ darželis (v)	[vʌɪ'ku: dar'ʒʲælʲɪs]
babysitter, babá (f)	áuklé (m)	['ɑʊklʲe:]

infância (f)	vaikỹsté (m)	[vʌɪ'kʲi:stʲe:]
boneca (f)	lélé̃ (m)	[lʲe:'lʲe:]
brinquedo (m)	žaĩslas (v)	['ʒʌɪslʲas]
jogo (m) de montar	konstrùktorius (v)	[kɔns'trʊktorʲʊs]

bem-educado (adj)	išáuklétas	[ɪʃɑʊklʲe:tas]
malcriado (adj)	neišáuklétas	[nʲɛɪʃɑʊklʲe:tas]
mimado (adj)	išlẽpintas	[ɪʃ'lʲæpʲɪntas]

ser travesso	dǜkti	['du:ktʲɪ]
travesso, traquinas (adj)	padǜkęs	[pa'du:kʲɛ:s]
travessura (f)	išdaĩga (m)	[ɪʃ'dʌɪga]
criança (f) travessa	padykélis (v)	[padʲi:'kʲe:lʲɪs]

| obediente (adj) | paklusnùs | [paklʲʊs'nʊs] |
| desobediente (adj) | nepaklusnùs | [nʲɛpaklʲʊs'nʊs] |

dócil (adj)	išmintìngas	[ɪʃmʲɪn'tʲɪngas]
inteligente (adj)	protìngas	[pro'tʲɪngas]
prodígio (m)	vùnderkindas (v)	['vʊndʲɛrkʲɪndas]

57. Casais. Vida de família

beijar (vt)	bučiúoti	[bʊ'tʂˡʊatˡɪ]
beijar-se (vr)	bučiúotis	[bʊ'tʂˡʊatˡɪs]
família (f)	šeima (m)	[ʃɛɪ'ma]
familiar (vida ~)	šeimýninis	[ʃɛɪ'mˡiːnˡɪnˡɪs]
casal (m)	porà (m)	[po'ra]
matrimônio (m)	sántuoka (m)	['santʊɑka]
lar (m)	namų̃ židinỹs (v)	[na'mu: ʒˡɪdˡɪ'nˡi:s]
dinastia (f)	dinãstija (m)	[dˡɪ'na:stˡɪjɛ]

| encontro (m) | pasimãtymas (v) | [pasˡɪ'ma:tˡi:mas] |
| beijo (m) | bučinỹs (v) | [bʊtʂɪ'nˡi:s] |

amor (m)	méilè (m)	['mˡɛilˡe:]
amar (pessoa)	myléti	[mˡi:'lˡe:tˡɪ]
amado, querido (adj)	mýlimas	['mˡi:lˡɪmas]

ternura (f)	švelnùmas (v)	[ʃvˡɛlˡi'nʊmas]
afetuoso (adj)	švelnùs	[ʃvˡɛlˡi'nʊs]
fidelidade (f)	ištikimýbè (m)	[ɪʃtˡɪkˡɪ'mˡi:bˡe:]
fiel (adj)	ištikimas	['ɪʃtˡɪkˡɪmas]
cuidado (m)	rū̃pestis (v)	['ru:pˡɛstˡɪs]
carinhoso (adj)	rūpestìngas	[ru:pˡɛs'tˡɪngas]

recém-casados (pl)	jaunavedžiaĩ (v dgs)	[jɛʊnavˡɛ'dʒˡɛɪ]
lua (f) de mel	medaũs ménuo (v)	[mˡɛ'daʊs 'mˡe:nʊɑ]
casar-se (com um homem)	ištekéti	[ɪʃtˡɛ'kˡe:tˡɪ]
casar-se (com uma mulher)	vèsti	['vˡɛstˡɪ]

casamento (m)	vestùvès (m dgs)	[vˡɛs'tʊvˡe:s]
bodas (f pl) de ouro	auksìnès vestùvès (m dgs)	[aʊk'sˡɪnˡe:s ve'stʊvˡe:s]
aniversário (m)	mẽtinès (m dgs)	['mˡætˡɪnˡe:s]

| amante (m) | meilùžis (v) | [mˡɛɪ'lˡʊʒˡɪs] |
| amante (f) | meilùžè (m) | [mˡɛɪ'lˡʊʒˡe:] |

adultério (m), traição (f)	neištikimýbè (m)	[nˡɛɪʃtˡɪkˡɪ'mˡi:bˡe:]
cometer adultério	išdúoti	[ɪʃ'dʊatˡɪ]
ciumento (adj)	pavydùs	[pavˡi:'dʊs]
ser ciumento, -a	pavyduliáuti	[pavˡi:dʊ'lˡæʊtˡɪ]
divórcio (m)	skyrýbos (m)	[skˡi:'rˡi:bos]
divorciar-se (vr)	išsiskìrti	[ɪʃsˡɪ'skˡɪrtˡɪ]

brigar (discutir)	bártis	['bartˡɪs]
fazer as pazes	susitáikyti	[sʊsˡɪ'tʌɪkˡi:tˡɪ]
juntos (ir ~)	kartù	[kar'tʊ]
sexo (m)	sèksas (v)	['sˡɛksas]

felicidade (f)	láimè (m)	['lˡʌɪmˡe:]
feliz (adj)	laimìngas	[lˡʌɪ'mˡɪngas]
infelicidade (f)	neláimè (m)	[nˡɛ'lˡʌɪmˡe:]
infeliz (adj)	nelaimìngas	[nˡɛlˡʌɪ'mˡɪngas]

Caráter. Sentimentos. Emoções

58. Sentimentos. Emoções

sentimento (m)	jaũsmas (v)	['jɛʊsmas]
sentimentos (m pl)	jausmaĩ (v)	[jɛʊs'mʌi]
sentir (vt)	jaũsti	['jaʊstʲɪ]
fome (f)	bãdas (v)	['ba:das]
ter fome	noréti válgyti	[no'rʲe:tʲɪ 'valʲgʲi:tʲɪ]
sede (f)	troškulỹs (v)	[troʃkʊ'lʲi:s]
ter sede	noréti gérti	[no'rʲe:tʲɪ 'gʲært'ɪ]
sonolência (f)	mieguistùmas (v)	[mʲiɛgʊis'tʊmas]
estar sonolento	noréti miegóti	[no'rʲe:tʲɪ mʲiɛ'gotʲɪ]
cansaço (m)	núovargis (v)	['nʊɑvargʲɪs]
cansado (adj)	pavargęs	[pa'vargʲɛ:s]
ficar cansado	pavargti	[pa'varktʲɪ]
humor (m)	núotaika (m)	['nʊɑtʌɪka]
tédio (m)	nuobodulỹs (v)	[nʊɑbodʊ'lʲi:s]
entediar-se (vr)	ilgétis	[ɪlʲ'gʲe:tʲɪs]
reclusão (isolamento)	atsiskyrìmas (v)	[atsʲɪskʲi:'rʲɪmas]
isolar-se (vr)	atsiskìrti	[atsʲɪ'skʲɪrtʲɪ]
preocupar (vt)	jáudinti	['jɑʊdʲɪntʲɪ]
estar preocupado	jáudintis	['jɑʊdʲɪntʲɪs]
preocupação (f)	jaudulỹs (v)	[jɛʊdʊ'lʲi:s]
ansiedade (f)	neramùmas (v)	[nʲɛra'mʊmas]
preocupado (adj)	susirūpinęs	[sʊsʲɪ'ru:pʲɪnʲɛ:s]
estar nervoso	nèrvintis	['nʲɛrvʲɪntʲɪs]
entrar em pânico	panikúoti	[panʲɪ'kʊatʲɪ]
esperança (f)	viltìs (m)	[vʲɪlʲ'tʲɪs]
esperar (vt)	tikétis	[tʲɪ'kʲe:tʲɪs]
certeza (f)	pasitikéjimas (v)	[pasʲɪtʲɪ'kʲɛjɪmas]
certo, seguro de …	įsitìkinęs	[i:sʲɪ'tʲɪː kʲɪnʲɛ:s]
indecisão (f)	neaiškùmas (v)	[nʲɛʌɪʃ'kʊmas]
indeciso (adj)	neįsitìkinęs	[nʲɛɪːsʲɪ'tʲɪːkʲɪnʲɛ:s]
bêbado (adj)	gìrtas	['gʲɪrtas]
sóbrio (adj)	blaĩvas	['blʲʌɪvas]
fraco (adj)	sìlpnas	['sʲɪlʲpnas]
feliz (adj)	sékmìngas	[sʲe:k'mʲɪngas]
assustar (vt)	išgą̃sdinti	[ɪʃ'ga:sdʲɪntʲɪ]
fúria (f)	pasiutìmas (v)	[pasʲʊ'tʲɪmas]
ira, raiva (f)	įneršis (v)	[i:nʲɛrʃʲɪs]
depressão (f)	deprèsija (m)	[dʲɛp'rʲɛsʲɪjɛ]
desconforto (m)	diskomfòrtas (v)	[dʲɪskom'fortas]

conforto (m)	komfòrtas (v)	[kɔm'fortas]
arrepender-se (vr)	gailétis	[gʌɪ'lʲe:tʲɪs]
arrependimento (m)	gàilestis (v)	['gʌɪlʲɛstʲɪs]
azar (m), má sorte (f)	nesėkmẽ (m)	[nʲɛsʲe:k'mʲe:]
tristeza (f)	nusivylìmas (v)	[nʊsʲɪvʲi:'lʲɪmas]

vergonha (f)	gėda (m)	['gʲe:da]
alegria (f)	linksmýbė (m)	[lʲɪŋks'mʲi:bʲe:]
entusiasmo (m)	entuziãzmas (v)	[ɛntʊzʲɪ'jazmas]
entusiasta (m)	entuziãstas (v)	[ɛntʊzʲɪ'jastas]
mostrar entusiasmo	paródyti entuziãzmą	[pa'rodʲi:tʲɪ ɛntʊzʲɪ'jazma:]

59. Caráter. Personalidade

caráter (m)	charãkteris (v)	[xa'ra:ktʲɛrʲɪs]
falha (f) de caráter	trūkumas (v)	['tru:kʊmas]
mente (f)	prõtas (v)	['pro:tas]
razão (f)	išmintìs (m)	[ɪʃmʲɪn'tʲɪs]

consciência (f)	sąžinė (m)	['sa:ʒʲɪnʲe:]
hábito, costume (m)	įprotis (v)	['i:protʲɪs]
habilidade (f)	gebéjimas (v)	[gʲɛ'bʲɛjɪmas]
saber (~ nadar, etc.)	mokéti	[mo'kʲe:tʲɪ]

paciente (adj)	kantrùs	[kant'rʊs]
impaciente (adj)	nekantrùs	[nʲɛkant'rʊs]
curioso (adj)	smalsùs	[smalʲ'sʊs]
curiosidade (f)	smalsùmas (v)	[smalʲ'sʊmas]

modéstia (f)	kuklùmas (v)	[kʊk'lʲʊmas]
modesto (adj)	kuklùs	[kʊk'lʲʊs]
imodesto (adj)	nekuklùs	[nʲɛkʊk'lʲʊs]

| preguiçoso (adj) | tingùs | [tʲɪn'gʊs] |
| preguiçoso (m) | tinginỹs (v) | [tʲɪngʲɪ'nʲi:s] |

astúcia (f)	gudrùmas (v)	[gʊd'rʊmas]
astuto (adj)	gudrùs	[gʊd'rʊs]
desconfiança (f)	nepasitikéjimas (v)	[nʲɛpasʲɪtʲɪ'kʲɛjɪmas]
desconfiado (adj)	nepatiklùs	[nʲɛpatʲɪk'lʲʊs]

generosidade (f)	dosnùmas (v)	[dos'nʊmas]
generoso (adj)	dosnùs	[dos'nʊs]
talentoso (adj)	talentìngas	[talʲɛn'tʲɪngas]
talento (m)	tãlentas (v)	['ta:lʲɛntas]

corajoso (adj)	drąsùs	[dra:'sʊs]
coragem (f)	drąsà (m)	[dra:'sa]
honesto (adj)	sąžiningas	[sa:ʒʲɪ'nʲɪngas]
honestidade (f)	sąžinė (m)	['sa:ʒʲɪnʲe:]

prudente, cuidadoso (adj)	atsargùs	[atsar'gʊs]
valoroso (adj)	narsùs	[nar'sʊs]
sério (adj)	rìmtas	['rʲɪmtas]

severo (adj)	gríežtas	['grʲiɛʒtas]
decidido (adj)	ryžtìngas	[rʲiːʒ'tʲɪngas]
indeciso (adj)	neryžtìngas	[nʲɛrʲiːʒ'tʲɪngas]
tímido (adj)	drovùs	[dro'vʊs]
timidez (f)	drovùmas (v)	[dro'vʊmas]

confiança (f)	pasitikéjimas (v)	[pasʲɪtʲɪ'kʲɛjɪmas]
confiar (vt)	tikéti	[tʲɪ'kʲe:tʲɪ]
crédulo (adj)	patiklùs	[patʲɪk'lʲʊs]

sinceramente	nuoširdžiaĩ	[nʊaʃɪr'dʒʲɛɪ]
sincero (adj)	nuoširdùs	[nʊaʃɪr'dʊs]
sinceridade (f)	nuoširdùmas (v)	[nʊaʃɪr'dʊmas]
aberto (adj)	ãtviras	['a:tvʲɪras]

calmo (adj)	ramùs	[ra'mʊs]
franco (adj)	ãtviras	['a:tvʲɪras]
ingênuo (adj)	naivùs	[nʌɪ'vʊs]
distraído (adj)	išsiblãškęs	[ɪʃsʲɪ'blʲa:ʃkʲɛːs]
engraçado (adj)	juokìngas	[jʊa'kʲɪngas]

ganância (f)	gobšùmas (v)	[gop'ʃʊmas]
ganancioso (adj)	gobšùs	[gop'ʃʊs]
avarento, sovina (adj)	šykštùs	[ʃɪːkʃ'tʊs]
mal (adj)	pìktas	['pʲɪktas]
teimoso (adj)	užsispýręs	[ʊʒsʲɪs'pʲi:rʲɛːs]
desagradável (adj)	nemalonùs	[nʲɛmalʲo'nʊs]

egoísta (m)	egoìstas (v)	[ɛgo'ʲɪstas]
egoísta (adj)	egoìstiškas	[ɛgo'ʲɪstʲɪʃkas]
covarde (m)	bailỹs (v)	[bʌɪ'lʲi:s]
covarde (adj)	bailùs	[bʌɪ'lʲʊs]

60. O sono. Sonhos

dormir (vi)	miegóti	[mʲɪɛ'gotʲɪ]
sono (m)	miẽgas (v)	['mʲɛgas]
sonho (m)	sãpnas (v)	['sa:pnas]
sonhar (ver sonhos)	sapnúoti	[sap'nʊatʲɪ]
sonolento (adj)	miegùistas	[mʲɪɛ'gʊistas]

cama (f)	lóva (m)	['lʲova]
colchão (m)	čiužinỹs (v)	[tʂʊʒʲɪ'nʲi:s]
cobertor (m)	užklótas (v)	[ʊʒ'klʲotas]
travesseiro (m)	pagálvė (m)	[pa'galʲvʲe:]
lençol (m)	paklõdė (m)	[pak'lʲo:dʲe:]

insônia (f)	nẽmiga (m)	['nʲæmʲɪga]
sem sono (adj)	bemiẽgis	[bʲɛ'mʲɛgʲɪs]
sonífero (m)	mìgdomieji (v)	['mʲɪgdomʲɪɛji]
tomar um sonífero	išgérti mìgdomuosius	[ɪʃ'gʲɛrtʲɪ 'mʲɪgdomʊasʲʊs]

estar sonolento	noréti miegóti	[no'rʲe:tʲɪ mʲɪɛ'gotʲɪ]
bocejar (vi)	žióvauti	['ʒʲovaʊtʲɪ]

ir para a cama	eĩti miegóti	[ˈɛɪtʲɪ mʲiɛˈgotʲɪ]
fazer a cama	klóti lóvą	[ˈklʲotʲɪ ˈlʲova:]
adormecer (vi)	užmìgti	[ʊʒˈmʲɪktʲɪ]

pesadelo (m)	košmãras (v)	[koʃˈma:ras]
ronco (m)	knarkìmas (v)	[knarˈkʲɪmas]
roncar (vi)	knar̃kti	[ˈknarktʲɪ]

despertador (m)	žadintùvas (v)	[ʒadʲɪnˈtʊvas]
acordar, despertar (vt)	pažãdinti	[paˈʒa:dʲɪntʲɪ]
acordar (vi)	atsibùsti	[atsʲɪˈbʊstʲɪ]
levantar-se (vr)	kéltis	[ˈkʲɛlʲtʲɪs]
lavar-se (vr)	praũstis	[ˈpraʊstʲɪs]

61. Humor. Riso. Alegria

humor (m)	hùmoras (v)	[ˈɣʊmoras]
senso (m) de humor	jaũsmas (v)	[ˈjɛʊsmas]
divertir-se (vr)	lìnksmintis	[ˈlʲɪŋksmʲɪntʲɪs]
alegre (adj)	lìnksmas	[ˈlʲɪŋksmas]
diversão (f)	linksmýbė (m)	[lʲɪŋksˈmʲiːbʲe:]

sorriso (m)	šýpsena (m)	[ˈʃɪːpsʲɛna]
sorrir (vi)	šypsótis	[ʃɪːpˈsotʲɪs]
começar a rir	nusijuõkti	[nʊsʲɪˈjʊaktʲɪ]
rir (vi)	juõktis	[ˈjʊaktʲɪs]
riso (m)	juõkas (v)	[ˈjʊakas]

anedota (f)	anekdòtas (v)	[anʲɛkˈdotas]
engraçado (adj)	juokìngas	[jʊaˈkʲɪngas]
ridículo, cômico (adj)	juokìngas	[jʊaˈkʲɪngas]

brincar (vi)	juokáuti	[jʊaˈkaʊtʲɪ]
piada (f)	juõkas (v)	[ˈjʊakas]
alegria (f)	džiaũgsmas (v)	[ˈdʒʲɛʊgsmas]
regozijar-se (vr)	džiaũgtis	[ˈdʒʲɛʊktʲɪs]
alegre (adj)	džiaugsmìngas	[dʒʲɛʊgsˈmʲɪngas]

62. Discussão, conversação. Parte 1

| comunicação (f) | bendrãvimas (v) | [bʲɛnˈdraːvʲɪmas] |
| comunicar-se (vr) | bendráuti | [bʲɛnˈdraʊtʲɪ] |

conversa (f)	pókalbis (v)	[ˈpokalʲbʲɪs]
diálogo (m)	dialògas (v)	[dʲɪjaˈlʲogas]
discussão (f)	diskùsija (m)	[dʲɪsˈkʊsʲɪjɛ]
debate (m)	giñčas (v)	[ˈgʲɪntʂas]
debater (vt)	giñčytis	[ˈgʲɪntʂʲiːtʲɪs]

interlocutor (m)	pašnekõvas (v)	[paʃnʲɛˈko:vas]
tema (m)	temà (m)	[tʲɛˈma]
ponto (m) de vista	póžiūris (v)	[ˈpoʒʲuːrʲɪs]

opinião (f)	núomonė (m)	['nʊamonʲe:]
discurso (m)	kalbà (m)	[kalʲ'ba]

discussão (f)	aptarìmas (v)	[apta'rʲɪmas]
discutir (vt)	aptárti	[ap'tartʲɪ]
conversa (f)	pókalbis (v)	['pokalʲbʲɪs]
conversar (vi)	kalbétis	[kalʲ'bʲe:tʲɪs]
reunião (f)	susìtikimas (v)	[sʊ's̠ʲɪtʲɪkʲɪmas]
encontrar-se (vr)	susitikinéti	[sʊsʲɪtʲɪkʲɪ'nʲe:tʲɪ]

provérbio (m)	patarlě (m)	[patar'lʲe:]
ditado, provérbio (m)	príežodis (v)	['prʲiɛʒodʲɪs]
adivinha (f)	mįslě (m)	[mʲɪ:s'lʲe:]
dizer uma adivinha	įmiñti mįslę	[i:'mʲɪntʲɪ 'mʲɪ:slʲɛ:]
senha (f)	slaptãžodis (v)	[slʲap'ta:ʒodʲɪs]
segredo (m)	paslaptìs (m)	[paslʲap'tʲɪs]

juramento (m)	príesaika (m)	['prʲiɛsʌɪka]
jurar (vi)	prisiekinéti	[prʲɪsʲiɛkʲɪ'nʲe:tʲɪ]
promessa (f)	pãžadas (v)	['pa:ʒadas]
prometer (vt)	žadéti	[ʒa'dʲe:tʲɪ]

conselho (m)	patarìmas (v)	[pata'rʲɪmas]
aconselhar (vt)	patárti	[pa'tartʲɪ]
escutar (~ os conselhos)	paklausýti	[paklʲaʊ'sʲi:tʲɪ]

novidade, notícia (f)	naujíena (m)	[naʊ'jiɛna]
sensação (f)	sensãcija (m)	[sʲɛn'sa:tsʲɪjɛ]
informação (f)	dúomenys (v dgs)	['dʊamʲɛnʲi:s]
conclusão (f)	ìšvada (m)	['ɪʃvada]
voz (f)	balsas (v)	['balʲsas]
elogio (m)	komplimeñtas (v)	[komplʲɪ'mʲɛntas]
amável, querido (adj)	mandagùs	[manda'gʊs]

palavra (f)	žõdis (v)	['ʒo:dʲɪs]
frase (f)	reãkcija (m)	[rʲɛ'a:ktsʲɪjɛ]
resposta (f)	atsãkymas (v)	[a'tsa:kʲi:mas]
verdade (f)	tiesà (m)	[tʲiɛ'sa]
mentira (f)	melas (v)	['mʲæelʲas]

pensamento (m)	mintìs (m)	[mʲɪn'tʲɪs]
ideia (f)	idéja (m)	[ɪ'dʲe:ja]
fantasia (f)	fantãzija (m)	[fan'ta:zʲɪjɛ]

63. Discussão, conversação. Parte 2

estimado, respeitado (adj)	gerbiamas	['gʲɛrbʲæmas]
respeitar (vt)	gerbti	['gʲɛrptʲɪ]
respeito (m)	pagarbà (m)	[pagar'ba]
Estimado ..., Caro ...	Gerbiamàsis ...	[gʲɛrbʲæ'masʲɪs ...]

apresentar (alguém a alguém)	supažìndinti	[sʊpa'ʒʲɪndʲɪntʲɪ]
conhecer (vt)	susipažìnti	[sʊsʲɪpa'ʒʲɪntʲɪ]

intenção (f)	ketìnimas (v)	[kʲɛ'tʲɪnʲɪmas]
tencionar (~ fazer algo)	ketìnti	[kʲɛ'tʲɪntʲɪ]
desejo (de boa sorte)	palinkéjimas (v)	[palʲɪŋ'kʲɛjɪmas]
desejar (ex. ~ boa sorte)	palinkéti	[palʲɪŋ'kʲe:tʲɪ]

surpresa (f)	núostaba (m)	['nuɑstaba]
surpreender (vt)	stèbinti	['stʲæbʲɪntʲɪ]
surpreender-se (vr)	stebétis	[ste'bʲe:tʲɪs]

dar (vt)	dúoti	['duɑtʲɪ]
pegar (tomar)	im̃ti	['ɪmtʲɪ]
devolver (vt)	grąžìnti	[gra:'ʒʲɪntʲɪ]
retornar (vt)	atidúoti	[atʲɪ'duɑtʲɪ]

desculpar-se (vr)	atsiprašinéti	[atsʲɪpraʃɪ'nʲe:tʲɪ]
desculpa (f)	atsiprãšymas (v)	[atsʲɪ'pra:ʃɪ:mas]
perdoar (vt)	atléisti	[at'lʲɛɪstʲɪ]

falar (vi)	kalbéti	[kalʲ'bʲe:tʲɪ]
escutar (vt)	klausýti	[klʲɑu'sʲi:tʲɪ]
ouvir até o fim	išklausýti	[ɪʃklʲɑu'sʲi:tʲɪ]
entender (compreender)	supràsti	[sup'rastʲɪ]

mostrar (vt)	paródyti	[pa'rodʲi:tʲɪ]
olhar para …	žiūréti į …	[ʒʲu:'rʲe:tʲɪ i: ..]
chamar (alguém para …)	pakviẽsti	[pak'vʲɛstʲɪ]

perturbar, distrair (vt)	trukdýti	[trʊk'dʲi:tʲɪ]
perturbar (vt)	trukdýti	[trʊk'dʲi:tʲɪ]
entregar (~ em mãos)	pérduoti	['pʲɛrduɑtʲɪ]

pedido (m)	prãšymas (v)	['pra:ʃɪ:mas]
pedir (ex. ~ ajuda)	prašýti	[pra'ʃɪ:tʲɪ]
exigência (f)	reikalãvimas (v)	[rʲɛɪka'lʲa:vʲɪmas]
exigir (vt)	reikaláuti	[rʲɛɪka'lʲɑutʲɪ]

insultar (chamar nomes)	érzinti	['ɛrzʲɪntʲɪ]
zombar (vt)	šaipýtis	[ʃʌɪ'pʲi:tʲɪs]
zombaria (f)	pajuokà (m)	[pajuɑ'ka]
alcunha (f), apelido (m)	pravardẽ (m)	[pravar'dʲe:]

insinuação (f)	užúomina (m)	[ʊ'ʒuɑmɪna]
insinuar (vt)	užsimiñti	[ʊʒsʲɪ'mʲɪntʲɪ]
querer dizer	numanýti	[nʊma'nʲi:tʲɪ]

descrição (f)	aprãšymas (v)	[ap'ra:ʃɪ:mas]
descrever (vt)	aprašýti	[apra'ʃɪ:tʲɪ]
elogio (m)	pagyrimas (v)	[pagʲi:'rʲɪmas]
elogiar (vt)	pagìrti	[pa'gʲɪrtʲɪ]

desapontamento (m)	nusivylìmas (v)	[nʊsʲɪvʲi:'lʲɪmas]
desapontar (vt)	nuvìlti	[nʊ'vʲɪlʲtʲɪ]
desapontar-se (vr)	nusivìlti	[nʊsʲɪ'vʲɪlʲtʲɪ]

suposição (f)	príelaida (m)	['prʲɪɛlʲʌɪda]
supor (vt)	numanýti	[nʊma'nʲi:tʲɪ]

| advertência (f) | įspėjìmas (v) | [i:spʲe:'jɪmas] |
| advertir (vt) | įspéti | [i:s'pʲe:tʲɪ] |

64. Discussão, conversação. Parte 3

| convencer (vt) | įkalbéti | [i:kalʲʰbʲe:tʲɪ] |
| acalmar (vt) | ramìnti, gúosti | [ra'mʲɪntʲɪ], ['gʊastʲɪ] |

silêncio (o ~ é de ouro)	tylėjimas (v)	[tʲi:'lʲɛjɪmas]
ficar em silêncio	tyléti	[tʲi:'lʲe:tʲɪ]
sussurrar (vt)	sušnabždéti	[sʊʃnabʒ'dʲe:tʲɪ]
sussurro (m)	šnabždesy̆s (v)	[ʃnabʒdʲɛ'sʲi:s]

| francamente | atvirai̇̃ | [atvʲɪ'rʌɪ] |
| na minha opinião ... | màno núomone ... | ['manɔ 'nʊamonʲɛ ...] |

detalhe (~ da história)	iššamùmas (v)	[ɪʃsa'mʊmas]
detalhado (adj)	iššamùs	[ɪʃsa'mʊs]
detalhadamente	iššamiai̇̃	[ɪʃsa'mʲɛɪ]

| dica (f) | užúomina (m) | [ʊ'ʒʊamʲɪna] |
| dar uma dica | pasakinéti | [pasakʲɪ'nʲe:tʲɪ] |

olhar (m)	žvìlgsnis (v)	['ʒvʲɪlʲgsnʲɪs]
dar uma olhada	žvìlgteléti	['ʒvʲɪlʲktelʲe:tʲɪ]
fixo (olhada ~a)	nėjudantis	['nʲɛjʊdantʲɪs]
piscar (vi)	mirkséti	[mʲɪrk'sʲe:tʲɪ]
piscar (vt)	mìrkteléti	['mʲɪrktelʲe:tʲɪ]
acenar com a cabeça	lìnkteléti	['lʲɪŋktelʲe:tʲɪ]

suspiro (m)	i̇̃škvépis (v)	['ɪʃkvʲe:pʲɪs]
suspirar (vi)	įkvẽpti	[i:k'vʲe:ptʲɪ]
estremecer (vi)	krūpčioti	['kru:ptʃʲotʲɪ]
gesto (m)	gèstas (v)	['gʲɛstas]
tocar (com as mãos)	prisiliẽsti	[prʲɪsʲɪ'lʲɛstʲɪ]
agarrar (~ pelo braço)	griẽbti	['grʲɛptʲɪ]
bater de leve	plekšnóti	[plʲɛkʃ'notʲɪ]

Cuidado!	Atsargiai̇̃!	[atsar'gʲɛɪ!]
Sério?	Nejaũgi?	[nʲɛ'jɛʊgʲɪ?]
Tem certeza?	Tù įsitìkinęs?	['tʊ i:sʲɪ'tʲɪ:kʲɪnʲɛ:s?]
Boa sorte!	Sėkmẽs!	[sʲe:k'mʲe:s!]
Entendi!	Áišku!	['ʌɪʃkʊ!]
Que pena!	Gai̇̃la!	['gʌɪlʲa!]

65. Acordo. Recusa

consentimento (~ mútuo)	sutikìmas (v)	[sʊtʲɪ'kʲɪmas]
consentir (vi)	sutìkti	[sʊ'tʲɪktʲɪ]
aprovação (f)	pritarìmas (v)	[prʲɪta'rʲɪmas]
aprovar (vt)	pritar̃ti	[prʲɪ'tartʲɪ]
recusa (f)	atsisākymas (v)	[atsʲɪ'sa:kʲi:mas]

negar-se a ...	atsisakýti	[atsʲɪsa'kʲi:tʲɪ]
Ótimo!	Puiku̇!	[pui'kʊ!]
Tudo bem!	Geraı̇̃!	[gʲɛ'rʌɪ!]
Está bem! De acordo!	Geraı̇̃!	[gʲɛ'rʌɪ!]

proibido (adj)	uždraustas	['ʊʒdraustas]
é proibido	negalimȧ	[nʲɛgalʲɪ'ma]
é impossível	nei̇̃mȧnoma	[nʲɛɪ:'ma:noma]
incorreto (adj)	neteisingas	[nʲɛtʲɛɪ'sʲɪngas]

rejeitar (~ um pedido)	atmesti	[at'mʲɛstʲɪ]
apoiar (vt)	palaikýti	[palʲʌɪ'kʲi:tʲɪ]
aceitar (desculpas, etc.)	priim̃ti	[prʲɪ'imtʲɪ]

confirmar (vt)	patvi̇̀rtinti	[pat'vʲɪrtʲɪntʲɪ]
confirmação (f)	patvi̇̀rtinimas (v)	[pat'vʲɪrtʲɪnʲɪmas]
permissão (f)	leidi̇̀mas (v)	[lʲɛɪ'dʲɪmas]
permitir (vt)	léisti	['lʲɛɪstʲɪ]
decisão (f)	sprendi̇̀mas (v)	[sprʲɛn'dʲɪmas]
não dizer nada	nutyléti	[nʊtʲi:'lʲe:tʲɪ]

condição (com uma ~)	sȧ́lyga (m)	['sa:lʲi:ga]
pretexto (m)	atsikalbinéjimas (v)	[atsʲɪkalʲbʲɪ'nʲɛjɪmas]
elogio (m)	pagyri̇̀mas (v)	[pagʲi:'rʲɪmas]
elogiar (vt)	gi̇̀rti	['gʲɪrtʲɪ]

66. Sucesso. Boa sorte. Insucesso

êxito, sucesso (m)	sėkmė̃ (m)	[sʲe:k'mʲe:]
com êxito	sėkmi̇̀ngai	[sʲe:k'mʲɪngʌɪ]
bem sucedido (adj)	sėkmi̇̀ngas	[sʲe:k'mʲɪngas]

sorte (fortuna)	sėkmė̃ (m)	[sʲe:k'mʲe:]
Boa sorte!	Sėkmė̃s!	[sʲe:k'mʲe:s!]
de sorte	sėkmi̇̀ngas	[sʲe:k'mʲɪngas]
sortudo, felizardo (adj)	sėkmi̇̀ngas	[sʲe:k'mʲɪngas]

fracasso (m)	nesėkmė̃ (m)	[nʲɛsʲe:k'mʲe:]
pouca sorte (f)	nesėkmė̃ (m)	[nʲɛsʲe:k'mʲe:]
azar (m), má sorte (f)	nesėkmė̃ (m)	[nʲɛsʲe:k'mʲe:]

| mal sucedido (adj) | nesėkmi̇̀ngas | [nʲɛsʲe:k'mʲɪngas] |
| catástrofe (f) | katastrofȧ (m) | [katastro'fa] |

orgulho (m)	išdidu̇̀mas (v)	[ɪʃdʲɪ'dʊmas]
orgulhoso (adj)	išdidu̇̀s	[ɪʃdʲɪ'dʊs]
estar orgulhoso, -a	didžiu̇́otis	[dʲɪ'dʒʲʊɑtʲɪs]

vencedor (m)	nugalétojas (v)	[nʊga'lʲe:to:jɛs]
vencer (vi, vt)	nugaléti	[nʊga'lʲe:tʲɪ]
perder (vt)	pralaiméti	[pralʲʌɪ'mʲe:tʲɪ]
tentativa (f)	bañdymas (v)	['bandʲi:mas]
tentar (vt)	bandýti	[ban'dʲi:tʲɪ]
chance (m)	šánsas (v)	['ʃansas]

67. Conflitos. Emoções negativas

grito (m)	rìksmas (v)	['rʲɪksmas]
gritar (vi)	rė̃kti	['rʲeːktʲɪ]
começar a gritar	užrìkti	[ʊʒ'rʲɪktʲɪ]
discussão (f)	barnis (v)	['barnʲɪs]
brigar (discutir)	bártis	['bartʲɪs]
escândalo (m)	skandãlas (v)	[skan'daːlʲas]
criar escândalo	kélti skandãlą	['kʲɛlʲtʲɪ skandaːlaː]
conflito (m)	konflìktas (v)	[kon'flʲɪktas]
mal-entendido (m)	nesusipratìmas (v)	[nʲɛsʊsʲɪpraˈtʲɪmas]
insulto (m)	ìžeidìmas (v)	[iːʒʲɛɪ'dʲɪːmas]
insultar (vt)	ìžeidinéti	[iːʒʲɛɪdʲɪ'nʲeːtʲɪ]
insultado (adj)	ìžeistas	['iːʒʲɛɪstas]
ofensa (f)	núoskauda (m)	['nʊɑskɑʊda]
ofender (vt)	nuskriaũsti	[nʊ'skrʲɛʊstʲɪ]
ofender-se (vr)	įsižeĩsti	[iːsʲɪ'ʒʲɛɪstʲɪ]
indignação (f)	pasipìktinimas (v)	[pasʲɪ'pʲɪktʲɪnʲɪmas]
indignar-se (vr)	pasipìktinti	[pasʲɪ'pʲɪktʲɪntʲɪ]
queixa (f)	skuñdas (v)	['skʊndas]
queixar-se (vr)	skų́stis	['skuːstʲɪs]
desculpa (f)	atsiprãšymas (v)	[atsʲɪ'praːʃɪːmas]
desculpar-se (vr)	atsiprašynéti	[atsʲɪ'praʃɪːnʲeːtʲɪ]
pedir perdão	prašýti atleidìmo	[pra'ʃɪːtʲɪ atlʲɛɪ'dʲɪmɔ]
crítica (f)	krìtika (m)	['krʲɪtʲɪka]
criticar (vt)	kritikúoti	[krʲɪtʲɪ'kʊɑtʲɪ]
acusação (f)	káltinimas (v)	['kalʲtʲɪnʲɪmas]
acusar (vt)	káltinti	['kalʲtʲɪntʲɪ]
vingança (f)	ker̃štas (v)	['kʲɛrʃtas]
vingar (vt)	ker̃šyti	['kʲɛrʃɪːtʲɪ]
vingar-se de	atker̃šyti	[at'kʲɛrʃɪːtʲɪ]
desprezo (m)	pasmerkìmas (v)	[pasmʲɛr'kʲɪmas]
desprezar (vt)	smer̃kti	['smʲɛrktʲɪ]
ódio (m)	neapýkanta (m)	[nʲɛa'pʲiːkanta]
odiar (vt)	nekė̃sti	[nʲɛ'kʲɛːstʲɪ]
nervoso (adj)	nervúotas	[nʲɛr'vʊɑtas]
estar nervoso	nèrvintis	['nʲɛrvʲɪntʲɪs]
zangado (adj)	pìktas	['pʲɪktas]
zangar (vt)	supýkdyti	[sʊ'pʲiːkdʲiːtʲɪ]
humilhação (f)	žẽminimas (v)	['ʒʲæmʲɪnʲɪmas]
humilhar (vt)	žẽminti	['ʒʲæmʲɪntʲɪ]
humilhar-se (vr)	žẽmintis	['ʒʲæmʲɪntʲɪs]
choque (m)	šòkas (v)	['ʃokas]
chocar (vt)	šokirúoti	[ʃok'rʲʊɑtʲɪ]
aborrecimento (m)	nemalonùmas (v)	[nʲɛmalʲo'nʊmas]

desagradável (adj)	nemalonùs	[nʲɛmalʲoˈnʊs]
medo (m)	baĩmė (m)	[ˈbʌɪmʲe:]
terrível (tempestade, etc.)	baisùs	[bʌɪˈsʊs]
assustador (ex. história ~a)	baisùs	[bʌɪˈsʊs]
horror (m)	siaũbas (v)	[ˈsʲɛʊbas]
horrível (crime, etc.)	siaubìngas	[sʲɛʊˈbʲɪngas]

começar a tremer	suvirpéti	[sʊvʲɪrˈpʲe:tʲɪ]
chorar (vi)	veȓkti	[ˈvʲɛrktʲɪ]
começar a chorar	pradéti veȓkti	[praˈdʲe:tʲɪ ˈverktʲɪ]
lágrima (f)	ãšara (m)	[ˈaːʃara]

falta (f)	kaltė̃ (m)	[kalʲˈtʲe:]
culpa (f)	kaltė̃ (m)	[kalʲˈtʲe:]
desonra (f)	géda (m)	[ˈgʲe:da]
protesto (m)	protèstas (v)	[proˈtʲɛstas]
estresse (m)	strèsas (v)	[ˈstrʲɛsas]

perturbar (vt)	trukdýti	[trʊkˈdʲiːtʲɪ]
zangar-se com ...	pȳkti	[ˈpʲiːktʲɪ]
zangado (irritado)	pìktas	[ˈpʲɪktas]
terminar (vt)	nutráukti	[nʊˈtrɑʊktʲɪ]
praguejar	bártis	[ˈbartʲɪs]

assustar-se	baugìntis	[bɑʊˈgʲɪntʲɪs]
golpear (vt)	treñkti	[ˈtrʲɛŋktʲɪ]
brigar (na rua, etc.)	mùštis	[ˈmʊʃtʲɪs]

resolver (o conflito)	sureguliúoti	[sʊrʲɛgʊˈlʲʊɑtʲɪ]
descontente (adj)	nepaténkintas	[nʲɛpaˈtʲɛŋkʲɪntas]
furioso (adj)	įníršęs	[iːˈnʲɪrʃɛ:s]

| Não está bem! | Negeraĩ! | [nʲɛgʲɛˈrʌɪ!] |
| É ruim! | Negeraĩ! | [nʲɛgʲɛˈrʌɪ!] |

Medicina

68. Doenças

doença (f)	ligà (m)	[lʲɪ'ga]
estar doente	sìrgti	['sʲɪrktʲɪ]
saúde (f)	sveikatà (m)	[svʲɛɪka'ta]

nariz (m) escorrendo	slogà (m)	[slʲo'ga]
amigdalite (f)	anginà (m)	[angʲɪ'na]
resfriado (m)	péršalimas (v)	['pʲɛrʃalʲɪmas]
ficar resfriado	péršalti	['pʲɛrʃalʲtʲɪ]

bronquite (f)	bronchìtas (v)	[bron'xʲɪtas]
pneumonia (f)	plaũčių uždegìmas (v)	['plʲautʂʲu: ʊʒdʲɛ'gʲɪmas]
gripe (f)	grìpas (v)	['grʲɪpas]

míope (adj)	trumparēgis	[trʊmpa'rʲægʲɪs]
presbita (adj)	toliarēgis	[tolʲæ'rʲægʲɪs]
estrabismo (m)	žvairùmas (v)	[ʒvʌɪ'rumas]
estrábico, vesgo (adj)	žvaĩras	['ʒvʌɪras]
catarata (f)	kataraktà (m)	[katarak'ta]
glaucoma (m)	glaukomà (m)	[glʲauko'ma]

AVC (m), apoplexia (f)	insùltas (v)	[ɪn'sʊlʲtas]
ataque (m) cardíaco	infárktas (v)	[ɪn'farktas]
enfarte (m) do miocárdio	miokārda infárktas (v)	[mʲɪjɔ'karda in'farktas]
paralisia (f)	paralỹžius (v)	[para'lʲi:ʒʲʊs]
paralisar (vt)	paražúoti	[paralʲɪ'ʒuatʲɪ]

alergia (f)	alèrgija (m)	[a'lʲɛrgʲɪjɛ]
asma (f)	astmà (m)	[astʲma]
diabetes (f)	diabètas (v)	[dʲɪja'bʲɛtas]

dor (f) de dente	dantũ skaũsmas (v)	[dan'tu: 'skausmas]
cárie (f)	kāriesas (v)	['ka:rʲɪɛsas]

diarreia (f)	diaréja (m)	[dʲɪjarʲe:ja]
prisão (f) de ventre	viduriũ užkietéjimas (v)	[vʲɪdu'rʲu: ʊʒkʲɪɛ'tʲɛjɪmas]
desarranjo (m) intestinal	skrañdžio sutrikìmas (v)	['skrandʒʲɔ sutrʲɪ'kʲɪmas]
intoxicação (f) alimentar	apsinuõdijimas (v)	[apsʲɪ'nuadʲɪjimas]
intoxicar-se	apsinuõdyti	[apsʲɪ'nuadʲi:tʲɪ]

artrite (f)	artrìtas (v)	[art'rʲɪtas]
raquitismo (m)	rachìtas (v)	[ra'xʲɪtas]
reumatismo (m)	reumatìzmas (v)	[rʲɛuma'tʲɪzmas]
arteriosclerose (f)	aterosklerozė (m)	[aterosklʲɛ'rozʲe:]

gastrite (f)	gastrìtas (v)	[gas'trʲɪtas]
apendicite (f)	apendicìtas (v)	[apʲɛndʲɪ'tsʲɪtas]

colecistite (f)	cholecistitas (v)	[xolʲɛtsʲɪsˈtʲɪtas]
úlcera (f)	opa (m)	[oˈpa]

sarampo (m)	tymai (v)	[tʲiːˈmʌɪ]
rubéola (f)	raudoniuke (m)	[rɑʊdoˈnʲʊkʲe:]
icterícia (f)	gelta (m)	[gʲɛlʲˈta]
hepatite (f)	hepatitas (v)	[ɣʲɛpaˈtʲɪtas]

esquizofrenia (f)	šizofrenija (m)	[ʃɪzoˈfrʲɛnʲɪjɛ]
raiva (f)	pasiutlige (m)	[paˈsʲʊtlʲɪgʲe:]
neurose (f)	neuroze (m)	[nʲɛʊˈrozʲe:]
contusão (f) cerebral	smegenų sutrenkimas (v)	[smʲɛgʲɛˈnu: sʊtrʲɛŋˈkʲɪmas]

câncer (m)	vežys (v)	[vʲe:ˈʒʲiːs]
esclerose (f)	skleroze (m)	[sklʲɛˈrozʲe:]
esclerose (f) múltipla	iššetine skleroze (m)	[ɪʃʲe:ˈtʲɪnʲe: sklʲɛˈrozʲe:]

alcoolismo (m)	alkoholizmas (v)	[alʲkoɣoˈlʲɪzmas]
alcoólico (m)	alokoholikas (v)	[alokoˈɣolʲɪkas]
sífilis (f)	sifilis (v)	[ˈsʲɪfɪlʲɪs]
AIDS (f)	ŽIV (v)	[ˈʒʲɪv]

tumor (m)	auglys (v)	[ɑʊgˈlʲiːs]
febre (f)	karštlige (m)	[ˈkarʃtlʲɪgʲe:]
malária (f)	maliarija (m)	[maˈlʲærʲɪjɛ]
gangrena (f)	gangrena (m)	[gangrʲɛˈna]
enjoo (m)	jūros liga (m)	[ˈjuːros lʲɪˈga]
epilepsia (f)	epilepsija (m)	[ɛpʲɪˈlʲɛpsʲɪjɛ]

epidemia (f)	epidemija (m)	[ɛpʲɪˈdʲɛmʲɪjɛ]
tifo (m)	šiltine (m)	[ˈʃɪlʲtʲɪnʲe:]
tuberculose (f)	tuberkulioze (m)	[tʊberkʊˈlʲɔzʲe:]
cólera (f)	cholera (m)	[ˈxolʲɛra]
peste (f) bubônica	maras (v)	[ˈmaːras]

69. Sintomas. Tratamentos. Parte 1

sintoma (m)	simptomas (v)	[sʲɪmpˈtomas]
temperatura (f)	temperatūra (m)	[tʲɛmpʲɛratuːˈra]
febre (f)	aukšta temperatūra (m)	[ɑʊkʃˈta tʲɛmpʲɛratuːˈra]
pulso (m)	pulsas (v)	[ˈpʊlʲsas]

vertigem (f)	galvos svaigimas (v)	[galʲˈvoːs svʌɪˈgʲɪmas]
quente (testa, etc.)	karštas	[ˈkarʃtas]
calafrio (m)	drebulys (v)	[drʲɛbʊˈlʲiːs]
pálido (adj)	išbālęs	[ɪʃˈbaːlʲɛ:s]

tosse (f)	kosulys (v)	[kɔsʊˈlʲiːs]
tossir (vi)	koseti	[ˈkosʲe:tʲɪ]
espirrar (vi)	čiaudeti	[ˈtʂʲæʊdʲe:tʲɪ]
desmaio (m)	nualpimas (v)	[nʊˈalʲpʲɪmas]
desmaiar (vi)	nualpti	[nʊˈalʲptʲɪ]
mancha (f) preta	melyne (m)	[mʲe:ˈlʲiːnʲe:]
galo (m)	guzas (v)	[ˈgʊzas]

machucar-se (vr)	**atsitreñkti**	[atsʲɪ'trʲɛŋktʲɪ]
contusão (f)	**sumušìmas** (v)	[sʊmʊ'ʃɪmas]
machucar-se (vr)	**susimùšti**	[sʊsʲɪ'mʊʃtʲɪ]
mancar (vi)	**šlubúoti**	[ʃlʲʊ'bʊɑtʲɪ]
deslocamento (f)	**išnirìmas** (v)	[ɪʃnʲɪ'rʲɪmas]
deslocar (vt)	**išnarìnti**	[ɪʃna'rʲɪntʲɪ]
fratura (f)	**lū̃žis** (v)	['lʲu:ʒʲɪs]
fraturar (vt)	**susiláužyti**	[sʊsʲɪ'lʲɑʊʒʲi:tʲɪ]
corte (m)	**įpjovìmas** (v)	[i:pjɔ'vʲɪ:mas]
cortar-se (vr)	**įsipjáuti**	[i:sʲɪ'pjɑʊtʲɪ]
hemorragia (f)	**kraujãvimas** (v)	[krɑʊ'ja:vʲɪmas]
queimadura (f)	**nudegìmas** (v)	[nʊdʲɛ'gʲɪmas]
queimar-se (vr)	**nusidẽginti**	[nʊsʲɪ'dʲægʲɪntʲɪ]
picar (vt)	**įdùrti**	[i:'dʊrtʲɪ]
picar-se (vr)	**įsidùrti**	[i:sʲɪ'dʊrtʲɪ]
lesionar (vt)	**susižalóti**	[sʊsʲɪʒa'lʲotʲɪ]
lesão (m)	**sužalójimas** (v)	[sʊʒa'lʲo:jɪmas]
ferida (f), ferimento (m)	**žaizdà** (m)	[ʒʌɪz'da]
trauma (m)	**tráuma** (m)	['trɑʊma]
delirar (vi)	**sapalióti**	[sapa'lʲotʲɪ]
gaguejar (vi)	**mikčióti**	[mʲɪk'tʂʲotʲɪ]
insolação (f)	**sáulės smū̃gis** (v)	['sɑʊlʲe:s 'smu:gʲɪs]

70. Sintomas. Tratamentos. Parte 2

dor (f)	**skaũsmas** (v)	['skɑʊsmas]
farpa (no dedo, etc.)	**rakštìs** (m)	[rakʃ'tʲɪs]
suor (m)	**prãkaitas** (v)	['pra:kʌɪtas]
suar (vi)	**prakaitúoti**	[prakʌɪ'tʊɑtʲɪ]
vômito (m)	**pỹkinimas** (v)	['pʲi:kʲɪnʲɪmas]
convulsões (f pl)	**traukùliai** (v)	[trɑʊ'kʊlʲɛɪ]
grávida (adj)	**nėščià**	[nʲe:ʃ'tʂʲæ]
nascer (vi)	**gìmti**	['gʲɪmtʲɪ]
parto (m)	**gim̃dymas** (v)	['gʲɪmdʲi:mas]
dar à luz	**gimdýti**	[gʲɪm'dʲi:tʲɪ]
aborto (m)	**abòrtas** (v)	[a'bortas]
respiração (f)	**kvėpãvimas** (v)	[kvʲe:'pa:vʲɪmas]
inspiração (f)	**į́kvėpis** (v)	['i:kvʲe:pʲɪs]
expiração (f)	**iškvėpìmas** (v)	[ɪʃkvʲe:'pʲɪmas]
expirar (vi)	**iškvė̃pti**	[ɪʃ'kvʲe:ptʲɪ]
inspirar (vi)	**įkvė̃pti**	[i:k'vʲe:ptʲɪ]
inválido (m)	**invalìdas** (v)	[ɪnva'lʲɪdas]
aleijado (m)	**luošỹs** (v)	[lʲʊɑ'ʃɪ:s]
drogado (m)	**narkomãnas** (v)	[narko'ma:nas]
surdo (adj)	**kur̃čias**	['kʊrtʂʲæs]

| mudo (adj) | nebylỹs | [nʲɛbʲiːˈlʲiːs] |
| surdo-mudo (adj) | kurčnebylis | [ˈkurtʂnʲɛbʲiːlʲɪs] |

louco, insano (adj)	pamìšęs	[paˈmʲɪʃɛːs]
louco (m)	pamìšęs (v)	[paˈmʲɪʃɛːs]
louca (f)	pamìšusi (m)	[paˈmʲɪʃusʲɪ]
ficar louco	išprotéti	[ɪʃproˈtʲeːtʲɪ]

gene (m)	gėnas (v)	[ˈgʲɛnas]
imunidade (f)	imunitėtas (v)	[ɪmʊnʲɪˈtʲɛtas]
hereditário (adj)	paveldimas	[paˈvʲɛlʲdʲɪmas]
congênito (adj)	įgimtas	[ˈiːgʲɪmtas]

vírus (m)	vìrusas (v)	[ˈvʲɪrʊsas]
micróbio (m)	mikròbas (v)	[mʲɪkˈrobas]
bactéria (f)	baktèrija (m)	[bakˈtʲɛrʲɪjɛ]
infecção (f)	infèkcija (m)	[ɪnˈfʲɛktsʲɪjɛ]

71. Sintomas. Tratamentos. Parte 3

| hospital (m) | ligóninė (m) | [lʲɪˈgonʲɪnʲeː] |
| paciente (m) | pacieñtas (v) | [paˈtsʲiɛntas] |

diagnóstico (m)	diagnòzė (m)	[dʲɪjagˈnozʲeː]
cura (f)	gýdymas (v)	[ˈgʲiːdʲiːmas]
tratamento (m) médico	gýdymas (v)	[ˈgʲiːdʲiːmas]
curar-se (vr)	gýdytis	[ˈgʲiːdʲiːtʲɪs]
tratar (vt)	gýdyti	[ˈgʲiːdʲiːtʲɪ]
cuidar (pessoa)	slaugýti	[slʲɑʊˈgʲiːtʲɪ]
cuidado (m)	slaugà (m)	[slʲɑʊˈga]

operação (f)	operàcija (m)	[opʲɛˈraːtsʲɪjɛ]
enfaixar (vt)	pérrišti	[ˈpʲɛrrʲɪʃtʲɪ]
enfaixamento (m)	pérrišimas (v)	[ˈpʲɛrrʲɪʃɪmas]

vacinação (f)	skiẽpas (v)	[ˈskʲɛpas]
vacinar (vt)	skiẽpyti	[ˈskʲɛpʲiːtʲɪ]
injeção (f)	įdūrìmas (v)	[iːduːˈrʲɪːmas]
dar uma injeção	suléisti vàistus	[sʊˈlʲɛɪstʲɪ ˈvʌɪstʊs]

ataque (~ de asma, etc.)	príepuolis (v)	[ˈprʲiɛpʊɑlʲɪs]
amputação (f)	amputàcija (m)	[ampʊˈtaːtsʲɪjɛ]
amputar (vt)	amputúoti	[ampʊˈtʊɑtʲɪ]
coma (f)	komà (m)	[kɔˈma]
estar em coma	bũti kõmoje	[ˈbuːtʲɪ ˈkõmojɛ]
reanimação (f)	reanimàcija (m)	[rʲɛanʲɪˈmaːtsʲɪjɛ]

recuperar-se (vr)	sveìkti ...	[ˈsvʲɛɪktʲɪ ...]
estado (~ de saúde)	bũklė (f)	[ˈbuːklʲeː]
consciência (perder a ~)	sámonė (m)	[ˈsaːmonʲeː]
memória (f)	atmintìs (m)	[atmʲɪnˈtʲɪs]

| tirar (vt) | šãlinti | [ˈʃaːlʲɪntʲɪ] |
| obturação (f) | plòmba (m) | [ˈplʲomba] |

obturar (vt)	plombúoti	[pl'om'buat'ɪ]
hipnose (f)	hipnòzè (m)	[ɣ'ɪp'nozʲe:]
hipnotizar (vt)	hipnotizúoti	[ɣ'ɪpnotʲɪ'zuatʲɪ]

72. Médicos

médico (m)	gýdytojas (v)	['gʲi:dʲi:to:jɛs]
enfermeira (f)	medicìnos sesēlė (m)	[mʲɛdʲɪ'ts'ɪnos se'sʲælʲe:]
médico (m) pessoal	asmenìnis gýdytojas (v)	[asmʲɛ'nʲɪnʲɪs 'gʲi:dʲi:to:jɛs]

dentista (m)	dantìstas (v)	[dan'tʲɪstas]
oculista (m)	okulìstas (v)	[okuˈlʲɪstas]
terapeuta (m)	terapèutas (v)	[tʲɛra'pʲɛutas]
cirurgião (m)	chirùrgas (v)	[xʲɪ'rurgas]

psiquiatra (m)	psichiâtras (v)	[psʲɪxʲɪ'jatras]
pediatra (m)	pediâtras (v)	[pʲɛ'dʲɪ'jatras]
psicólogo (m)	psichologas (v)	[psʲɪxo'lʲogas]
ginecologista (m)	ginekologas (v)	[gʲɪnʲɛko'lʲogas]
cardiologista (m)	kardiologas (v)	[kardʲɪjo'lʲogas]

73. Medicina. Drogas. Acessórios

medicamento (m)	vàistas (v)	['vʌɪstas]
remédio (m)	príemonė (m)	['prʲiɛmonʲe:]
receitar (vt)	išrašýti	[ɪʃra'ʃɪ:tʲɪ]
receita (f)	recèptas (v)	[rʲɛ'tsʲɛptas]

comprimido (m)	tablètè (m)	[tab'lʲɛtʲe:]
unguento (m)	tēpalas (v)	['tʲæpalʲas]
ampola (f)	ámpulè (m)	['ampulʲe:]
solução, preparado (m)	mikstūrà (m)	[mʲɪkstu:'ra]
xarope (m)	sìrupas (v)	['sʲɪrupas]
cápsula (f)	piliulė (m)	[pʲɪ'lʲulʲe:]
pó (m)	miltēliai (v dgs)	[mʲɪlʲ'tʲælʲɛɪ]

atadura (f)	bìntas (v)	['bʲɪntas]
algodão (m)	vatà (m)	[va'ta]
iodo (m)	jòdas (v)	[jɔ das]

curativo (m) adesivo	pleìstras (v)	['plʲɛɪstras]
conta-gotas (m)	pipètè (m)	[pʲɪ'pʲɛtʲe:]
termômetro (m)	termomètras (v)	[tʲɛrmo'mʲɛtras]
seringa (f)	švírkštas (v)	['ʃvʲɪrkʃtas]

| cadeira (f) de rodas | neìgaliojo vežimēlis (v) | [nʲɛɪ:ga'lʲojo vʲɛ'ʒʲɪmʲe:lʲɪs] |
| muletas (f pl) | ramèntai (v dgs) | [ra'mʲɛntʌɪ] |

analgésico (m)	skaũsmą malšìnantys vàistai (v dgs)	['skausma: malʲ'ʃɪnantʲi:s 'vʌɪstʌɪ]
laxante (m)	láisvinantys vàistai (v dgs)	['lʲʌɪsvʲɪnantʲi:s 'vʌɪstʌɪ]
álcool (m)	spìritas (v)	['spʲɪrʲɪtas]

| ervas (f pl) medicinais | žolė̃ (m) | [ʒoˈlʲe:] |
| de ervas (chá ~) | žolìnis | [ʒoˈlʲɪnʲɪs] |

74. Fumar. Produtos tabágicos

tabaco (m)	tabõkas (v)	[taˈbo:kas]
cigarro (m)	cigarètė (m)	[tsʲɪgaˈrʲɛtʲe:]
charuto (m)	cigãras (v)	[tsʲɪˈga:ras]
cachimbo (m)	pypkė̃ (m)	[ˈpʲi:pkʲe:]
maço (~ de cigarros)	pakelìs (v)	[pakʲɛˈlʲɪs]

fósforos (m pl)	degtùkai (v)	[dʲɛgˈtʊkʌɪ]
caixa (f) de fósforos	degtùkų dė̃žùtė (m)	[dʲɛgˈtʊku: dʲe:ˈʒʊtʲe:]
isqueiro (m)	žiebtuvẽlis (v)	[ʒʲiɛptʊˈvʲeːlʲɪs]
cinzeiro (m)	pelenìnė (m)	[pʲɛlʲɛˈnʲɪnʲe:]
cigarreira (f)	portsigãras (v)	[portsʲɪˈga:ras]

| piteira (f) | kandìklis (v) | [kanˈdʲɪklʲɪs] |
| filtro (m) | fìltras (v) | [ˈfʲɪlʲtras] |

fumar (vi, vt)	rūkýti	[ru:ˈkʲi:tʲɪ]
acender um cigarro	užrūkýti	[ʊʒru:ˈkʲi:tʲɪ]
tabagismo (m)	rūkymas (v)	[ˈru:kʲi:mas]
fumante (m)	rūkórius (v)	[ru:ˈko:rʲʊs]

bituca (f)	núorūka (m)	[ˈnʊɑru:ka]
fumaça (f)	dū̃mas (v)	[ˈdu:mas]
cinza (f)	pelenaĩ (v dgs)	[pʲɛlʲɛˈnʌɪ]

HABITAT HUMANO

Cidade

75. Cidade. Vida na cidade

cidade (f)	miȇstas (v)	['mʲɛstas]
capital (f)	sóstinė (m)	['sostʲɪnʲe:]
aldeia (f)	káimas (v)	['kʌɪmas]
mapa (m) da cidade	miȇsto plãnas (v)	['mʲɛstɔ 'plʲa:nas]
centro (m) da cidade	miȇsto ceñtras (v)	['mʲɛstɔ 'tsʲɛntras]
subúrbio (m)	príemiestis (v)	['prʲiɛmʲɛstʲɪs]
suburbano (adj)	príemiesčio	['prʲiɛmʲiɛstʂʲɔ]
periferia (f)	pakraštỹs (v)	[pakraʃʲtʲi:s]
arredores (m pl)	apýlinkės (m dgs)	[a'pʲi:lʲɪŋkʲe:s]
quarteirão (m)	kvartãlas (v)	[kvar'ta:lʲas]
quarteirão (m) residencial	gyvénamas kvartãlas (v)	[gʲi:'vʲænamas kvar'ta:lʲas]
tráfego (m)	judéjimas (v)	[jʊ'dʲɛjɪmas]
semáforo (m)	šviesofòras (v)	[ʃvʲiɛso'foras]
transporte (m) público	miȇsto transpòrtas (v)	['mʲɛstɔ trans'portas]
cruzamento (m)	sánkryža (m)	['saŋkrʲi:ʒa]
faixa (f)	pérėja (m)	['pʲɛrʲe:ja]
túnel (m) subterrâneo	požeminė pérėja (m)	[poʒe'mʲɪnʲe: 'pʲærʲe:ja]
cruzar, atravessar (vt)	péreiti	['pʲɛrʲɛɪtʲɪ]
pedestre (m)	pėstysis (v)	['pʲe:stʲi:sʲɪs]
calçada (f)	šalìgatvis (v)	[ʃa'lʲɪgatvʲɪs]
ponte (f)	tìltas (v)	['tʲɪlʲtas]
margem (f) do rio	krantìnė (m)	[kran'tʲɪnʲe:]
alameda (f)	aléja (m)	[a'lʲe:ja]
parque (m)	párkas (v)	['parkas]
bulevar (m)	bulvãras (v)	[bʊlʲʲ'va:ras]
praça (f)	aikštė̃ (m)	[ʌɪkʃʲtʲe:]
avenida (f)	prospèktas (v)	[pros'pʲɛktas]
rua (f)	gãtvė (m)	['ga:tvʲe:]
travessa (f)	skersgatvis (v)	['skʲɛrsgatvʲɪs]
beco (m) sem saída	tupìkas (v)	[tʊ'pʲɪkas]
casa (f)	nãmas (v)	['na:mas]
edifício, prédio (m)	pãstatas (v)	['pa:statas]
arranha-céu (m)	dangóraižis (v)	[dan'gorʌɪʒʲɪs]
fachada (f)	fasãdas (v)	[fa'sa:das]
telhado (m)	stógas (v)	['stogas]

janela (f)	lángas (v)	['lʲangas]
arco (m)	árka (m)	['arka]
coluna (f)	kolonà (m)	[kɔlʲo'na]
esquina (f)	kam̃pas (v)	['kampas]

vitrine (f)	vitrinà (m)	[vʲɪtrʲɪ'na]
letreiro (m)	iškaba (m)	['ɪʃkaba]
cartaz (do filme, etc.)	afišà (m)	[afʲɪ'ʃa]
cartaz (m) publicitário	reklãminis plakãtas (v)	[rʲɛk'lʲa:mʲɪnʲɪs plʲa'ka:tas]
painel (m) publicitário	reklãminis skỹdas (v)	[rʲɛk'lʲa:mʲɪnʲɪs 'skʲi:das]

lixo (m)	šiùkšlès (m dgs)	['ʃʊkʃlʲe:s]
lata (f) de lixo	ùrna (m)	['ʊrna]
jogar lixo na rua	šiùkšlinti	['ʃʊkʃlʲɪntʲɪ]
aterro (m) sanitário	sąvartýnas (v)	[sa:var'tʲi:nas]

orelhão (m)	telefòno bùdelė (m)	[tʲɛlʲɛ'fonɔ 'bʊdelʲe:]
poste (m) de luz	žibiñto stulpas (v)	[ʒʲɪ'bʲɪntɔ 'stuˡpas]
banco (m)	súolas (v)	['sʊalʲas]

polícia (m)	policininkas (v)	[po'lʲɪtsʲɪnʲɪŋkas]
polícia (instituição)	policija (m)	[po'lʲɪtsʲɪjɛ]
mendigo, pedinte (m)	skurdžius (v)	['skʊrdʒʲʊs]
desabrigado (m)	benãmis (v)	[bʲɛ'na:mʲɪs]

76. Instituições urbanas

loja (f)	parduotùvė (m)	[pardʊa'tʊvʲe:]
drogaria (f)	vaistinė (m)	['vʌɪstʲɪnʲe:]
ótica (f)	òptika (m)	['optʲɪka]
centro (m) comercial	prekỹbos ceñtras (v)	[prʲɛ'kʲi:bos 'tsʲɛntras]
supermercado (m)	supermárketas (v)	[sʊpʲɛr'markʲɛtas]

padaria (f)	bandēlių kráutuvė (m)	[ban'dʲælʲu: 'krɑʊtʊvʲe:]
padeiro (v)	kepėjas (v)	[kʲɛ'pʲe:jas]
pastelaria (f)	konditèrija (m)	[kondʲɪ'tʲɛrʲɪjɛ]
mercearia (f)	bakalėja (m)	[baka'lʲe:ja]
açougue (m)	mėsõs kráutuvė (m)	[mʲe:'so:s 'krɑʊtʊvʲe:]

| fruteira (f) | daržóvių kráutuvė (m) | [dar'ʒovʲu: 'krɑʊtʊvʲe:] |
| mercado (m) | prekývietė (m) | [prʲɛ'kʲi:vʲiɛtʲe:] |

cafeteria (f)	kavìnė (m)	[ka'vʲɪnʲe:]
restaurante (m)	restorãnas (v)	[rʲɛsto'ra:nas]
bar (m)	alùdė (m)	[a'lʲʊdʲe:]
pizzaria (f)	picèrija (m)	[pʲɪ'tsʲɛrʲɪjɛ]

salão (m) de cabeleireiro	kirpyklà (m)	[kʲɪrpʲi:k'lʲa]
agência (f) dos correios	pãštas (v)	['pa:ʃtas]
lavanderia (f)	valyklà (m)	[valʲi:k'la]
estúdio (m) fotográfico	fotoateljė̃ (v)	[fotoate'lʲje:]

| sapataria (f) | ãvalynės parduotùvė (m) | ['a:valʲi:nʲe:s pardʊa'tʊvʲe:] |
| livraria (f) | knygýnas (v) | [knʲi:'gʲi:nas] |

loja (f) de artigos esportivos	sportinių prekių parduotuvė (m)	['sportⁱɪnʲu: 'prʲækʲu: parduɑ'tʊvʲe:]
costureira (m)	drabužių taisyklà (m)	[dra'bʊʒʲu: tʌɪsʲi:k'lʲa]
aluguel (m) de roupa	drabužių núoma (m)	[dra'bʊʒʲu: 'nʊɑma]
videolocadora (f)	filmų núoma (m)	['fʲɪlʲmu: 'nʊɑma]
circo (m)	cìrkas (v)	['tsʲɪrkas]
jardim (m) zoológico	zoològijos sõdas (v)	[zoo'lʲogʲɪjos 'so:das]
cinema (m)	kino teãtras (v)	['kʲɪnɔ tʲɛ'a:tras]
museu (m)	muziéjus (v)	[mʊ'zʲɛjʊs]
biblioteca (f)	bibliotekà (m)	[bʲɪblʲɪjotʲɛ'ka]
teatro (m)	teãtras (v)	[tʲɛ'a:tras]
ópera (f)	òpera (m)	['opʲɛra]
boate (casa noturna)	naktìnis klùbas (v)	[nak'tʲɪnʲɪs 'klʲʊbas]
cassino (m)	kazinò (v)	[kazʲɪ'no]
mesquita (f)	mečetė (m)	[mʲɛ'tʂʲɛtʲe:]
sinagoga (f)	sinagogà (m)	[sʲɪnago'ga]
catedral (f)	kãtedra (m)	['ka:tʲɛdra]
templo (m)	šventyklà (m)	[ʃvʲɛntʲi:k'lʲa]
igreja (f)	bažnyčia (m)	[baʒ'nʲi:tʂʲæ]
faculdade (f)	institùtas (v)	[ɪnstʲɪ'tʊtas]
universidade (f)	universitètas (v)	[ʊnʲɪvʲɛrsʲɪ'tʲɛtas]
escola (f)	mokyklà (m)	[mokʲi:k'lʲa]
prefeitura (f)	prefektūrà (m)	[prʲɛfʲɛk'tu:'ra]
câmara (f) municipal	savivaldýbė (m)	[savʲɪvalʲ'dʲi:bʲe:]
hotel (m)	viešbutis (v)	['vʲɛʃbʊtʲɪs]
banco (m)	bánkas (v)	['baŋkas]
embaixada (f)	ambasadà (m)	[ambasa'da]
agência (f) de viagens	turìzmo agentūrà (m)	[tʊ'rʲɪzmɔ agʲɛntu:'ra]
agência (f) de informações	informãcijos biùras (v)	[ɪnfor'ma:tsʲɪjos 'bʲʊras]
casa (f) de câmbio	keityklà (m)	[kʲɛɪtʲi:k'lʲa]
metrô (m)	metrò	[mʲɛ'tro]
hospital (m)	ligóninė (m)	[lʲɪ'gonʲɪnʲe:]
posto (m) de gasolina	degalinė (m)	[dʲɛga'lʲɪnʲe:]
parque (m) de estacionamento	stovėjimo aikštėlė (m)	[sto'vʲɛjɪmɔ ʌɪkʃ'tʲælʲe:]

77. Transportes urbanos

ônibus (m)	autobùsas (v)	[ɑʊto'bʊsas]
bonde (m) elétrico	tramvãjus (v)	[tram'va:jʊs]
trólebus (m)	troleibusas (v)	[trolʲɛɪ'bʊsas]
rota (f), itinerário (m)	maršrùtas (v)	[marʃ'rʊtas]
número (m)	nùmeris (v)	['nʊmʲɛrʲɪs]
ir de ... (carro, etc.)	važiúoti ...	[va'ʒʲʊɑtʲɪ ...]
entrar no ...	įlìpti į̃ ...	[i:'lʲɪ:ptʲɪ i: ...]
descer do ...	išlìpti ìš ...	[ɪʃ'lʲɪptʲɪ ɪʃ ...]

parada (f)	stotėlė (m)	[sto'tʲælʲe:]
próxima parada (f)	kità stotėlė (m)	[kʲɪ'ta sto'tʲælʲe:]
terminal (m)	galutìnė stotėlė (m)	[galʊ'tʲɪnʲe: sto'tʲælʲe:]
horário (m)	tvarkãraštis (v)	[tvar'ka:raʃtʲɪs]
esperar (vt)	láukti	['lʲɑʊktʲɪ]

| passagem (f) | bìlietas (v) | ['bʲɪlʲiɛtas] |
| tarifa (f) | bìlieto kaìna (m) | ['bʲɪlʲiɛtɔ 'kʌɪna] |

bilheteiro (m)	kãsininkas (v)	['ka:sʲɪnʲɪŋkas]
controle (m) de passagens	kontròlė (m)	[kɔn'trolʲe:]
revisor (m)	kontroliẽrius (v)	[kɔntro'lʲɛrʲʊs]

atrasar-se (vr)	vėlúoti	[vʲe:'lʲʊɑtʲɪ]
perder (o autocarro, etc.)	pavėlúoti	[pavʲe:'lʲʊɑtʲɪ]
estar com pressa	skubėti	[skʊ'bʲe:tʲɪ]

táxi (m)	taksì (v)	[tak'sʲɪ]
taxista (m)	taksìstas (v)	[tak'sʲɪstas]
de táxi (ir ~)	sù taksì	['sʊ tak'sʲɪ]
ponto (m) de táxis	taksì stovėjimo aikštėlė (m)	[tak'sʲɪ sto'vʲɛjɪmɔ ʌɪkʃ'tʲælʲe:]
chamar um táxi	iškvièsti taksì	[ɪʃk'vʲɛstʲɪ tak'sʲɪ]
pegar um táxi	įsėsti į̃ taksì	[i:sʲes'tʲɪ: i: tak'sʲɪ:]

tráfego (m)	gãtvės judéjimas (v)	['ga:tvʲe:s jʊ'dʲɛjɪmas]
engarrafamento (m)	kamštis (v)	['kamʃtʲɪs]
horas (f pl) de pico	pìko vãlandos (m dgs)	['pʲɪkɔ 'va:lʲandos]
estacionar (vi)	parkúotis	[par'kʊɑtʲɪs]
estacionar (vt)	parkúoti	[par'kʊɑtʲɪ]
parque (m) de estacionamento	stovėjimo aikštėlė (m)	[sto'vʲɛjɪmɔ ʌɪkʃ'tʲælʲe:]

metrô (m)	metrò	[mʲɛ'tro]
estação (f)	stotìs (m)	[sto'tʲɪs]
ir de metrô	važiúoti metrò	[va'ʒʲʊɑtʲɪ mʲɛ'tro]
trem (m)	traukinỹs (v)	[trɑʊkʲɪ'nʲi:s]
estação (f) de trem	stotìs (m)	[sto'tʲɪs]

78. Turismo

monumento (m)	paminklas (v)	[pa'mʲɪŋklʲas]
fortaleza (f)	tvirtóvė (m)	[tvʲɪr'tovʲe:]
palácio (m)	rúmai (v)	['ru:mʌɪ]
castelo (m)	pilìs (m)	[pʲɪ'lʲɪs]
torre (f)	bókštas (v)	['bokʃtas]
mausoléu (m)	mauzoliẽjus (v)	[mɑʊzo'lʲɛjus]

arquitetura (f)	architektūrà (m)	[arxʲɪtʲɛktu:'ra]
medieval (adj)	vidùramžių	[vʲɪ'dʊramʒʲu:]
antigo (adj)	senóvinis	[sʲɛ'novʲɪnʲɪs]
nacional (adj)	nacionãlinis	[natsʲɪjo'na:lʲɪnʲɪs]
famoso, conhecido (adj)	žymùs	[ʒʲi:'mʊs]

| turista (m) | turìstas (v) | [tʊ'rʲɪstas] |
| guia (pessoa) | gìdas (v) | ['gʲɪdas] |

excursão (f)	ekskùrsija (m)	[ɛks'kʊrsʲɪjɛ]
mostrar (vt)	ródyti	['rodʲiːtʲɪ]
contar (vt)	pãsakoti	['paːsakotʲɪ]

encontrar (vt)	ràsti	['rastʲɪ]
perder-se (vr)	pasiklýsti	[pasʲɪ'klʲiːstʲɪ]
mapa (~ do metrô)	schemà (m)	[sxʲɛ'ma]
mapa (~ da cidade)	plãnas (v)	['plʲaːnas]

lembrança (f), presente (m)	suvenỹras (v)	[sʊvʲɛ'nʲiːras]
loja (f) de presentes	suvenỹrų parduotùvė (m)	[sʊve'nʲiːruː pardʊa'tʊvʲeː]
tirar fotos, fotografar	fotografúoti	[fotogra'fʊatʲɪ]
fotografar-se (vr)	fotografúotis	[fotogra'fʊatʲɪs]

79. Compras

comprar (vt)	pírkti	['pʲɪrktʲɪ]
compra (f)	pirkinỹs (v)	[pʲɪrkʲɪ'nʲiːs]
fazer compras	apsipírkti	[apsʲɪ'pʲɪrktʲɪ]
compras (f pl)	apsipirkìmas (v)	[apsʲɪpʲɪr'kʲɪmas]

| estar aberta (loja) | veĩkti | ['vʲɛɪktʲɪ] |
| estar fechada | užsidarýti | [ʊʒsʲɪda'rʲiːtʲɪ] |

calçado (m)	ãvalynė (m)	['aːvalʲiːnʲeː]
roupa (f)	drabùžiai (v)	[dra'bʊʒɛɪ]
cosméticos (m pl)	kosmètika (m)	[kɔs'mʲɛtʲɪka]
alimentos (m pl)	produktai (v)	[pro'dʊktʌɪ]
presente (m)	dovanà (m)	[dova'na]

| vendedor (m) | pardavéjas (v) | [parda'vʲeːjas] |
| vendedora (f) | pardavéja (m) | [parda'vʲeːja] |

caixa (f)	kasà (m)	[ka'sa]
espelho (m)	veĩdrodis (v)	['vʲɛɪdrodʲɪs]
balcão (m)	prekýstalis (v)	[prʲɛ'kʲiːstalʲɪs]
provador (m)	matãvimosi kabinà (m)	[ma'taːvʲɪmosʲɪ kabʲɪ'na]

provar (vt)	matúoti	[ma'tʊatʲɪ]
servir (roupa, caber)	tìkti	['tʲɪktʲɪ]
gostar (apreciar)	patìkti	[pa'tʲɪktʲɪ]

preço (m)	káina (m)	['kʌɪna]
etiqueta (f) de preço	kainýnas (v)	[kʌɪ'nʲiːnas]
custar (vt)	kainúoti	[kʌɪ'nʊatʲɪ]
Quanto?	Kíek?	['kʲiɛk?]
desconto (m)	núolaida (m)	['nʊalʲʌɪda]

não caro (adj)	nebrangùs	[nʲɛbran'gʊs]
barato (adj)	pigùs	[pʲɪ'gʊs]
caro (adj)	brangùs	[bran'gʊs]
É caro	Taĩ brangù.	['tʌɪ bran'gʊ]
aluguel (m)	núoma (m)	['nʊama]
alugar (roupas, etc.)	išsinúomoti	[ɪʃsʲɪ'nʊamotʲɪ]

| crédito (m) | kreditas (v) | [krʲɛ'dʲɪtas] |
| a crédito | kreditu | [krʲɛdʲɪ'tʊ] |

80. Dinheiro

dinheiro (m)	pinigai (v)	[pʲɪnʲɪ'gʌɪ]
câmbio (m)	keitimas (v)	[kʲɛɪ'tʲɪmas]
taxa (f) de câmbio	kursas (v)	['kʊrsas]
caixa (m) eletrônico	bankomatas (v)	[baŋko'ma:tas]
moeda (f)	moneta (m)	[monʲɛ'ta]

| dólar (m) | doleris (v) | ['dolʲɛrʲɪs] |
| euro (m) | euras (v) | ['ɛʊras] |

lira (f)	lira (m)	[lʲɪ'ra]
marco (m)	markė (m)	['markʲe:]
franco (m)	frankas (v)	['fraŋkas]
libra (f) esterlina	svaras (v)	['sva:ras]
iene (m)	jena (m)	[jɛ'na]

dívida (f)	skola (m)	[sko'lʲa]
devedor (m)	skolininkas (v)	['sko:lʲɪnʲɪŋkas]
emprestar (vt)	duoti į skolą	['dʊɑtʲɪ i: 'sko:lʲa:]
pedir emprestado	imti į skolą	['ɪmtʲɪ i: 'sko:lʲa:]

banco (m)	bankas (v)	['baŋkas]
conta (f)	sąskaita (m)	['sa:skʌɪta]
depositar na conta	dėti į sąskaitą	['dʲe:tʲɪ i: 'sa:skʌɪta:]
sacar (vt)	imti iš sąskaitos	['ɪmtʲɪ ɪʃ 'sa:skʌɪtos]

cartão (m) de crédito	kreditinė kortelė (m)	[krʲɛ'dʲɪtʲɪnʲe: kor'tʲælʲe:]
dinheiro (m) vivo	grynieji pinigai (v)	[grʲi:'nʲiɛjɪ pʲɪnʲɪ'gʌɪ]
cheque (m)	čekis (v)	['tʂʲɛkʲɪs]
passar um cheque	išrašyti čekį	[ɪʃra'ʃɪ:tʲɪ 'tʂʲɛkʲɪ:]
talão (m) de cheques	čekių knygelė (m)	['tʂʲɛkʲu: knʲi:'gʲælʲe:]

carteira (f)	piniginė (m)	[pʲɪnʲɪ'gʲɪnʲe:]
niqueleira (f)	piniginė (m)	[pʲɪnʲɪ'gʲɪnʲe:]
cofre (m)	seifas (v)	['sʲɛɪfas]

herdeiro (m)	paveldėtojas (v)	[pavelʲʲdʲe:to:jɛs]
herança (f)	palikimas (v)	[palʲɪ'kʲɪmas]
fortuna (riqueza)	turtas (v)	['tʊrtas]

arrendamento (m)	nuoma (m)	['nʊɑma]
aluguel (pagar o ~)	buto mokestis (v)	['bʊtɔ 'mokʲɛstʲɪs]
alugar (vt)	nuomotis	['nʊɑmotʲɪs]

preço (m)	kaina (m)	['kʌɪna]
custo (m)	kaina (m)	['kʌɪna]
soma (f)	suma (m)	[sʊ'ma]

| gastar (vt) | leisti | ['lʲɛɪstʲɪ] |
| gastos (m pl) | sąnaudos (m dgs) | ['sa:nɑʊdos] |

| economizar (vi) | taupýti | [tɑʊˈpʲiːtʲɪ] |
| econômico (adj) | taupùs | [tɑʊˈpʊs] |

pagar (vt)	mokéti	[moˈkʲeːtʲɪ]
pagamento (m)	apmokéjimas (v)	[apmoˈkʲɛjɪmas]
troco (m)	grąžà (m)	[graːˈʒa]

imposto (m)	mókestis (v)	[ˈmokʲɛstʲɪs]
multa (f)	baudà (m)	[bɑʊˈda]
multar (vt)	baũsti	[ˈbɑʊstʲɪ]

81. Correios. Serviço postal

agência (f) dos correios	pãštas (v)	[ˈpaːʃtas]
correio (m)	pãštas (v)	[ˈpaːʃtas]
carteiro (m)	pãštininkas (v)	[ˈpaːʃtʲɪnʲɪŋkas]
horário (m)	dárbo valandõs (m dgs)	[ˈdarbo valʲanˈdoːs]

carta (f)	laĩškas (v)	[ˈlʲʌɪʃkas]
carta (f) registada	užsakýtas laĩškas (v)	[ʊʒsaˈkʲiːtas ˈlʲʌɪʃkas]
cartão (m) postal	atvirùtė (m)	[atvʲɪˈrʊtʲeː]
telegrama (m)	telegramà (m)	[tʲɛlʲɛgraˈma]
encomenda (f)	siuntinỹs (v)	[sʲʊntʲɪˈnʲiːs]
transferência (f) de dinheiro	piniginis pavedimas (v)	[pʲɪnʲɪˈgʲɪnʲɪs pavʲɛˈdʲɪmas]

receber (vt)	gáuti	[ˈgɑʊtʲɪ]
enviar (vt)	iššiũsti	[ɪʃˈsʲuːstʲɪ]
envio (m)	iššiuntìmas (v)	[ɪʃsʲʊnˈtʲɪmas]

endereço (m)	ãdresas (v)	[ˈaːdrʲɛsas]
código (m) postal	iñdeksas (v)	[ˈɪndʲɛksas]
remetente (m)	siuntéjas (v)	[sʲʊnˈtʲeːjas]
destinatário (m)	gavéjas (v)	[gaˈvʲeːjas]

| nome (m) | var̃das (v) | [ˈvardas] |
| sobrenome (m) | pavardė̃ (m) | [pavarˈdʲeː] |

tarifa (f)	tarìfas (v)	[taˈrʲɪfas]
ordinário (adj)	į̃prastas	[ˈiːprastas]
econômico (adj)	taupùs	[tɑʊˈpʊs]

peso (m)	svõris (v)	[ˈsvoːrʲɪs]
pesar (estabelecer o peso)	sver̃ti	[ˈsvʲɛrtʲɪ]
envelope (m)	võkas (v)	[ˈvoːkas]
selo (m) postal	markùtė (m)	[marˈkʊtʲeː]

Moradia. Casa. Lar

82. Casa. Habitação

casa (f)	nãmas (v)	['na:mas]
em casa	namuosė	[namʋɑ'sʲɛ]
pátio (m), quintal (f)	kiėmas (v)	['kʲɛmas]
cerca, grade (f)	tvorà (m)	[tvo'ra]
tijolo (m)	plytà (m)	[plʲi:'ta]
de tijolos	plýtinis	['plʲi:tʲɪnʲɪs]
pedra (f)	akmuõ (v)	[ak'mʋɑ]
de pedra	akmenìnis	[akmʲɛ'nʲɪnʲɪs]
concreto (m)	betònas (v)	[bʲɛ'tonas]
concreto (adj)	betòninis	[bʲɛ'tonʲɪnʲɪs]
novo (adj)	naũjas	['nɑʋjas]
velho (adj)	sẽnas	['sʲænas]
decrépito (adj)	senàsis	[sʲɛ'nasʲɪs]
moderno (adj)	šiuolaikìnis	[ʃʲʋolʲʌɪ'kʲɪnʲɪs]
de vários andares	daugiaaũkštis	[dɑʊgʲæ'ɑʊkʃtʲɪs]
alto (adj)	aúkštas	['ɑʊkʃtas]
andar (m)	aũkštas (v)	['ɑʊkʃtas]
de um andar	vienaaũkštis	[vʲɛna'ɑʊkʃtʲɪs]
térreo (m)	apatìnis aũkštas (v)	[apa'tʲɪnʲɪs 'ɑʊkʃtas]
andar (m) de cima	viršutìnis aũkštas (v)	[vʲɪrʃʊ'tʲɪnʲɪs 'ɑʊkʃtas]
telhado (m)	stògas (v)	['stogas]
chaminé (f)	vamzdis (v)	['vamzdʲɪs]
telha (f)	čérpė (m)	['tʃʲærpʲe:]
de telha	čérpinis	['tʃʲɛrpʲɪnʲɪs]
sótão (m)	palėpė (m)	[pa'lʲe:pʲe:]
janela (f)	lángas (v)	['lʲangas]
vidro (m)	stìklas (v)	['stʲɪklʲas]
parapeito (m)	palángė (m)	[pa'lʲangʲe:]
persianas (f pl)	langìnės (m dgs)	[lʲan'gʲɪnʲe:s]
parede (f)	síena (m)	['sʲɛna]
varanda (f)	balkònas (v)	[balʲ'konas]
calha (f)	stògvamzdis (v)	['stogvamzdʲɪs]
em cima	viršujè	[vʲɪrʃʊ'jæ]
subir (vi)	kìlti	['kʲɪlʲtʲɪ]
descer (vi)	léistis	['lʲɛɪstʲɪs]
mudar-se (vr)	pérvažiuoti	['pʲɛrvaʒʲʋotʲɪ]

83. Casa. Entrada. Elevador

entrada (f)	láiptinė (m)	['lʲʌɪptʲɪnʲe:]
escada (f)	láiptai (v dgs)	['lʲʌɪptʌɪ]
degraus (m pl)	láiptai (v)	['lʲʌɪptʌɪ]
corrimão (m)	turěklai (v dgs)	[tʊ'rʲe:klʲʌɪ]
hall (m) de entrada	hòlas (v)	['ɣolʲas]

caixa (f) de correio	pãšto děžùtě (m)	['pa:ʃtɔ dʲe:'ʒʊtʲe:]
lata (f) do lixo	šiùkšlių bãkas (v)	['ʃʊkʃlʲu: 'ba:kas]
calha (f) de lixo	šiukšliãvamzdis (v)	[ʃʊkʃlʲʲævamzdʲɪs]

elevador (m)	lìftas (v)	['lʲɪftas]
elevador (m) de carga	krovinìnis lìftas (v)	[krovʲɪ'n'ɪnʲɪs lʲɪftas]
cabine (f)	kabinà (m)	[kabʲɪ'na]
pegar o elevador	važiúoti liftù	[va'ʒʲʊɑtʲɪ lʲɪf'tʊ]

apartamento (m)	bùtas (v)	['bʊtas]
residentes (pl)	gyvéntojai (v dgs)	[gʲi:'vʲɛnto:jɛi]
vizinho (m)	kaimýnas (v)	[kʌɪ'mʲi:nas]
vizinha (f)	kaimýnė (m)	[kʌɪ'mʲi:nʲe:]
vizinhos (pl)	kaimýnai (v dgs)	[kʌɪ'mʲi:nʌɪ]

84. Casa. Portas. Fechaduras

porta (f)	dùrys (m dgs)	['dʊrʲi:s]
portão (m)	vartai (v)	['vartʌɪ]
maçaneta (f)	rañkena (m)	['raŋkʲɛna]
destrancar (vt)	atrakìnti	[atra'kʲɪntʲɪ]
abrir (vt)	atidarýti	[atʲɪda'rʲi:tʲɪ]
fechar (vt)	uždarýti	[ʊʒda'rʲi:tʲɪ]

chave (f)	rãktas (v)	['ra:ktas]
molho (m)	ryšulỹs (v)	[rʲi:ʃʊ'lʲi:s]
ranger (vi)	girgždéti	[gʲɪrgʒ'dʲe:tʲɪ]
rangido (m)	girgždesỹs (v)	[gʲɪrgʒdʲɛ'sʲi:s]
dobradiça (f)	vỹris (v)	['vi:rʲɪs]
capacho (m)	kìlimas (v)	['kʲɪlʲɪmas]

fechadura (f)	spynà (m)	[spʲi:'na]
buraco (m) da fechadura	spynõs skylùtė (m)	[spʲi:'no:s skʲi:'lʲʊtʲe:]
barra (f)	sklą̃stis (v)	['sklʲa:stʲɪs]
fecho (ferrolho pequeno)	sklendě (m)	[sklʲɛn'dʲe:]
cadeado (m)	pakabìnama spynà (m)	[paka'bʲɪnama spʲi:'na]

tocar (vt)	skambìnti	['skambʲɪntʲɪ]
toque (m)	skambùtis (v)	[skam'bʊtʲɪs]
campainha (f)	skambùtis (v)	[skam'bʊtʲɪs]
botão (m)	mygtùkas (v)	[mʲi:k'tʊkas]
batida (f)	beldìmas (v)	[bʲɛlʲ'dʲɪmas]
bater (vi)	baladóti	[balʲa'dotʲɪ]
código (m)	kòdas (v)	['kodas]
fechadura (f) de código	kodúota spynà (m)	[kɔ'dʊɑta spʲi:'na]

interfone (m)	domofónas (v)	[domo'fonas]
número (m)	numeris (v)	['nʊmʲɛrʲɪs]
placa (f) de porta	lentẽlė (m)	[lʲɛn'tʲælʲe:]
olho (m) mágico	akùtė (m)	[a'kʊtʲe:]

85. Casa de campo

aldeia (f)	káimas (v)	['kʌɪmas]
horta (f)	dar̃žas (v)	['darʒas]
cerca (f)	tvorà (m)	[tvo'ra]
cerca (f) de piquete	aptvarà (m)	[aptva'ra]
portão (f) do jardim	vartẽliai (v dgs)	[var'tʲælʲɛɪ]
celeiro (m)	klétis (v)	['klʲe:tʲɪs]
adega (f)	pógrindis (v)	['pogrʲɪndʲɪs]
galpão, barracão (m)	daržinẽ (m)	[darʒʲɪ'nʲe:]
poço (m)	šulinỹs (v)	[ʃʊlʲɪ'nʲi:s]
fogão (m)	pečiùs (v)	[pʲɛ'tʂʲʊs]
atiçar o fogo	kūrénti	[ku:'rʲɛntʲɪ]
lenha (carvão ou ~)	málkos (m dgs)	['malʲkos]
acha, lenha (f)	málka (m)	['malʲka]
varanda (f)	veránda (m)	[vʲɛ'randa]
alpendre (m)	terasà (m)	[tʲɛra'sa]
degraus (m pl) de entrada	príeangis (v)	['prʲiɛangʲɪs]
balanço (m)	supynẽs (m dgs)	[sʊpʲi:'nʲe:s]

86. Castelo. Palácio

castelo (m)	pilìs (m)	[pʲɪ'lʲɪs]
palácio (m)	rū́mai (v)	['ru:mʌɪ]
fortaleza (f)	tvirtóvė (m)	[tvʲɪr'tovʲe:]
muralha (f)	síena (m)	['sʲiɛna]
torre (f)	bókštas (v)	['bokʃtas]
calabouço (m)	pagrindìnė síena (m)	[pagrʲɪn'dʲɪnʲe: 'sʲiɛna]
grade (f) levadiça	pakeliamì vartai (v)	[pakʲɛlʲæ'mʲɪ 'vartʌɪ]
passagem (f) subterrânea	požėminis praėjìmas (v)	[poʒʲe:mʲɪnʲɪs pralʲe:'jɪmas]
fosso (m)	griovỹs (v)	[grʲo'vʲi:s]
corrente, cadeia (f)	grandìs (m)	[gran'dʲɪs]
seteira (f)	šáudymo angà (m)	['ʃɑʊdʲi:mɔ an'ga]
magnífico (adj)	nuostabùs	[nʊɑsta'bʊs]
majestoso (adj)	didìngas	[dʲɪ'dʲɪngas]
inexpugnável (adj)	neprieĩnamas	[nʲɛprʲiˈɛɪnamas]
medieval (adj)	vidùramžių	[vʲɪ'dʊramʒʲu:]

87. Apartamento

apartamento (m)	bùtas (v)	['bʊtas]
quarto, cômodo (m)	kambarỹs (v)	[kamba'rʲi:s]
quarto (m) de dormir	miegamàsis (v)	[mʲiɛga'masʲɪs]
sala (f) de jantar	valgomàsis (v)	[valʲgo'masʲɪs]
sala (f) de estar	svečių̃ kambarỹs (v)	[svʲɛ'tʃʲu: kamba'rʲi:s]
escritório (m)	kabinetas (v)	[kabʲɪ'nʲɛtas]

sala (f) de entrada	príeškambaris (v)	['prʲiɛʃkambarʲɪs]
banheiro (m)	voniõs kambarỹs (v)	[vo'nʲo:s kamba'rʲi:s]
lavabo (m)	tualètas (v)	[tʊa'lʲɛtas]

teto (m)	lùbos (m dgs)	['lʲʊbos]
chão, piso (m)	griñdys (m dgs)	['grʲɪndʲi:s]
canto (m)	kampas (v)	['kampas]

88. Apartamento. Limpeza

arrumar, limpar (vt)	tvarkýti	[tvar'kʲi:tʲɪ]
guardar (no armário, etc.)	tvarkýti (išnèšti)	[tvar'kʲi:tʲɪ]
pó (m)	dùlkės (m dgs)	['dʊlʲkʲe:s]
empoeirado (adj)	dulkétas	[dʊlʲ'kʲe:tas]
tirar o pó	valýti dùlkes	[va'lʲi:tʲɪ 'dʊlʲkʲɛs]
aspirador (m)	dùlkių siurblỹs (v)	['dʊlʲkʲu: sʲʊr'blʲi:s]
aspirar (vt)	siurbti	['sʲʊrptʲɪ]

varrer (vt)	šlúoti	['ʃlʲʊatʲɪ]
sujeira (f)	šiùkšlės (m dgs)	['ʃʲʊkʃlʲe:s]
arrumação, ordem (f)	tvarkà (m)	[tvar'ka]
desordem (f)	netvarkà (m)	[nʲɛtvar'ka]

esfregão (m)	plaušìnė šlúota (m)	[plʲaʊ'ʃɪnʲe: 'ʃlʲʊata]
pano (m), trapo (m)	skùduras (v)	['skʊdʊras]
vassoura (f)	šlúota (m)	['ʃlʲʊata]
pá (f) de lixo	semtuvẽlis (v)	[sʲɛmtʊvʲe:lʲɪs]

89. Mobiliário. Interior

mobiliário (m)	bàldai (v)	['balʲdʌɪ]
mesa (f)	stãlas (v)	['sta:lʲas]
cadeira (f)	kėdė̃ (m)	[kʲe:'dʲe:]
cama (f)	lóva (m)	['lʲova]
sofá, divã (m)	sofà (m)	[so'fa]
poltrona (f)	fòtelis (v)	['fotʲɛlʲɪs]

| estante (f) | spìnta (m) | ['spʲɪnta] |
| prateleira (f) | lentýna (m) | [lʲɛn'tʲi:na] |

| guarda-roupas (m) | drabùžių spìnta (m) | [dra'bʊʒʲu: 'spʲɪnta] |
| cabide (m) de parede | pakabà (m) | [paka'ba] |

cabideiro (m) de pé	kabyklà (m)	[kabʲi:kʲlʲa]
cômoda (f)	komodà (m)	[kɔmoˈda]
mesinha (f) de centro	žurnãlinis staliùkas (v)	[ʒʊrˈnaːlʲɪnʲɪs staˈlʲʊkas]

espelho (m)	véidrodis (v)	[ˈvʲɛɪdrodʲɪs]
tapete (m)	kìlimas (v)	[ˈkʲɪlʲɪmas]
tapete (m) pequeno	kilimẽlis (v)	[kʲɪlʲɪˈmʲeːlʲɪs]

lareira (f)	židinỹs (v)	[ʒʲɪdʲɪˈnʲiːs]
vela (f)	žvãkė (m)	[ˈʒvaːkʲe:]
castiçal (m)	žvakìdė (m)	[ʒvaˈkʲɪdʲe:]

cortinas (f pl)	užúolaidos (m dgs)	[ʊˈʒʊɑlʲʌɪdos]
papel (m) de parede	tapėtai (v)	[taˈpʲɛtʌɪ]
persianas (f pl)	žãliuzės (m dgs)	[ˈʒaːlʲʊzʲe:s]

luminária (f) de mesa	stalìnė lémpa (m)	[staˈlʲɪnʲe: ˈlʲɛmpa]
luminária (f) de parede	šviestùvas (v)	[ʃvʲiɛˈstʊvas]
abajur (m) de pé	toršèras (v)	[torˈʃɛras]
lustre (m)	sietýnas (v)	[sʲiɛˈtʲiːnas]

pé (de mesa, etc.)	kojýtė (m)	[koˈjiːtʲe:]
braço, descanso (m)	rañktūris (v)	[ˈraŋktu:rʲɪs]
costas (f pl)	ãtlošas (v)	[ˈa:tlʲoʃas]
gaveta (f)	stálčius (v)	[ˈstalʲtʂʲʊs]

90. Quarto de dormir

roupa (f) de cama	pãtalynė (m)	[ˈpa:talʲi:nʲe:]
travesseiro (m)	pagálvė (m)	[paˈgalʲvʲe:]
fronha (f)	užvalkalas (v)	[ˈʊʒvalʲkalas]
cobertor (m)	užklótas (v)	[ʊʒˈklʲotas]
lençol (m)	paklõdė (m)	[pakˈlʲo:dʲe:]
colcha (f)	lovãtiesė (m)	[lʲoˈvaːtʲiɛsʲe:]

91. Cozinha

cozinha (f)	virtùvė (m)	[vʲɪrˈtʊvʲe:]
gás (m)	dùjos (m dgs)	[ˈdʊjos]
fogão (m) a gás	dùjinė (m)	[ˈdʊjinʲe:]
fogão (m) elétrico	elektrìnė (m)	[ɛlʲɛkˈtrʲɪnʲe:]
forno (m)	órkaitė (m)	[ˈorkʌɪtʲe:]
forno (m) de micro-ondas	mikrobangų krosnẽlė (m)	[mʲɪkrobanˈgu: krosˈnʲælʲe:]

geladeira (f)	šaldytùvas (v)	[ʃalʲdʲi:ˈtʊvas]
congelador (m)	šáldymo kãmera (m)	[ˈʃalʲdʲi:mɔ ˈka:mʲɛra]
máquina (f) de lavar louça	iñdų plovìmo mašinà (m)	[ˈɪndu: plʲoˈvʲɪmɔ maʃʲɪˈna]

moedor (m) de carne	mėsmalė (m)	[ˈmʲe:smalʲe:]
espremedor (m)	sulčiãspaudė (m)	[sʊlʲˈtʂʲæspɑʊdʲe:]
torradeira (f)	tòsteris (v)	[ˈtostʲɛrʲɪs]
batedeira (f)	mìkseris (v)	[ˈmʲɪksʲɛrʲɪs]

máquina (f) de café	kavõs aparãtas (v)	[ka'vo:s apa'ra:tas]
cafeteira (f)	kavinùkas (v)	[kavʲɪ'nʊkas]
moedor (m) de café	kavãmalė (m)	[ka'va:malʲe:]

chaleira (f)	arbatinùkas (v)	[arbatʲɪ'nʊkas]
bule (m)	arbãtinis (v)	[arba:'tʲɪnʲɪs]
tampa (f)	dangtẽlis (v)	[daŋk'tʲælʲɪs]
coador (m) de chá	sietẽlis (v)	[sʲiɛ'tʲælʲɪs]

colher (f)	šáukštas (v)	['ʃɑʊkʃtas]
colher (f) de chá	arbãtinis šaukštẽlis (v)	[ar'ba:tʲɪnʲɪs ʃɑʊkʃ'tʲælʲɪs]
colher (f) de sopa	válgomasis šáukštas (v)	['valʲgomasʲɪs 'ʃɑʊkʃtas]
garfo (m)	šakùtė (m)	[ʃa'kʊtʲe:]
faca (f)	peĩlis (v)	['pʲɛlʲɪs]

louça (f)	iñdai (v)	['ɪndʌɪ]
prato (m)	lėkštẽ (m)	[lʲe:kʃ'tʲe:]
pires (m)	lėkštẽlė (m)	[lʲe:kʃ'tʲælʲe:]

cálice (m)	taurẽlė (m)	[tɑʊ'rʲælʲe:]
copo (m)	stiklìnė (m)	[stʲɪk'lʲɪnʲe:]
xícara (f)	puodùkas (v)	[pʊɑ'dʊkas]

açucareiro (m)	cùkrinė (m)	['tsʊkrʲɪnʲe:]
saleiro (m)	drùskinė (m)	['drʊskʲɪnʲe:]
pimenteiro (m)	pipìrinė (m)	[pʲɪ'pʲɪrʲɪnʲe:]
manteigueira (f)	svíestinė (m)	['svʲiɛstʲɪnʲe:]

panela (f)	púodas (v)	['pʊɑdas]
frigideira (f)	keptùvė (m)	[kʲɛp'tʊvʲe:]
concha (f)	sámtis (v)	['samtʲɪs]
coador (m)	kiaurãsamtis (v)	[kʲɛʊ'ra:samtʲɪs]
bandeja (f)	padẽklas (v)	[pa'dʲe:klʲas]

garrafa (f)	bùtelis (v)	['bʊtʲɛlʲɪs]
pote (m) de vidro	stiklaĩnis (v)	[stʲɪk'lʲʌɪnʲɪs]
lata (~ de cerveja)	skardìnė (m)	[skar'dʲɪnʲe:]

abridor (m) de garrafa	atidarytùvas (v)	[atʲɪdarʲɪ:'tʊvas]
abridor (m) de latas	konsẽrvų atidarytùvas (v)	[kɔn'sʲɛrvu: atʲɪdarʲɪ:'tʊvas]
saca-rolhas (m)	kamščiãtraukis (v)	[kamʃʲtsʲætrɑʊkʲɪs]
filtro (m)	fìltras (v)	['fʲɪlʲtras]
filtrar (vt)	filtrúoti	[fʲɪlʲ'trʊɑtʲɪ]

| lixo (m) | šiùkšlės (m dgs) | ['ʃʊkʃlʲe:s] |
| lixeira (f) | šiùkšlių kìbiras (v) | ['ʃʊkʃlʲu: 'kʲɪbʲɪras] |

92. Casa de banho

banheiro (m)	voniõs kambarỹs (v)	[vo'nʲo:s kamba'rʲi:s]
água (f)	vanduõ (v)	[van'dʊɑ]
torneira (f)	čiáupas (v)	['tʃʲæupas]
água (f) quente	kárštas vanduõ (v)	['karʃtas van'dʊɑ]
água (f) fria	šáltas vanduõ (v)	['ʃalʲtas van'dʊɑ]

pasta (f) de dente	dantų pasta (m)	[dan'tu: pas'ta]
escovar os dentes	valýti dantis	[va'lʲi:tʲɪ dan'tʲɪs]
escova (f) de dente	dantų šepetėlis (v)	[dan'tu: ʃepe'tʲe:lʲɪs]

barbear-se (vr)	skústis	['skʊstʲɪs]
espuma (f) de barbear	skutìmosi pùtos (m dgs)	[skʊ'tʲɪmosʲɪ 'pʊtos]
gilete (f)	skutìmosi peiliùkas (v)	[skʊ'tʲɪmosʲɪ pʲɛɪ'lʲʊkas]

lavar (vt)	pláuti	['plʲɑʊtʲɪ]
tomar banho	máudytis, praústis	['mɑʊdʲi:tʲɪs], ['prɑʊstʲɪs]
chuveiro (m), ducha (f)	dùšas (v)	['dʊʃas]
tomar uma ducha	praústis dušè	['prɑʊstʲɪs dʊ'ʃɛ]

banheira (f)	vonià (m)	[vo'nʲæ]
vaso (m) sanitário	unitãzas (v)	[ʊnʲɪ'ta:zas]
pia (f)	kriauklė̃ (m)	[krʲɛʊk'lʲe:]

| sabonete (m) | muĩlas (v) | ['mʊɪlʲas] |
| saboneteira (f) | muĩlinė (m) | ['mʊɪlʲɪnʲe:] |

esponja (f)	kempìnė (m)	[kʲɛm'pʲɪnʲe:]
xampu (m)	šampū̃nas (v)	[ʃam'pu:nas]
toalha (f)	rañkšluostis (v)	['raŋkʃlʲʊɑstʲɪs]
roupão (m) de banho	chalãtas (v)	[xa'lʲa:tas]

lavagem (f)	skalbìmas (v)	[skalʲ'bʲɪmas]
lavadora (f) de roupas	skalbìmo mašinà (m)	[skalʲ'bʲɪmo maʃɪ'na]
lavar a roupa	skálbti báltinius	['skʌlʲptʲɪ 'ba lʲtʲɪnʲʊs]
detergente (m)	skalbìmo miltẽliai (v dgs)	[skalʲ'bʲɪmo mʲɪlʲ'tʲælʲɛɪ]

93. Eletrodomésticos

televisor (m)	televìzorius (v)	[tʲɛlʲɛ'vʲɪzorʲʊs]
gravador (m)	magnetofònas (v)	[magnʲɛto'fonas]
videogravador (m)	video magnetofònas (v)	[vʲɪdʲɛɔ magnʲɛto'fonas]
rádio (m)	imtùvas (v)	[ɪm'tʊvas]
leitor (m)	grotùvas (v)	[gro'tʊvas]

projetor (m)	video projèktorius (v)	['vʲɪdʲɛɔ pro'jæktorʲʊs]
cinema (m) em casa	namų̃ kìno teãtras (v)	[na'mu: 'kʲɪnɔ tʲɛ'a:tras]
DVD Player (m)	DVD grotùvas (v)	[dʲɪvʲɪ'dʲɪ gro'tʊvas]
amplificador (m)	stiprintùvas (v)	[stʲɪprʲɪn'tʊvas]
console (f) de jogos	žaidìmų príedėlis (v)	[ʒʌɪ'dʲɪmu: 'prʲɪɛdʲe:lʲɪs]

câmera (f) de vídeo	videokã́mera (m)	[vʲɪdʲɛo'ka:mʲɛra]
máquina (f) fotográfica	fotoaparãtas (v)	[fotoapa'ra:tas]
câmera (f) digital	skaitmenìnis fotoaparãtas (v)	[skʌɪtmʲɛ'nʲɪnʲɪs fotoapa'ra:tas]

aspirador (m)	dùlkių siurblỹs (v)	['dʊlʲkʲu: sʲʊr'blʲi:s]
ferro (m) de passar	lygintùvas (v)	[lʲi:gʲɪn'tʊvas]
tábua (f) de passar	lýginimo lentà (m)	['lʲi:gʲɪnʲɪmo lʲɛn'ta]
telefone (m)	telefònas (v)	[tʲɛlʲɛ'fonas]
celular (m)	mobilùsis telefònas (v)	[mobʲɪ'lʊsʲɪs tʲɛlʲɛ'fonas]

| máquina (f) de escrever | rãšymo mašinẽlė (m) | ['ra:ʃɪ:mɔ maʃɪ'nʲe:lʲe:] |
| máquina (f) de costura | siuvìmo mašinà (m) | [sʲʊ'vʲɪmɔ maʃɪ'na] |

microfone (m)	mikrofònas (v)	[mʲɪkro'fonas]
fone (m) de ouvido	ausìnės (m dgs)	[ɑʊ'sʲɪnʲe:s]
controle remoto (m)	pùltas (v)	['pʊlʲtas]

CD (m)	kompãktinis dìskas (v)	[kɔm'pa:ktʲɪnʲɪs 'dʲɪskas]
fita (f) cassete	kasètė (m)	[ka'sʲɛtʲe:]
disco (m) de vinil	plokštẽlė (m)	[plokʃ'tʲælʲe:]

94. Reparações. Renovação

renovação (f)	remòntas (v)	[rʲɛ'montas]
renovar (vt), fazer obras	darýti remòntą	[da'rʲi:tʲɪ rʲɛ'monta:]
reparar (vt)	remontúoti	[rʲɛmon'tʊatʲɪ]
consertar (vt)	tvarkýti	[tvar'kʲi:tʲɪ]
refazer (vt)	pérdaryti	['pʲɛrdarʲi:tʲɪ]

tinta (f)	dažaì (v dgs)	[da'ʒʌɪ]
pintar (vt)	dažýti	[da'ʒʲi:tʲɪ]
pintor (m)	dažýtojas (v)	[da'ʒʲi:to:jɛs]
pincel (m)	teptùkas (v)	[tʲɛp'tʊkas]

| cal (f) | bãltinimas (v) | ['balʲtʲɪnʲɪmas] |
| caiar (vt) | bãlinti | ['ba:lʲɪntʲɪ] |

papel (m) de parede	tapètai (v)	[ta'pʲɛtʌɪ]
colocar papel de parede	tapetúoti	[tapʲɛ'tʊatʲɪ]
verniz (m)	lãkas (v)	['lʲa:kas]
envernizar (vt)	lakúoti	[lʲa'kʊatʲɪ]

95. Canalizações

água (f)	vanduõ (v)	[van'dʊa]
água (f) quente	kárštas vanduõ (v)	['karʃtas van'dʊa]
água (f) fria	šáltas vanduõ (v)	['ʃalʲtas van'dʊa]
torneira (f)	čiáupas (v)	['tʂʲæʊpas]

gota (f)	lãšas (v)	['lʲa:ʃas]
gotejar (vi)	lašnóti	[lʲaʃ'notʲɪ]
vazar (vt)	varvéti	[var'vʲe:tʲɪ]
vazamento (m)	tekéti	[tʲɛ'kʲe:tʲɪ]
poça (f)	balà (m)	[ba'lʲa]

tubo (m)	vamzdis (v)	['vamzdʲɪs]
válvula (f)	ventìlis (v)	[vʲɛn'tʲɪlʲɪs]
entupir-se (vr)	užsiteršti	[ʊʒsʲɪ'tʲɛrʃtʲɪ]

ferramentas (f pl)	įrankiai (v dgs)	['i:raŋkʲɛɪ]
chave (f) inglesa	skečiamàsis rãktas (v)	[skʲɛtʂʲæ'masʲɪs 'ra:ktas]
desenroscar (vt)	atsùkti	[at'sʊktʲɪ]

enroscar (vt)	užsùkti	[ʊʒ'sʊktʲɪ]
desentupir (vt)	valýti	[va'lʲi:tʲɪ]
encanador (m)	santèchnikas (v)	[san'tʲɛxnʲɪkas]
porão (m)	rūsỹs (v)	[ru:'sʲi:s]
rede (f) de esgotos	kanalizãcija (m)	[kanalʲɪ'za:tsʲɪjɛ]

96. Fogo. Deflagração

incêndio (m)	ugnìs (v)	[ʊg'nʲɪs]
chama (f)	liepsnà (m)	[lʲiɛps'na]
faísca (f)	žíežirba (m)	['ʒʲiɛʒʲɪrba]
fumaça (f)	dū̃mas (v)	['du:mas]
tocha (f)	fãkelas (v)	['fa:kʲɛlʲas]
fogueira (f)	láužas (v)	['lʲɑʊʒas]

gasolina (f)	benzìnas (v)	[bʲɛn'zʲɪnas]
querosene (m)	žìbalas (v)	['ʒʲɪbalʲas]
inflamável (adj)	degùs	[dʲɛ'gʊs]
explosivo (adj)	sprógus	['sprogʊs]
PROIBIDO FUMAR!	NERŪKÝTI!	[nʲɛru:'kʲi:tʲɪ]

segurança (f)	saugùmas (v)	[sɑʊ'gʊmas]
perigo (m)	pavõjus (v)	[pa'vo:jʊs]
perigoso (adj)	pavojìngas	[pavo'jɪngas]

incendiar-se (vr)	užsidègti	[ʊʒsʲɪ'dʲɛktʲɪ]
explosão (f)	sprogìmas (v)	[spro'gʲɪmas]
incendiar (vt)	padègti	[pa'dʲɛktʲɪ]
incendiário (m)	padegéjas (v)	[padʲɛ'gʲe:jas]
incêndio (m) criminoso	padegìmas (v)	[padʲɛ'gʲɪmas]

flamejar (vi)	liepsnóti	[lʲiɛps'notʲɪ]
queimar (vi)	dègti	['dʲe:ktʲɪ]
queimar tudo (vi)	sudègti	[sʊ'dʲɛktʲɪ]

chamar os bombeiros	iškviẽsti gaĩsrininkus	[ɪʃk'vʲɛstʲɪ 'gʌɪsrʲɪnʲɪŋkʊs]
bombeiro (m)	gaisrìnis	['gʌɪsrʲɪnʲɪs]
caminhão (m) de bombeiros	gaĩsrinė mašinà (m)	[gʌɪsrʲɪnʲe: maʃɪ'na]
corpo (m) de bombeiros	gaĩsrinė kománda (m)	['gʌɪsrʲɪnʲe: ko'manda]
escada (f) extensível	gaisrìnės kópėčios (m dgs)	['gʌɪsrʲɪnʲe:s 'kopʲe:tʃʲos]

mangueira (f)	žarnà (m)	[ʒar'na]
extintor (m)	gesintùvas (v)	[gʲɛsʲɪn'tʊvas]
capacete (m)	šálmas (v)	['ʃalʲmas]
sirene (f)	sirenà (m)	[sʲɪrʲɛ'na]

gritar (vi)	šaũkti	['ʃɑʊktʲɪ]
chamar por socorro	kviẽsti pagálbą	['kvʲɛstʲɪ pa'galʲba:]
socorrista (m)	gélbėtojas (v)	['gʲælʲbʲe:to:jɛs]
salvar, resgatar (vt)	gélbėti	['gʲælʲbʲe:tʲɪ]

chegar (vi)	atvažiuóti	[atva'ʒʲʊatʲɪ]
apagar (vt)	gesìnti	[gʲɛ'sʲɪntʲɪ]
água (f)	vanduõ (v)	[van'dʊɑ]

areia (f)	smėlis (v)	['smʲeːlʲɪs]
ruínas (f pl)	griuvėsiai (v dgs)	[grʲʊˈvʲeːsʲɛɪ]
ruir (vi)	nugriūti	[nʊˈgrʲuːtʲɪ]
desmoronar (vi)	nuvírsti	[nʊˈvʲɪrstʲɪ]
desabar (vi)	apgriūti	[apˈgrʲuːtʲɪ]

| fragmento (m) | núolauža (m) | [ˈnʊɑlʲɑʊʒa] |
| cinza (f) | pelenaì (v dgs) | [pʲɛlʲɛˈnʌɪ] |

| sufocar (vi) | uždùsti | [ʊʒˈdʊstʲɪ] |
| perecer (vi) | žū̃ti | [ˈʒuːtʲɪ] |

ATIVIDADES HUMANAS

Emprego. Negócios. Parte 1

97. Banca

| banco (m) | bánkas (v) | ['baŋkas] |
| balcão (f) | skȳrius (v) | ['skʲiːrʲʊs] |

| consultor (m) bancário | konsultántas (v) | [kɔnsulʲ'tantas] |
| gerente (m) | valdýtojas (v) | [valʲ'dʲiːtoːjɛs] |

conta (f)	sáskaita (m)	['saːskʌɪta]
número (m) da conta	sáskaitos nùmeris (v)	['saːskʌɪtos 'numʲɛrʲɪs]
conta (f) corrente	einamóji sáskaita (m)	[ɛɪna'moːjɪ 'saːskʌɪta]
conta (f) poupança	kaupiamóji sáskaita (m)	[kɑʊpʲæ'moːjɪ 'saːskʌɪta]

abrir uma conta	atidarýti sáskaitą	[atʲɪda'rʲiːtʲɪ 'saːskʌɪta:]
fechar uma conta	uždarýti sáskaitą	[ʊʒda'rʲiːtʲɪ 'saːskʌɪta:]
depositar na conta	padéti į̃ sáskaitą	[pa'dʲeːtʲɪ iː 'saːskʌɪta:]
sacar (vt)	paim̃ti ìš sáskaitos	['pʌɪmtʲɪ ɪʃ 'saːskʌɪtos]

depósito (m)	iñdėlis (v)	['ɪndʲeːlʲɪs]
fazer um depósito	įnešti iñdėlį	[iː'nʲɛʃtʲɪ 'ɪndʲeːlʲɪ:]
transferência (f) bancária	pavedìmas (v)	[pavʲɛ'dʲɪmas]
transferir (vt)	atlìkti pavedìmą	[at'lʲɪktʲɪ pavʲɛ'dʲɪma:]

| soma (f) | sumà (m) | [sʊ'ma] |
| Quanto? | Kíek? | ['kʲiɛk?] |

| assinatura (f) | párašas (v) | ['paːraʃas] |
| assinar (vt) | pasirašýti | [pasʲɪra'ʃʲiːtʲɪ] |

| cartão (m) de crédito | kredìtinė kortẽlė (m) | [krʲɛ'dʲɪtʲɪnʲe: kor'tʲælʲe:] |
| senha (f) | kòdas (v) | ['kodas] |

| número (m) do cartão de crédito | kredìtinės kortẽlės numeris (v) | [krʲɛ'dʲɪtʲɪnʲe:s kor'tʲælʲe:s 'numerʲɪs] |
| caixa (m) eletrônico | bankomãtas (v) | [baŋko'maːtas] |

cheque (m)	kvìtas (v)	['kvʲɪtas]
passar um cheque	išrašýti kvìtą	[ɪʃra'ʃʲiːtʲɪ 'kvʲɪta:]
talão (m) de cheques	čẽkių knygẽlė (m)	['tʂʲɛkʲu: knʲiː'gʲælʲe:]

empréstimo (m)	kredìtas (v)	[krʲɛ'dʲɪtas]
pedir um empréstimo	kreĩptis dėl kredìto	['krʲɛɪptʲɪs dʲe:lʲ krʲɛ'dʲɪto]
obter empréstimo	im̃ti kredìtą	['ɪmtʲɪ krʲɛ'dʲɪta:]
dar um empréstimo	suteĩkti kredìtą	[sʊ'tʲɛɪktʲɪ krʲɛ'dʲɪta:]
garantia (f)	garántija (m)	[ga'rantʲɪjɛ]

98. Telefone. Conversação telefônica

telefone (m)	telefonas (v)	[t̪ɛlʲɛ'fonas]
celular (m)	mobilùsis telefonas (v)	[mobʲɪ'lʊsʲɪs t̪ɛlʲɛ'fonas]
secretária (f) eletrônica	autoatsakìklis (v)	[autoatsa'kʲɪklʲɪs]

| fazer uma chamada | skambinti | ['skambʲɪnt̪ʲɪ] |
| chamada (f) | skambùtis (v) | [skam'bʊt̪ʲɪs] |

discar um número	suriñkti nùmerį	[sʊ'rʲɪŋkt̪ʲɪ 'nʊmʲɛrʲɪ:]
Alô!	Aliò!	[a'lʲo!]
perguntar (vt)	pakláusti	[pak'lʲaust̪ʲɪ]
responder (vt)	atsakýti	[atsa'kʲi:t̪ʲɪ]

ouvir (vt)	girdéti	[gʲɪr'dʲe:t̪ʲɪ]
bem	geraĩ	[gʲɛ'rʌɪ]
mal	prastaĩ	[pras'tʌɪ]
ruído (m)	trukdžiaĩ (v dgs)	[trʊk'dʒʲɛɪ]

fone (m)	ragēlis (v)	[ra'gʲæɭʲɪs]
pegar o telefone	pakélti ragēlį	[pa'kʲɛlʲt̪ʲɪ ra'gʲæɭʲɪ:]
desligar (vi)	padéti ragēlį	[pa'dʲe:t̪ʲɪ ra'gʲæɭʲɪ:]

ocupado (adj)	ùžimtas	['ʊʒʲɪmtas]
tocar (vi)	skambéti	[skam'bʲe:t̪ʲɪ]
lista (f) telefônica	telefonų knygà (m)	[t̪ɛlʲɛ'fonu: knʲi:'ga]

local (adj)	viētinis	['vʲiɛt̪ʲɪnʲɪs]
chamada (f) local	viētinis skambùtis (v)	['vʲiɛt̪ʲɪnʲɪs skam'bʊt̪ʲɪs]
de longa distância	tarpmiestìnis	[tarpmʲiɛs't̪ʲɪnʲɪs]
chamada (f) de longa distância	tarpmiestìnis skambùtis (v)	[tarpmʲiɛs't̪ʲɪnʲɪs skam'bʊt̪ʲɪs]
internacional (adj)	tarptautìnis	[tarptaʊ't̪ʲɪnʲɪs]
chamada (f) internacional	tarptautìnis skambùtis (v)	[tarptaʊ't̪ʲɪnʲɪs skam'bʊt̪ʲɪs]

99. Telefone móvel

celular (m)	mobilùsis telefonas (v)	[mobʲɪ'lʊsʲɪs t̪ɛlʲɛ'fonas]
tela (f)	ekrãnas (v)	[ɛk'ra:nas]
botão (m)	mygtùkas (v)	[mʲi:k'tʊkas]
cartão SIM (m)	SIM-kortēlė (m)	[sʲɪm-kor't̪ʲæɭʲe:]

bateria (f)	akumuliãtorius (v)	[akʊmʊ'lʲætorʊs]
descarregar-se (vr)	išsikráuti	[ɪʃsʲ'ɪ'kraʊt̪ʲɪ]
carregador (m)	įkrovìklis (v)	[i:kro'vʲɪ:klʲɪs]

menu (m)	valgiãraštis (v)	[valʲgʲæraʃt̪ʲɪs]
configurações (f pl)	nustãtymai (v dgs)	[nʊ'sta:t̪ʲi:mʌɪ]
melodia (f)	melòdija (m)	[mʲɛ'lʲodʲɪjɛ]
escolher (vt)	pasiriñkti	[pasʲɪ'rʲɪŋkt̪ʲɪ]

| calculadora (f) | skaičiuotùvas (v) | [skʌɪtʃʲʊo'tʊvas] |
| correio (m) de voz | bàlso pãštas (v) | ['balʲsɔ 'pa:ʃtas] |

| despertador (m) | žadintùvas (v) | [ʒadʲɪn'tʊvas] |
| contatos (m pl) | telefònų knygà (m) | [tʲɛlʲɛ'fonu: knʲi:'ga] |

| mensagem (f) de texto | SMS žinùtė (m) | [ɛsɛ'mɛs ʒʲɪnʊtʲe:] |
| assinante (m) | abonentas (v) | [abo'nʲentas] |

100. Estacionário

| caneta (f) | automãtinis šratinùkas (v) | [ɑʊto'ma:tʲɪnʲɪs ʃratʲɪ'nʊkas] |
| caneta (f) tinteiro | plunksnãkotis (v) | [plʲʊŋk'sna:kotʲɪs] |

lápis (m)	pieštùkas (v)	[pʲiɛʃ'tʊkas]
marcador (m) de texto	žymėklis (v)	[ʒʲi:'mʲæklʲɪs]
caneta (f) hidrográfica	flomãsteris (v)	[flʲo'ma:stʲɛrʲɪs]

| bloco (m) de notas | bloknòtas (v) | [blʲok'notas] |
| agenda (f) | dienóraštis (v) | [dʲiɛ'noraʃtʲɪs] |

régua (f)	liniuòtė (m)	[lʲɪ'nʲʊo:tʲe:]
calculadora (f)	skaičiuotùvas (v)	[skʌɪtʂʲʊo'tʊvas]
borracha (f)	trintùkas (v)	[trʲɪn'tʊkas]
alfinete (m)	smeigtùkas (v)	[smʲɛɪk'tʊkas]
clipe (m)	sąvaržėlė (m)	[sa:var'ʒʲe:lʲe:]

cola (f)	klijaĩ (v dgs)	[klʲɪ'jʌɪ]
grampeador (m)	segìklis (v)	[sʲɛ'gʲɪklʲɪs]
furador (m) de papel	skylãmušis (v)	[skʲi:'lʲa:mʊʃɪs]
apontador (m)	droztùkas (v)	[droʒ'tʊkas]

Emprego. Negócios. Parte 2

101. Media

jornal (m)	laĩkraštis (v)	['lʲʌɪkraʃtʲɪs]
revista (f)	žurnãlas (v)	[ʒʊr'na:lʲas]
imprensa (f)	spaudà (m)	[spɑʊ'da]
rádio (m)	rãdijas (v)	['ra:dʲɪjas]
estação (f) de rádio	rãdijo stotìs (m)	['ra:dʲɪjɔ sto'tʲɪs]
televisão (f)	televìzija (m)	[tʲɛlʲɛ'vʲɪzʲɪjɛ]

apresentador (m)	vedéjas (v)	[vʲɛ'dʲe:jas]
locutor (m)	dìktorius (v)	['dʲɪktorʲʊs]
comentarista (m)	komentãtorius (v)	[kɔmʲɛn'ta:torʲʊs]

jornalista (m)	žurnalìstas (v)	[ʒʊrna'lʲɪstas]
correspondente (m)	korespondeñtas (v)	[kɔrʲɛspon'dʲɛntas]
repórter (m) fotográfico	fotokorespondeñtas (v)	[fotokorʲɛspon'dʲɛntas]
repórter (m)	repòrteris (v)	[rʲɛ'portʲɛrʲɪs]

redator (m)	redãktorius (v)	[rʲɛ'da:ktorʲʊs]
redator-chefe (m)	vyriáusiasis redãktorius (v)	[vʲi:'rʲæʊslæslɪs rʲɛ'da:ktorʲʊs]

assinar a ...	užsiprenumerúoti	[ʊʒslɪprʲɛnʊmʲɛ'rʊatʲɪ]
assinatura (f)	prenumeratà (m)	[prʲɛnʊmʲɛra'ta]
assinante (m)	prenumerãtorius (v)	[prʲɛnʊmʲɛ'ra:torʲʊs]
ler (vt)	skaitýti	[skʌɪ'tʲi:tʲɪ]
leitor (m)	skaitýtojas (v)	[skʌɪ'tʲi:to:jɛs]

tiragem (f)	tirãžas (v)	[tʲɪ'ra:ʒas]
mensal (adj)	mėnesìnis	[mʲe:nesʲɪnʲɪs]
semanal (adj)	savaĩtinis	[sa'vʌɪtʲɪnʲɪs]
número (jornal, revista)	nùmeris (v)	['nʊmʲɛrʲɪs]
recente, novo (adj)	naũjas	['nɑʊjas]

manchete (f)	añtraštė (m)	['antraʃtʲe:]
pequeno artigo (m)	straipsnẽlis (v)	[strʌɪp'snʲælʲɪs]
coluna (~ semanal)	rùbrika (m)	['rʊbrʲɪka]
artigo (m)	stráipsnis (v)	['strʌɪpsnʲɪs]
página (f)	pùslapis (v)	['pʊslʲapʲɪs]

reportagem (f)	reportãžas (v)	[rʲɛpor'ta:ʒas]
evento (festa, etc.)	ĩvykis (v)	['i:vʲɪ:kʲɪs]
sensação (f)	sensãcija (m)	[sʲɛn'sa:tsʲɪjɛ]
escândalo (m)	skandãlas (v)	[skan'da:lʲas]
escandaloso (adj)	skandalìngas	[skanda'lʲɪngas]
grande (adj)	garsùs	[gar'sʊs]

programa (m)	laidà (m)	[lʲʌɪ'da]
entrevista (f)	interviù (v)	[ɪntʲɛrv'jʊ]

transmissão (f) ao vivo	tiesióginė transliãcija (m)	[tʲɛ'sʲogʲɪnʲe: trans'lʲætsʲɪjɛ]
canal (m)	kanãlas (v)	[ka'na:lʲas]

102. Agricultura

agricultura (f)	žẽmės ū̃kis (v)	['ʒʲæmʲe:s 'u:kʲɪs]
camponês (m)	valstiẽtis (v)	[valʲs'tʲɛtʲɪs]
camponesa (f)	valstiẽtė (m)	[valʲs'tʲɛtʲe:]
agricultor, fazendeiro (m)	fèrmeris (v)	['fʲɛrmʲɛrʲɪs]

trator (m)	trãktorius (v)	['tra:ktorʲʊs]
colheitadeira (f)	kombáinas (v)	[kɔm'bʌɪnas]

arado (m)	plū̃gas (v)	['plʲu:gas]
arar (vt)	ã̃rti	['a:rtʲɪ]
campo (m) lavrado	dirvà (m)	[dʲɪr'va]
sulco (m)	vagà (m)	[va'ga]

semear (vt)	sė́ti	['sʲe:tʲɪ]
plantadeira (f)	sėjamóji mašinà (m)	[sʲe:ja'mo:jɪ maʃɪ'na]
semeadura (f)	sė́jimas (v)	[sʲe:'jɪmas]

foice (m)	dal̃gis (v)	['dalʲgʲɪs]
cortar com foice	pjáuti	['pjɑʊtʲɪ]

pá (f)	kastùvas (v)	[kas'tʊvas]
cavar (vt)	kàsti	['kastʲɪ]

enxada (f)	kapõklė (m)	[ka'po:klʲe:]
capinar (vt)	ravéti	[ra'vʲe:tʲɪ]
erva (f) daninha	pìktžolė (m)	['pʲɪktʒolʲe:]

regador (m)	laistytùvas (v)	[lʲʌɪstʲi:'tʊvas]
regar (plantas)	láistyti	['lʲʌɪstʲi:tʲɪ]
rega (f)	láistymas (v)	['lʲʌɪstʲi:mas]

forquilha (f)	šãkės (m dgs)	['ʃa:kʲe:s]
ancinho (m)	grėblỹs (v)	[grʲe:b'lʲi:s]

fertilizante (m)	trąšà (m)	[tra:'ʃa]
fertilizar (vt)	trę̃šti	['trʲɛ:ʃtʲɪ]
estrume, esterco (m)	mė́šlas (v)	['mʲe:ʃlʲas]

campo (m)	laũkas (v)	['lʲɑʊkas]
prado (m)	píeva (m)	['pʲiɛva]
horta (f)	dar̃žas (v)	['darʒas]
pomar (m)	sõdas (v)	['so:das]

pastar (vt)	ganýti	[ga'nʲi:tʲɪ]
pastor (m)	piemuõ (v)	[pʲiɛ'mʊɑ]
pastagem (f)	ganyklà (m)	[ganʲi:k'lʲa]

pecuária (f)	gyvulininkỹstė (m)	[gʲi:vʊlʲɪnʲɪŋ'kʲi:stʲe:]
criação (f) de ovelhas	avininkỹstė (m)	[avʲɪnʲɪŋ'kʲi:stʲe:]

plantação (f)	plantãcija (m)	[plʲan'ta:tslʲɪjɛ]
canteiro (m)	lýsvė (m)	['lʲi:svʲe:]
estufa (f)	šiltãdaržis (v)	[ʃɪlʲʲta:darʒlɪs]

| seca (f) | sausrà (m) | [sɑʊs'ra] |
| seco (verão ~) | sausrìngas | [sɑʊs'rʲɪngas] |

grão (m)	grũdas (v)	['gru:das]
cereais (m pl)	javaĩ (v dgs)	[ja'vʌɪ]
colher (vt)	nuimti	['nʊimtʲɪ]

moleiro (m)	malũnininkas (v)	[ma'lʲu:nʲɪnʲɪŋkas]
moinho (m)	malũnas (v)	[ma'lʲu:nas]
moer (vt)	málti grũdus	['malʲtʲɪ 'gru:dʊs]
farinha (f)	mìltai (v dgs)	['mʲɪlʲtʌɪ]
palha (f)	šiaudaĩ (v dgs)	[ʃɛʊ'dʌɪ]

103. Construção. Processo de construção

canteiro (m) de obras	statýbvietė (m)	[sta'tʲi:bvʲiɛtʲe:]
construir (vt)	statýti	[sta'tʲi:tʲɪ]
construtor (m)	statýbininkas (v)	[sta'tʲi:bʲɪnʲɪŋkas]

projeto (m)	projèktas (v)	[pro'jæktas]
arquiteto (m)	architèktas (v)	[arxʲɪ'tʲɛktas]
operário (m)	darbinìñkas (v)	[darbʲɪ'nʲɪŋkas]

fundação (f)	fundameñtas (v)	[fʊnda'mʲɛntas]
telhado (m)	stógas (v)	['stogas]
estaca (f)	põlis (v)	['po:lʲɪs]
parede (f)	síena (m)	['sʲiɛna]

| colunas (f pl) de sustentação | armatūrà (m) | [armatu:'ra] |
| andaime (m) | statýbiniai pastõliai (v dgs) | [sta'tʲi:bʲɪnʲɛɪ pas'to:lʲɛɪ] |

concreto (m)	betònas (v)	[bʲɛ'tonas]
granito (m)	granìtas (v)	[gra'nʲɪtas]
pedra (f)	akmuõ (v)	[ak'mʊɑ]
tijolo (m)	plytà (m)	[plʲi:'ta]

areia (f)	smėlis (v)	['smʲe:lʲɪs]
cimento (m)	cemeñtas (v)	[tsʲɛ'mʲɛntas]
emboço, reboco (m)	tìnkas (v)	['tʲɪŋkas]
emboçar, rebocar (vt)	tinkúoti	[tʲɪŋ'kʊatʲɪ]

tinta (f)	dažaĩ (v dgs)	[da'ʒʌɪ]
pintar (vt)	dažýti	[da'ʒʲi:tʲɪ]
barril (m)	statìnė (m)	[sta'tʲɪnʲe:]

grua (f), guindaste (m)	krãnas (v)	['kra:nas]
erguer (vt)	kélti	['kʲɛlʲtʲɪ]
baixar (vt)	nuléisti	[nʊ'lʲɛɪstʲɪ]
buldózer (m)	buldòzeris (v)	[bʊlʲ'dozʲɛrʲɪs]
escavadora (f)	ekskavãtorius (v)	[ɛkska'va:torʲʊs]

caçamba (f)	**káušas** (v)	['kɑʊʃas]
escavar (vt)	**kàsti**	['kastʲɪ]
capacete (m) de proteção	**šálmas** (v)	['ʃalʲmas]

Profissões e ocupações

104. Procura de emprego. Demissão

trabalho (m)	dárbas (v)	['darbas]
equipe (f)	etãtai (dgs)	[ε'ta:tʌɪ]
pessoal (m)	personãlas (v)	[pʲɛrso'na:las]
carreira (f)	karjerà (m)	[karjɛ'ra]
perspectivas (f pl)	perspektyvà (m)	[pʲɛrspʲɛktʲi:'va]
habilidades (f pl)	meistriškùmas (v)	[mʲɛɪstrʲɪʃkʊmas]
seleção (f)	atrankà (m)	[atraŋ'ka]
agência (f) de emprego	darbúotojų paieškõs agentūra (m)	[dar'bʊɑto:ju: paʲiɛʃ'ko:s agʲɛntu:'ra]
currículo (m)	gyvēnimo aprãšymas (v)	[gʲi:'vʲænʲɪmɔ ap'ra:ʃɪ:mas]
entrevista (f) de emprego	pókalbis (v)	['pokalʲbʲɪs]
vaga (f)	laisvà dárbo vietà (m)	[lʲʌɪs'va 'darbɔ vʲiɛ'ta]
salário (m)	dárbo ùžmokestis (v)	['darbɔ 'ʊʒmokʲɛstʲɪs]
salário (m) fixo	algà (m)	[alʲʲga]
pagamento (m)	atlýginimas (v)	[at'lʲʲi:gʲɪnʲɪmas]
cargo (m)	páreigos (m dgs)	['parʲɛɪgos]
dever (do empregado)	pareigà (m)	[parʲɛɪ'ga]
gama (f) de deveres	sritìs (m)	[srʲɪ'tʲɪs]
ocupado (adj)	ùžimtas	['ʊʒʲɪmtas]
despedir, demitir (vt)	atléisti	[at'lʲɛɪstʲɪ]
demissão (f)	atleidìmas (v)	[atlʲɛɪ'dʲɪmas]
desemprego (m)	bedarbỹstè (m)	[bʲɛdar'bʲi:stʲe:]
desempregado (m)	bedarbis (v)	[bʲɛ'darbʲɪs]
aposentadoria (f)	peñsija (m)	['pʲɛnsʲɪjɛ]
aposentar-se (vr)	išeĩti į̇ peñsiją	[ɪ'ʃɛɪtʲɪ i: 'pʲɛnsʲɪja:]

105. Gente de negócios

diretor (m)	direktorius (v)	[dʲɪ'rʲɛktorʲʊs]
gerente (m)	valdýtojas (v)	[valʲʲdʲi:to:jɛs]
patrão, chefe (m)	vadõvas (v)	[va'do:vas]
superior (m)	vĩršininkas (v)	['vʲɪrʃɪnʲɪŋkas]
superiores (m pl)	vadovỹbè (m)	[vado'vʲi:bʲe:]
presidente (m)	prezideñtas (v)	[prʲɛzʲɪ'dʲɛntas]
chairman (m)	pìrmininkas (v)	['pʲɪrmʲɪnʲɪŋkas]
substituto (m)	pavadúotojas (v)	[pava'dʊɑto:jɛs]
assistente (m)	padėjéjas (v)	[padʲe:'je:jas]

secretário (m)	**sekretõrius** (v)	[sⁱɛkrⁱɛ'to:rⁱʊs]
secretário (m) pessoal	**asmenìnis sekretõrius** (v)	[asmⁱɛ'nⁱɪnⁱɪs sⁱɛkrⁱɛ'to:rⁱʊs]

homem (m) de negócios	**komersántas** (v)	[kɔmⁱɛr'santas]
empreendedor (m)	**vẽrslininkas** (v)	['vⁱɛrslⁱɪnⁱɪŋkas]
fundador (m)	**steigéjas** (v)	[stⁱɛɪ'gⁱe:jas]
fundar (vt)	**įsteĩgti** (v)	[i:'stⁱɛɪktⁱɪ]

principiador (m)	**steigéjas** (v)	[stⁱɛɪ'gⁱe:jas]
parceiro, sócio (m)	**pártneris** (v)	['partnⁱɛrⁱɪs]
acionista (m)	**ãkcininkas** (v)	['a:ktsⁱɪnⁱɪŋkas]

milionário (m)	**milijoniẽrius** (v)	[mⁱɪlⁱɪjo'nⁱɛrⁱʊs]
bilionário (m)	**milijardiẽrius** (v)	[mⁱɪlⁱɪjar'dⁱɛrⁱʊs]
proprietário (m)	**valdýtojas** (v)	[valⁱ'dⁱi:to:jɛs]
proprietário (m) de terras	**žẽmẽs saviniñkas** (v)	['ʒⁱæmⁱe:s savⁱɪ'nⁱɪŋkas]

cliente (m)	**klieñtas** (v)	['klⁱiɛntas]
cliente (m) habitual	**pastovùs klieñtas** (v)	[pasto'vʊs klⁱi'ɛntas]
comprador (m)	**pirkéjas** (v)	[pⁱɪr'kⁱe:jas]
visitante (m)	**lankýtojas** (v)	[lⁱaŋ'kⁱi:to:jɛs]

profissional (m)	**profesionãlas** (v)	[profⁱɛsⁱɪjo'na:lⁱas]
perito (m)	**ekspèrtas** (v)	[ɛks'pⁱɛrtas]
especialista (m)	**specialìstas** (v)	[spⁱɛtsⁱɪja'lⁱɪstas]

banqueiro (m)	**bánkininkas** (v)	['baŋkⁱɪnⁱɪŋkas]
corretor (m)	**bròkeris** (v)	['brokⁱɛrⁱɪs]

caixa (m, f)	**kãsininkas** (v)	['ka:sⁱɪnⁱɪŋkas]
contador (m)	**buhálteris** (v)	[bʊ'ɣalⁱtⁱɛrⁱɪs]
guarda (m)	**apsauginiñkas** (v)	[apsɑʊgⁱɪ'nⁱɪŋkas]

investidor (m)	**investúotojas** (v)	[ɪnvⁱɛs'tʊato:jɛs]
devedor (m)	**skõlininkas** (v)	['sko:lⁱɪnⁱɪŋkas]
credor (m)	**kredìtorius** (v)	[krⁱɛ'dⁱɪtorⁱʊs]
mutuário (m)	**paskolõs gavéjas** (v)	[pasko'lⁱo:s ga'vⁱe:jas]

importador (m)	**importúotojas** (v)	[ɪmpor'tʊato:jɛs]
exportador (m)	**eksportúotojas** (v)	[ɛkspor'tʊato:jɛs]

produtor (m)	**gamìntojas** (v)	[ga'mⁱɪnto:jɛs]
distribuidor (m)	**plãtintojas** (v)	['plⁱa:tⁱɪnto:jɛs]
intermediário (m)	**tárpininkas** (v)	['tarpⁱɪnⁱɪŋkas]

consultor (m)	**konsultántas** (v)	[kɔnsʊlⁱ'tantas]
representante comercial	**atstõvas** (v)	[at'sto:vas]
agente (m)	**ageñtas** (v)	[a'gⁱɛntas]
agente (m) de seguros	**draudìmo ageñtas** (v)	[drɑʊ'dⁱɪmɔ a'gⁱɛntas]

106. Profissões de serviços

cozinheiro (m)	**viréjas** (v)	[vⁱɪ'rⁱe:jas]
chefe (m) de cozinha	**vyriáusiasis viréjas** (v)	[vⁱi:'rⁱæʊsⁱæsⁱɪs vⁱɪ'rⁱe:jas]

padeiro (m)	kepéjas (v)	[kʲɛ'pʲe:jas]
barman (m)	bármenas (v)	['barmʲɛnas]
garçom (m)	padavéjas (v)	[pada'vʲe:jas]
garçonete (f)	padavéja (m)	[pada'vʲe:ja]

advogado (m)	advokátas (v)	[advo'ka:tas]
jurista (m)	jurìstas (v)	[jʊ'rʲɪstas]
notário (m)	notáras (v)	[no'ta:ras]

eletricista (m)	mònteris (v)	['montʲɛrʲɪs]
encanador (m)	santèchnikas (v)	[san'tʲɛxnʲɪkas]
carpinteiro (m)	dailìdė (v)	[dʌɪ'lʲɪdʲe:]

massagista (m)	masažìstas (v)	[masa'ʒʲɪstas]
massagista (f)	masažìstė (m)	[masa'ʒʲɪstʲe:]
médico (m)	gýdytojas (v)	['gʲi:dʲi:to:jɛs]

taxista (m)	taksìstas (v)	[tak'sʲɪstas]
condutor (automobilista)	vairúotojas (v)	[vʌɪ'rʊɑto:jɛs]
entregador (m)	kùrjeris (v)	['kʊrjɛrʲɪs]

camareira (f)	kambarìnė (m)	[kamba'rʲɪnʲe:]
guarda (m)	apsauginiñkas (v)	[apsɑʊgʲɪ'nʲɪŋkas]
aeromoça (f)	stiuardèsė (m)	[stʲʊar'dʲɛsʲe:]

professor (m)	mókytojas (v)	['mokʲi:to:jɛs]
bibliotecário (m)	bibliotèkininkas (v)	[bʲɪblʲɪjo'tʲɛkʲɪnʲɪŋkas]
tradutor (m)	vertéjas (v)	[vʲɛr'tʲe:jas]
intérprete (m)	vertéjas (v)	[vʲɛr'tʲe:jas]
guia (m)	gìdas (v)	['gʲɪdas]

cabeleireiro (m)	kirpéjas (v)	[kʲɪr'pʲe:jas]
carteiro (m)	pãstininkas (v)	['pa:ʃtʲɪnʲɪŋkas]
vendedor (m)	pardavéjas (v)	[parda'vʲe:jas]

jardineiro (m)	sõdininkas (v)	['so:dʲɪnʲɪŋkas]
criado (m)	tarnas (m)	['tarnas]
criada (f)	tarnáitė (m)	[tar'nʌɪtʲe:]
empregada (f) de limpeza	valýtoja (m)	[va'lʲi:to:jɛ]

107. Profissões militares e postos

soldado (m) raso	eilìnis (v)	[ɛɪ'lʲɪnʲɪs]
sargento (m)	seržántas (v)	[sʲɛr'ʒantas]
tenente (m)	leitenántas (v)	[lʲɛɪtʲɛ'nantas]
capitão (m)	kapitõnas (v)	[kapʲɪ'to:nas]

major (m)	majõras (v)	[ma'jo:ras]
coronel (m)	pùlkininkas (v)	['pʊlʲkʲɪnʲɪŋkas]
general (m)	generõlas (v)	[gʲɛnʲɛ'ro:lʲas]
marechal (m)	máršalas (v)	['marʃalʲas]
almirante (m)	admirõlas (v)	[admʲɪ'ro:lʲas]
militar (m)	karìškis (v)	[ka'rʲɪʃkʲɪs]
soldado (m)	kareĩvis (v)	[ka'rʲɛɪvʲɪs]

oficial (m)	kariniñkas (v)	[karʲɪ'nʲɪŋkas]
comandante (m)	vãdas (v)	['va:das]

guarda (m) de fronteira	pasieniẽtis (v)	[pasʲiɛ'nʲɛtʲɪs]
operador (m) de rádio	radìstas (v)	[ra'dʲɪstas]
explorador (m)	žvãlgas (v)	['ʒvalʲgas]
sapador-mineiro (m)	pioniẽrius (v)	[pʲɪjo'nʲɛrʲʊs]
atirador (m)	šaulỹs (v)	[ʃɑʊ'lʲɨ:s]
navegador (m)	štùrmanas (v)	['ʃtʊrmanas]

108. Oficiais. Padres

rei (m)	karãlius (v)	[ka'ra:lʲʊs]
rainha (f)	karalíenė (m)	[kara'lʲiɛnʲe:]

príncipe (m)	prìncas (v)	['prʲɪntsas]
princesa (f)	princèsė (m)	[prʲɪn'tsʲɛsʲe:]

czar (m)	cãras (v)	['tsa:ras]
czarina (f)	caríenė (m)	[tsa'rʲiɛnʲe:]

presidente (m)	prezideñtas (v)	[prʲɛzʲɪ'dʲɛntas]
ministro (m)	minìstras (v)	[mʲɪ'nʲɪstras]
primeiro-ministro (m)	minìstras pìrmininkas (v)	[mʲɪ'nʲɪstras 'pʲɪrmʲɪnʲɪŋkas]
senador (m)	senãtorius (v)	[sʲɛ'na:torʲʊs]

diplomata (m)	diplomãtas (v)	[dʲɪplʲo'ma:tas]
cônsul (m)	kònsulas (v)	['konsʊlʲas]
embaixador (m)	ambasãdorius (v)	[amba'sa:dorʲʊs]
conselheiro (m)	pataréjas (v)	[pata'rʲe:jas]

funcionário (m)	valdiniñkas (v)	[valʲdʲɪ'nʲɪŋkas]
prefeito (m)	prefèktas (v)	[prʲɛ'fʲɛktas]
Presidente (m) da Câmara	mèras (v)	['mʲɛras]

juiz (m)	teiséjas (v)	[tʲɛɪ'sʲe:jas]
procurador (m)	prokuròras (v)	[prokʊ'roras]

missionário (m)	misioniẽrius (v)	[mʲɪsʲɪjo'nʲɛrʲʊs]
monge (m)	vienuõlis (v)	[vʲiɛ'nʊɑlʲɪs]
abade (m)	abãtas (v)	[a'ba:tas]
rabino (m)	rãbinas (v)	['ra:bʲɪnas]

vizir (m)	vizìris (v)	[vʲɪ'zʲɪrʲɪs]
xá (m)	šãchas (v)	['ʃa:xas]
xeique (m)	šèichas (v)	['ʃɛɪxas]

109. Profissões agrícolas

abelheiro (m)	bìtininkas (v)	['bʲɪtʲɪnʲɪŋkas]
pastor (m)	piemuõ (v)	[pʲiɛ'mʊɑ]
agrônomo (m)	agronòmas (v)	[agro'nomas]

criador (m) de gado	gývulininkas (v)	['gʲi:vʊlʲɪnʲɪŋkas]
veterinário (m)	veterināras (v)	[vʲɛtʲɛrʲɪ'na:ras]

agricultor, fazendeiro (m)	fermeris (v)	['fɛrmʲɛrʲɪs]
vinicultor (m)	vyndarỹs (v)	[vʲi:nda'rʲi:s]
zoólogo (m)	zoolõgas (v)	[zoo'lʲogas]
vaqueiro (m)	kaubõjus (v)	[kɑʊ'bojʊs]

110. Profissões artísticas

ator (m)	āktorius (v)	['a:ktorʲʊs]
atriz (f)	āktorė (m)	['a:ktorʲe:]

cantor (m)	dainininkas (v)	[dʌɪnʲɪ'nʲɪŋkas]
cantora (f)	dainininkė (m)	[dʌɪnʲɪ'nʲɪŋkʲe:]

bailarino (m)	šokéjas (v)	[ʃo'kʲe:jas]
bailarina (f)	šokéja (m)	[ʃo'kʲe:ja]

artista (m)	artistas (v)	[ar'tʲɪstas]
artista (f)	artistė (m)	[ar'tʲɪstʲe:]

músico (m)	muzikántas (v)	[mʊzʲɪ'kantas]
pianista (m)	pianistas (v)	[pʲɪja'nʲɪstas]
guitarrista (m)	gitaristas (v)	[gʲɪta'rʲɪstas]

maestro (m)	dirigeñtas (v)	[dʲɪrʲɪ'gʲɛntas]
compositor (m)	kompozitorius (v)	[kompo'zʲɪtorʲʊs]
empresário (m)	impresārijas (v)	[ɪmprʲɛ'sa:rʲɪjas]

diretor (m) de cinema	režisiẽrius (v)	[rʲɛʒʲɪ'sʲɛrʲʊs]
produtor (m)	prodiùseris (v)	[pro'dʲʊsʲɛrʲɪs]
roteirista (m)	scenaristas (v)	[stsʲɛna'rʲɪstas]
crítico (m)	kritikas (v)	['krʲɪtʲɪkas]

escritor (m)	rašýtojas (v)	[ra'ʃɪ:to:jɛs]
poeta (m)	poẽtas (v)	[po'ɛtas]
escultor (m)	skulptorius (v)	['skʊlʲptorʲʊs]
pintor (m)	mẽnininkas (v)	['mʲænʲɪnʲɪŋkas]

malabarista (m)	žongliẽrius (v)	[ʒon'glʲɛrʲʊs]
palhaço (m)	klòunas (v)	['klʲounas]
acrobata (m)	akrobātas (v)	[akro'ba:tas]
ilusionista (m)	fòkusininkas (v)	['fokʊsʲɪnʲɪŋkas]

111. Várias profissões

médico (m)	gýdytojas (v)	['gʲi:dʲi:to:jɛs]
enfermeira (f)	medicìnos sesẽlė (m)	[mʲɛdʲɪ'tsʲɪnos se'sʲælʲe:]
psiquiatra (m)	psichiātras (v)	[psʲɪxʲɪ'jatras]
dentista (m)	stomatolõgas (v)	[stomato'lʲogas]
cirurgião (m)	chirùrgas (v)	[xʲɪ'rʊrgas]

astronauta (m)	astronáutas (v)	[astro'nɑʊtas]
astrônomo (m)	astronòmas (v)	[astro'nomas]
piloto (m)	pilòtas (v)	[pʲɪ'lʲotas]

motorista (m)	vairúotojas (v)	[vʌɪ'rʊɑto:jɛs]
maquinista (m)	mašinìstas (v)	[maʃɪ'nʲɪstas]
mecânico (m)	mechãnikas (v)	[mʲɛ'xa:nʲɪkas]

mineiro (m)	šãchtininkas (v)	['ʃa:xtʲɪnʲɪŋkas]
operário (m)	darbiniñkas (v)	[darbʲɪ'nʲɪŋkas]
serralheiro (m)	šáltkalvis (v)	['ʃalʲtkalʲvʲɪs]
marceneiro (m)	stãlius (v)	['sta:lʲʊs]
torneiro (m)	tẽkintojas (v)	['tʲækʲɪnto:jɛs]
construtor (m)	statýbininkas (v)	[sta'tʲi:bʲɪnʲɪŋkas]
soldador (m)	suvìrintojas (v)	[sʊ'vʲɪrʲɪnto:jɛs]

professor (m)	profèsorius (v)	[pro'fʲɛsorʲʊs]
arquiteto (m)	architèktas (v)	[arxʲɪ'tʲɛktas]
historiador (m)	istòrikas (v)	[ɪs'torʲɪkas]
cientista (m)	mòkslininkas (v)	['mokslʲɪnʲɪŋkas]
físico (m)	fìzikas (v)	['fʲɪzʲɪkas]
químico (m)	chèmikas (v)	['xʲɛmʲɪkas]

arqueólogo (m)	archeològas (v)	[arxʲɛo'lʲogas]
geólogo (m)	geològas (v)	[gʲɛo'lʲogas]
pesquisador (cientista)	tyrinétojas (v)	[tʲi:rʲɪ'nʲe:to:jɛs]

babysitter, babá (f)	áuklė (m)	['ɑʊklʲe:]
professor (m)	pedagògas (v)	[pʲɛda'gogas]

redator (m)	redãktorius (v)	[rʲɛ'da:ktorʲʊs]
redator-chefe (m)	vyriáusiasis redãktorius (v)	[vʲi:'rʲæʊsʲæsʲɪs rʲɛ'da:ktorʲʊs]
correspondente (m)	korespondeñtas (v)	[korʲɛspon'dʲɛntas]
datilógrafa (f)	mašìnininkė (m)	[ma'ʃɪnʲɪnʲɪŋkʲe:]

designer (m)	dizáineris (v)	[dʲɪ'zʌɪnʲɛrʲɪs]
especialista (m) em informática	kompiùterių specialìstas (v)	[kom'pʲʊtʲɛrʲu: spʲɛtsʲɪja'lʲɪstas]
programador (m)	programúotojas (v)	[progra'mʊɑto:jɛs]
engenheiro (m)	inžiniẽrius (v)	[ɪnʒʲɪ'nʲɛrʲʊs]

marujo (m)	jũrininkas (v)	['ju:rʲɪnʲɪŋkas]
marinheiro (m)	jūreìvis (v)	[ju:'rʲɛɪvʲɪs]
socorrista (m)	gélbėtojas (v)	['gʲælʲbʲe:to:jɛs]

bombeiro (m)	gaìsrininkas (v)	['gʌɪsrʲɪnʲɪŋkas]
polícia (m)	polìcininkas (v)	[po'lʲɪtsʲɪnʲɪŋkas]
guarda-noturno (m)	sárgas (v)	['sargas]
detetive (m)	seklỹs (v)	[sʲɛk'lʲi:s]

funcionário (m) da alfândega	muìtininkas (v)	['mʊɪtʲɪnʲɪŋkas]
guarda-costas (m)	asmeñs sargýbinis (v)	[as'mʲɛns sar'gʲi:bʲɪnʲɪs]
guarda (m) prisional	prižiūrétojas (v)	[prʲɪʒʲu:'rʲe:to:jɛs]
inspetor (m)	inspèktorius (v)	[ɪn'spʲɛktorʲʊs]
esportista (m)	spòrtininkas (v)	['sportʲɪnʲɪŋkas]
treinador (m)	trèneris (v)	['trʲɛnʲɛrʲɪs]

açougueiro (m)	mėsininkas (v)	['mʲe:sʲɪnʲɪŋkas]
sapateiro (m)	batsiuvỹs (v)	[batsʲʊ'vʲi:s]
comerciante (m)	komersántas (v)	[kɔmʲɛr'santas]
carregador (m)	krovėjas (v)	[kro'vʲe:jas]
estilista (m)	modeliúotojas (v)	[modʲɛ'lʲʊato:jɛs]
modelo (f)	mòdelis (v)	['modʲɛlʲɪs]

112. Ocupações. Estatuto social

estudante (~ de escola)	mokslelvis (v)	[moks'lʲɛɪvʲɪs]
estudante (~ universitária)	studeñtas (v)	[stʊ'dʲɛntas]
filósofo (m)	filosòfas (v)	[fʲɪlʲo'sofas]
economista (m)	ekonomìstas (v)	[ɛkono'mʲɪstas]
inventor (m)	išradėjas (v)	[ɪʃra'dʲe:jas]
desempregado (m)	bedarbis (v)	[bʲɛ'darbʲɪs]
aposentado (m)	peñsininkas (v)	['pʲɛnsʲɪnʲɪŋkas]
espião (m)	šnìpas (v)	['ʃnʲɪpas]
preso, prisioneiro (m)	kalinỹs (v)	[kalʲɪ'nʲi:s]
grevista (m)	streikininkas (v)	['strʲɛɪkʲɪnʲɪnʲɪŋkas]
burocrata (m)	biurokrãtas (v)	[bʲʊro'kra:tas]
viajante (m)	keliáutojas (v)	[kʲɛ'lʲæʊto:jɛs]
homossexual (m)	homoseklualìstas (v)	[ɣomosʲɛklʊa'lʲɪstas]
hacker (m)	programìšius (v)	[progra'mʲɪʃʊs]
hippie (m, f)	hìpis (v)	['ɣʲɪpʲɪs]
bandido (m)	bandìtas (v)	[ban'dʲɪtas]
assassino (m)	samdomas žudìkas (v)	['samdomas ʒʊ'dʲɪkas]
drogado (m)	narkomãnas (v)	[narko'ma:nas]
traficante (m)	narkotikų prekeĩvis (v)	[nar'kotʲɪku: prʲɛ'kʲɛɪvʲɪs]
prostituta (f)	prostitutė (m)	[prostʲɪ'tʊtʲe:]
cafetão (m)	sutèneris (v)	[sʊ'tʲɛnʲɛrʲɪs]
bruxo (m)	burtininkas (v)	['bʊrtʲɪnʲɪŋkas]
bruxa (f)	burtininkė (m)	['bʊrtʲɪnʲɪŋkʲe:]
pirata (m)	pirãtas (v)	[pʲɪ'ra:tas]
escravo (m)	vérgas (v)	['vʲɛrgas]
samurai (m)	samurãjus (v)	[samʊ'ra:jʊs]
selvagem (m)	laukìnis žmogùs (v)	[lʲaʊ'kʲɪnʲɪs ʒmɔ'gʊs]

Desportos

113. Tipos de desportos. Desportistas

esportista (m)	sportininkas (v)	['sport'ɪn'ɪŋkas]
tipo (m) de esporte	sporto šaka (m)	['sportɔ ʃa'ka]
basquete (m)	krepšinis (v)	[kr'ɛp'ʃɪn'ɪs]
jogador (m) de basquete	krepšininkas (v)	['kr'æpʃɪn'ɪŋkas]
beisebol (m)	beisbolas (v)	['b'ɛɪsbol'as]
jogador (m) de beisebol	beisbolininkas (v)	['b'ɛɪsbol'ɪn'ɪŋkas]
futebol (m)	futbolas (v)	['futbol'as]
jogador (m) de futebol	futbolininkas (v)	['futbol'ɪn'ɪŋkas]
goleiro (m)	vartininkas (v)	['vart'ɪn'ɪŋkas]
hóquei (m)	ledo ritulys (v)	['l'ædɔ r'ɪtʊ'l'i:s]
jogador (m) de hóquei	ledo ritulininkas (v)	['l'ædɔ 'r'ɪtʊl'ɪn'ɪŋkas]
vôlei (m)	tinklinis (v)	[t'ɪŋk'l'ɪn'ɪs]
jogador (m) de vôlei	tinklininkas (v)	['t'ɪŋkl'ɪn'ɪŋkas]
boxe (m)	boksas (v)	['boksas]
boxeador (m)	boksininkas (v)	['boks'ɪn'ɪŋkas]
luta (f)	imtynes (m dgs)	[ɪm't'i:n'e:s]
lutador (m)	imtynininkas (v)	[ɪm't'i:n'ɪn'ɪŋkas]
caratê (m)	karate (m)	[kara't'e:]
carateca (m)	karatistas (v)	[kara't'ɪstas]
judô (m)	dziudo (v)	[dz'ʊ'do]
judoca (m)	dziudo imtynininkas (v)	[dz'ʊ'dɔ ɪm't'i:n'ɪn'ɪŋkas]
tênis (m)	tenisas (v)	['t'ɛn'ɪsas]
tenista (m)	tenisininkas (v)	['t'ɛn'ɪs'ɪn'ɪŋkas]
natação (f)	plaukimas (v)	[pl'ɑʊ'k'ɪmas]
nadador (m)	plaukikas (v)	[pl'ɑʊ'k'ɪkas]
esgrima (f)	fechtavimas (v)	[f'ɛx'ta:v'ɪmas]
esgrimista (m)	fechtuotojas (v)	[f'ɛx'tʊɑtoːjɛs]
xadrez (m)	šachmatai (v dgs)	[ʃax'ma:tʌɪ]
jogador (m) de xadrez	šachmatininkas (v)	[ʃax'ma:t'ɪn'ɪŋkas]
alpinismo (m)	alpinizmas (v)	[al'p'ɪ'n'ɪzmas]
alpinista (m)	alpinistas (v)	[al'p'ɪ'n'ɪstas]
corrida (f)	begimas (v)	[b'e:'g'ɪmas]

corredor (m)	bėgìkas (v)	[bʲeːˈgʲɪkas]
atletismo (m)	lengvój̇i atlètika (m)	[lʲɛngˈvoːjɪ atʲˈlʲɛtʲɪka]
atleta (m)	atlètas (v)	[atʲˈlʲɛtas]

| hipismo (m) | jojìmo spòrtas (v) | [jɔˈjɪmɔ ˈsportas] |
| cavaleiro (m) | jojìkas (v) | [jɔˈjɪkas] |

patinação (f) artística	dailùsio čiuožìmas (v)	[dʌɪˈlʲusʲɪs tʂʲuoˈʒʲɪmas]
patinador (m)	figūrininkas (v)	[fʲɪˈguːrʲɪnʲɪŋkas]
patinadora (f)	figūrininkė (m)	[fʲɪˈguːrʲɪnʲɪŋkʲeː]

halterofilismo (m)	sunkiój̇i atlètika (m)	[suŋˈkʲoːjɪ atʲˈlʲɛtʲɪka]
corrida (f) de carros	automobìlių lenktỹnės (m dgs)	[ɑutomoˈbʲɪlʲuː lʲɛŋˈktʲiːnʲeːs]
piloto (m)	lenktỹnininkas (v)	[lʲɛŋkˈtʲiːnʲɪnʲɪŋkas]

| ciclismo (m) | dvìračių spòrtas (v) | [ˈdvʲɪratʂʲu ˈsportas] |
| ciclista (m) | dvìratininkas (v) | [ˈdvʲɪratʲɪnʲɪŋkas] |

salto (m) em distância	šúoliai (v) į̇ tõli	[ˈʃuɑlʲɛɪ iː ˈtoːlʲɪ]
salto (m) com vara	šúoliai (v dgs) sù kártimi	[ˈʃuɑlʲɛɪ ˈsu ˈkartʲɪmʲɪ]
atleta (m) de saltos	šúolininkas (v)	[ˈʃuɑlʲɪnʲɪŋkas]

114. Tipos de desportos. Diversos

futebol (m) americano	amerikiėtiškas fùtbolas (v)	[amʲɛrʲɪˈkʲɛtʲɪʃkas ˈfutbolʲas]
badminton (m)	bãdmintonas (v)	[ˈbaːdmʲɪntonas]
biatlo (m)	biatlònas (v)	[bʲɪjatʲˈlʲonas]
bilhar (m)	biliárdas (v)	[bʲɪlʲɪˈrʲjardas]

bobsled (m)	bòbslėjus (v)	[ˈbobslʲeːjus]
musculação (f)	kultūrizmas (v)	[kulʲtuːˈrʲɪzmas]
polo (m) aquático	vandénsvydis (v)	[vanˈdʲɛnsvʲiːdʲɪs]
handebol (m)	rañkinis (v)	[ˈraŋkʲɪnʲɪs]
golfe (m)	gòlfas (v)	[ˈgolʲfas]

remo (m)	irklãvimas (v)	[ɪrˈklʲaːvʲɪmas]
mergulho (m)	nárdymas (v)	[ˈnardʲɪmas]
corrida (f) de esqui	slìdininkų lenktỹnės (m dgs)	[ˈslʲɪdʲɪnʲɪŋku lʲɛŋˈktʲiːnʲeːs]
tênis (m) de mesa	stãlo tènisas (v)	[ˈstaːlʲɔ ˈtʲɛnʲɪsas]

vela (f)	buriãvimas (v)	[buˈrʲæːvʲɪmas]
rali (m)	rãlis (v)	[ˈraːlʲɪs]
rúgbi (m)	règbis (v)	[ˈrʲɛgbʲɪs]
snowboard (m)	sniėglenčių spòrtas (v)	[ˈsnʲɪɛglʲɛntʂʲu ˈsportas]
arco-e-flecha (m)	šáudymas ìš lañko (v)	[ˈʃɑudʲɪmas ɪʃ ˈlʲaŋkɔ]

115. Ginásio

barra (f)	štánga (m)	[ˈʃtanga]
halteres (m pl)	svarmenys (v dgs)	[ˈsvaːrmʲɛnʲiːs]
aparelho (m) de musculação	treniruõklis (v)	[trʲɛnʲɪˈrʲuɑklʲɪs]
bicicleta (f) ergométrica	dviratinis treniruõklis (v)	[dvʲɪraˈtʲɪnʲɪs trʲɛnʲɪˈrʲuɑklʲɪs]

esteira (f) de corrida	bėgìmo takẽlis (v)	[bʲeːgʲɪmɔ taˈkʲælʲɪs]
barra (f) fixa	skersìnis (v)	[skʲɛrˈsʲɪnʲɪs]
barras (f pl) paralelas	lygiãgretės (m dgs)	[lʲiˈgʲægrʲɛtʲeːs]
cavalo (m)	arklỹs (v)	[arkˈlʲiːs]
tapete (m) de ginástica	paklõtas (v)	[pakˈlʲoːtas]

corda (f) de saltar	šokỹklė (m)	[ʃoˈkʲiːklʲeː]
aeróbica (f)	aeròbika (m)	[aɛˈrobʲɪka]
ioga, yoga (f)	jogà (m)	[jɔˈga]

116. Desportos. Diversos

Jogos (m pl) Olímpicos	Olìmpinės žaidỹnės (m dgs)	[oˈlʲɪmpʲɪnʲeːs ʒʌɪˈdʲiːnʲeːs]
vencedor (m)	nugalétojas (v)	[nʊgaˈlʲeːtoːjɛs]
vencer (vi)	nugaléti	[nʊgaˈlʲeːtʲɪ]
vencer (vi, vt)	laiméti	[lʲʌɪˈmʲeːtʲɪ]

| líder (m) | lýderis (v) | [ˈlʲiːdʲɛrʲɪs] |
| liderar (vt) | bũti lýderiu | [ˈbuːtʲɪ ˈlʲiːdʲɛrʲʊ] |

primeiro lugar (m)	pirmóji vietà (m)	[pʲɪrˈmoːjɪ vʲiɛˈta]
segundo lugar (m)	antróji vietà (m)	[anˈtroːjɪ vʲiɛˈta]
terceiro lugar (m)	trečióji vietà (m)	[trʲɛˈtʃʲoːjɪ vʲiɛˈta]

medalha (f)	medãlis (v)	[mʲɛˈdaːlʲɪs]
troféu (m)	trofėjus (v)	[troˈfʲeːjʊs]
taça (f)	taurė̃ (m)	[tɑʊˈrʲeː]
prêmio (m)	prìzas (v)	[ˈprʲɪzas]
prêmio (m) principal	pagrindìnis prìzas (v)	[pagrʲɪnˈdʲɪnʲɪs ˈprʲɪzas]

| recorde (m) | rekòrdas (v) | [rʲɛˈkordas] |
| estabelecer um recorde | pasìekti rekòrdą | [paˈsʲiɛktʲɪ rʲɛˈkorda:] |

| final (m) | finãlas (v) | [fʲɪˈnaːlʲas] |
| final (adj) | finãlinis | [fʲɪˈnaːlʲɪnʲɪs] |

| campeão (m) | čempiònas (v) | [tʃʲɛmˈpʲɪjonas] |
| campeonato (m) | čempionãtas (v) | [tʃʲɛmpʲɪjoˈnaːtas] |

estádio (m)	stadiònas (v)	[stadʲɪˈonas]
arquibancadas (f pl)	tribūnà (m)	[trʲɪbuːˈna]
fã, torcedor (m)	sirgãlius (v)	[sʲɪrˈgaːlʲʊs]
adversário (m)	varžõvas (v)	[varˈʒoːvas]

| partida (f) | stártas (v) | [ˈstartas] |
| linha (f) de chegada | fìnišas (v) | [ˈfʲɪnʲɪʃas] |

| derrota (f) | pralaiméjimas (v) | [pralʲʌɪˈmʲɛjɪmas] |
| perder (vt) | pralaiméti | [pralʲʌɪˈmʲeːtʲɪ] |

árbitro, juiz (m)	teiséjas (v)	[tʲɛɪˈsʲeːjas]
júri (m)	žiurì (v)	[ʒʲʊˈrʲɪ]
resultado (m)	rezultãtas (v)	[rʲɛzʊlʲˈtaːtas]
empate (m)	lýgiosios (m dgs)	[ˈlʲiːgʲosʲos]

empatar (vi)	sužaĩsti lygiomìs	[sʊ'ʒʌɪstʲɪ lʲi:gʲo'mʲɪs]
ponto (m)	tãškas (v)	['ta:ʃkas]
resultado (m) final	rezultãtas (v)	[rʲɛzʊlʲ'ta:tas]

| tempo (m) | kėlinỹs (v) | [kʲe:lʲɪ'nʲi:s] |
| intervalo (m) | pértrauka (m) | ['pʲɛrtraʊka] |

doping (m)	dòpingas (v)	['dopʲɪngas]
penalizar (vt)	skìrti baũdą	['skʲɪrtʲɪ 'baʊda:]
desqualificar (vt)	diskvalifikúoti	[dʲɪskvalʲɪfʲɪ'kʊatʲɪ]

aparelho, aparato (m)	príetaisas (v)	['prʲiɛtʌɪsas]
dardo (m)	íetis (m)	['rʲɛtʲɪs]
peso (m)	rutulỹs (v)	[rʊtʊ'lʲi:s]
bola (f)	kamuolỹs (v)	[kamʊɑ'lʲi:s]

alvo, objetivo (m)	taikinỹs (v)	[tʌɪkʲɪ'nʲi:s]
alvo (~ de papel)	taikinỹs (v)	[tʌɪkʲɪ'nʲi:s]
disparar, atirar (vi)	šáuti	['ʃaʊtʲɪ]
preciso (tiro ~)	tikslùs	[tʲɪks'lʲʊs]

treinador (m)	trèneris (v)	['trʲɛnʲɛrʲɪs]
treinar (vt)	trenirúoti	[trʲɛnʲɪ'rʊatʲɪ]
treinar-se (vr)	trenirúotis	[trʲɛnʲɪ'rʊatʲɪs]
treino (m)	treniruõtė (m)	[trenʲɪ'rʊatʲe:]

academia (f) de ginástica	spòrto sãlė (m)	['sportɔ sa:'lʲe:]
exercício (m)	pratìmas (v)	[pra'tʲɪmas]
aquecimento (m)	pramankštà (m)	[pramaŋkʃ'ta]

Educação

117. Escola

escola (f)	mokyklà (m)	[mokʲi:k'lʲa]
diretor (m) de escola	mokỹklos dirèktorius (v)	[mo'kʲi:klʲos dʲɪ'rʲɛktorʲʊs]

aluno (m)	mokinỹs (v)	[mokʲɪ'nʲi:s]
aluna (f)	mokinè (m)	[mokʲɪ'nʲe:]
estudante (m)	moksleìvis (v)	[moks'lʲɛɪvʲɪs]
estudante (f)	moksleìvè (m)	[moks'lʲɛɪvʲe:]

ensinar (vt)	mókyti	['mokʲi:tʲɪ]
aprender (vt)	mókytis	['mokʲi:tʲɪs]
decorar (vt)	mókytis atmintinaì	['mokʲi:tʲɪs atmʲɪntʲɪ'nʌɪ]

estudar (vi)	mókytis	['mokʲi:tʲɪs]
estar na escola	mókytis	['mokʲi:tʲɪs]
ir à escola	eìti į̃ mokỹklą	['ɛɪtʲɪ i: mo'kʲɪ:klʲa:]

alfabeto (m)	abécélé (m)	[abʲe:'tsʲe:lʲe:]
disciplina (f)	dalỹkas (v)	[da'lʲi:kas]

sala (f) de aula	klãsé (m)	['klʲa:sʲe:]
lição, aula (f)	pamokà (m)	[pamo'ka]
recreio (m)	pértrauka (m)	['pʲɛrtrɑʊka]
toque (m)	skambùtis (v)	[skam'bʊtʲɪs]
classe (f)	súolas (v)	['sʊɑlʲas]
quadro (m) negro	lentà (m)	[lʲɛn'ta]

nota (f)	pažymỹs (v)	[paʒʲi:'mʲi:s]
boa nota (f)	gẽras pažymỹs (v)	['gʲæras paʒʲi:'mʲi:s]
nota (f) baixa	prãstas pažymỹs (v)	['pra:stas paʒʲi:'mʲi:s]
dar uma nota	rašýti pãžymį	[ra'ʃʲɪːtʲɪ 'pa:ʒʲɪːmʲɪ:]

erro (m)	klaidà (m)	[klʲʌɪ'da]
errar (vi)	darýti klaidàs	[da'rʲi:tʲɪ klʲʌɪ'das]
corrigir (~ um erro)	taisýti	[tʌɪ'sʲi:tʲɪ]
cola (f)	paruoštùkas (v)	[parʊɑ'ʃtʊkas]

dever (m) de casa	namų̃ dárbas (v)	[na'mu: 'darbas]
exercício (m)	pratìmas (v)	[pra'tʲɪmas]

estar presente	bū́ti	['bu:tʲɪ]
estar ausente	nebū́ti	[nʲɛ'bu:tʲɪ]
faltar às aulas	praléisti pãmokas	[pra'lʲɛɪstʲɪ 'pa:mokas]

punir (vt)	baũsti	['bɑʊstʲɪ]
punição (f)	bausmė̃ (m)	[bɑʊs'mʲe:]
comportamento (m)	elgesỹs (v)	[ɛlʲgʲɛ'sʲi:s]

boletim (m) escolar	dienýnas (v)	[dʲiɛ'nʲiːnas]
lápis (m)	pieštùkas (v)	[pʲiɛʃ'tʊkas]
borracha (f)	trintùkas (v)	[trʲɪn'tʊkas]
giz (m)	kreidà (m)	[krʲɛɪda]
porta-lápis (m)	penãlas (v)	[pʲɛ'nalʲas]
mala, pasta, mochila (f)	pòrtfelis (v)	['portfʲɛlʲɪs]
caneta (f)	tušinùkas (v)	[tʊʃɪ'nʊkas]
caderno (m)	sąsiuvinis (v)	['sa:sʲʊvʲɪnʲɪs]
livro (m) didático	vadovėlis (v)	[vado'vʲe:lʲɪs]
compasso (m)	skriestùvas (v)	[skrʲiɛ'stʊvas]
traçar (vt)	braižýti	[brʌɪ'ʒʲiːtʲɪ]
desenho (m) técnico	brėžinýs (v)	[brʲe:ʒʲɪ'nʲiːs]
poesia (f)	eilėraštis (v)	[ɛɪ'lʲe:raʃtʲɪs]
de cor	atmintinaĩ	[atmʲɪntʲɪ'nʌɪ]
decorar (vt)	mókytis atmintinaĩ	['mokʲi:tʲɪs atmʲɪntʲɪ'nʌɪ]
férias (f pl)	atóstogos (m dgs)	[a'tostogos]
estar de férias	atostogáuti	[atosto'gɑʊtʲɪ]
passar as férias	praléisti atóstogas	[pra'lʲɛɪstʲɪ a'tostogas]
teste (m), prova (f)	kontròlinis dárbas (v)	[kɔn'trolʲɪnʲɪs 'darbas]
redação (f)	rašinýs (v)	[raʃɪ'nʲiːs]
ditado (m)	diktántas (v)	[dʲɪk'tantas]
exame (m), prova (f)	egzãminas (v)	[ɛg'za:mʲɪnas]
fazer prova	laikýti egzãminus	[lʲʌɪ'kʲiːtʲɪ ɛg'za:mʲɪnʊs]
experiência (~ química)	bañdymas (v)	['bandʲiːmas]

118. Colégio. Universidade

academia (f)	akadèmija (m)	[aka'dʲɛmʲɪjɛ]
universidade (f)	universitètas (v)	[ʊnʲɪvʲɛrsʲɪ'tʲɛtas]
faculdade (f)	fakultètas (v)	[fakʊlʲ'tʲɛtas]
estudante (m)	studeñtas (v)	[stʊ'dʲɛntas]
estudante (f)	studeñtė (m)	[stʊ'dentʲe:]
professor (m)	dėstytojas (v)	['dʲe:stʲiːto:jɛs]
auditório (m)	auditòrija (m)	[ɑʊdʲɪ'torʲɪjɛ]
graduado (m)	absolveñtas (v)	[absolʲ'vʲɛntas]
diploma (m)	diplòmas (v)	[dʲɪp'lʲomas]
tese (f)	disertãcija (m)	[dʲɪsʲɛr'ta:tsʲɪjɛ]
estudo (obra)	tyrinéjimas (v)	[tʲi:rʲɪ'nʲɛjɪmas]
laboratório (m)	laboratòrija (m)	[lʲabora'torʲɪjɛ]
palestra (f)	paskaità (m)	[paskʌɪ'ta]
colega (m) de curso	bendrakursis (v)	[bʲɛndra'kʊrsʲɪs]
bolsa (f) de estudos	stipeñdija (m)	[stʲɪ'pʲɛndʲɪjɛ]
grau (m) acadêmico	mókslinis láipsnis (v)	['mokslʲɪnʲɪs 'lʌɪpsnʲɪs]

119. Ciências. Disciplinas

matemática (f)	**matemãtika** (m)	[matˈɛ'maːtʲɪka]
álgebra (f)	**álgebra** (m)	['alʲgʲɛbra]
geometria (f)	**geomètrija** (m)	[gʲɛo'mʲɛtrʲɪjɛ]
astronomia (f)	**astronòmija** (m)	[astro'nomʲɪjɛ]
biologia (f)	**biològija** (m)	[bʲɪjo'lʲogʲɪjɛ]
geografia (f)	**geogrãfija** (m)	[gʲɛo'graːfʲɪjɛ]
geologia (f)	**geològija** (m)	[gʲɛo'lʲogʲɪjɛ]
história (f)	**istòrija** (m)	[ɪs'torʲɪjɛ]
medicina (f)	**medicinà** (m)	[mʲɛdʲɪtsʲɪ'na]
pedagogia (f)	**pedagògika** (m)	[pʲɛda'gogʲɪka]
direito (m)	**tèisè** (m)	['tʲɛisʲe:]
física (f)	**fìzika** (m)	['fʲɪzʲɪka]
química (f)	**chèmija** (m)	['xʲɛmʲɪjɛ]
filosofia (f)	**filosòfija** (m)	[fʲɪlʲo'sofʲɪjɛ]
psicologia (f)	**psichològija** (m)	[psʲɪxo'lʲogʲɪjɛ]

120. Sistema de escrita. Ortografia

gramática (f)	**gramãtika** (m)	[gra'maːtʲɪka]
vocabulário (m)	**lèksika** (m)	['lʲɛksʲɪka]
fonética (f)	**fonètika** (m)	[fo'nʲɛtʲɪka]
substantivo (m)	**daiktãvardis** (v)	[dʌɪk'taːvardʲɪs]
adjetivo (m)	**bũdvardis** (v)	['bu:dvardʲɪs]
verbo (m)	**veiksmãžodis** (v)	[vʲɛɪks'ma:ʒodʲɪs]
advérbio (m)	**príeveiksmis** (v)	['prʲɪevʲɛɪksmʲɪs]
pronome (m)	**ívardis** (v)	['i:vardʲɪs]
interjeição (f)	**jaustùkas** (v)	[jɛʊs'tʊkas]
preposição (f)	**príelinksnis** (v)	['prʲɪelʲɪŋksnʲɪs]
raiz (f)	**žõdžio šaknìs** (m)	['ʒo:dʒʲɔ ʃak'nʲɪs]
terminação (f)	**galũnè** (m)	[ga'lʲu:nʲe:]
prefixo (m)	**príešdèlis** (v)	['prʲɪɛʃdʲe:lʲɪs]
sílaba (f)	**skiemuõ** (v)	[skʲɪɛ'mʊɑ]
sufixo (m)	**príesaga** (m)	['prʲɪɛsaga]
acento (m)	**kírtis** (m)	['kʲɪrtʲɪs]
apóstrofo (f)	**apostrófas** (v)	[apos'trofas]
ponto (m)	**tãškas** (v)	['ta:ʃkas]
vírgula (f)	**kablēlis** (v)	[kab'lʲælʲɪs]
ponto e vírgula (m)	**kabliãtaškis** (v)	[kab'lʲætaʃkʲɪs]
dois pontos (m pl)	**dvìtaškis** (v)	['dvʲɪtaʃkʲɪs]
reticências (f pl)	**daũgtaškis** (v)	['dɑʊktaʃkʲɪs]
ponto (m) de interrogação	**klaustùkas** (v)	[klʲɑʊ'stukas]
ponto (m) de exclamação	**šauktùkas** (v)	[ʃɑʊk'tʊkas]

aspas (f pl)	kabùtès (m dgs)	[ka'butʲe:s]
entre aspas	kabùtèse	[ka'butʲe:se]
parênteses (m pl)	skliaustèliai (v dgs)	[sklʲɛu'stʲælʲɛɪ]
entre parênteses	skliaustèliuose	[sklʲɛu'stʲælʲuosʲɛ]
hífen (m)	defìsas (v)	[dʲɛ'fʲɪsas]
travessão (m)	brūkšnỹs (v)	[bru:kʃnʲi:s]
espaço (m)	tárpas (v)	['tarpas]
letra (f)	raìdè (m)	['rʌɪdʲe:]
letra (f) maiúscula	didžióji raìdè (m)	[dʲɪ'dʒʲo:jɪ 'rʌɪdʲe:]
vogal (f)	balsis (v)	['balʲsʲɪs]
consoante (f)	príebalsis (v)	['prʲiɛbalʲsʲɪs]
frase (f)	sakinỹs (v)	[sakʲɪ'nʲi:s]
sujeito (m)	veiksnỹs (v)	[vʲɛɪks'nʲi:s]
predicado (m)	tarinỹs (v)	[tarʲɪ'nʲi:s]
linha (f)	eilùtè (m)	[ɛɪ'lʲutʲe:]
em uma nova linha	ìš naujõs eilùtès	[ɪʃ 'nɑujɔ:s ɛɪ'lʲutʲe:s]
parágrafo (m)	pastráipa (m)	[past'rʌɪpa]
palavra (f)	žõdis (v)	['ʒo:dʲɪs]
grupo (m) de palavras	žõdžių junginỹs (v)	['ʒo:dʒʲu: juŋgʲɪ'nʲi:s]
expressão (f)	išsireiškimas (v)	[ɪʃsʲɪrʲɛɪʃkʲɪmas]
sinônimo (m)	sinonìmas (v)	[sʲɪno'nʲɪmas]
antônimo (m)	antonìmas (v)	[anto'nʲɪmas]
regra (f)	taisỹklè (m)	[tʌɪ'sʲi:klʲe:]
exceção (f)	išimtìs (m)	[ɪʃɪm'tʲɪs]
correto (adj)	teisìngas	[tʲɛɪ'sʲɪngas]
conjugação (f)	asmenuõtè (m)	[asme'nuatʲe:]
declinação (f)	linksniuõtè (m)	[lʲɪŋks'nʲuo:tʲe:]
caso (m)	liñksnis (v)	['lʲɪŋksnʲɪs]
pergunta (f)	kláusimas (v)	['klʲɑusʲɪmas]
sublinhar (vt)	pabraũkti	[pa'brɑuktʲɪ]
linha (f) pontilhada	punktỹras (v)	[puŋk'tʲi:ras]

121. Línguas estrangeiras

língua (f)	kalbà (m)	[kalʲba]
estrangeiro (adj)	ùžsienio	['uʒsʲiɛnʲɔ]
língua (f) estrangeira	ùžsienio kalbà (m)	['uʒsʲiɛnʲɔ kalʲba]
estudar (vt)	studijúoti	[studʲɪ'juatʲɪ]
aprender (vt)	mókytis	['mokʲi:tʲɪs]
ler (vt)	skaitýti	[skʌɪ'tʲi:tʲɪ]
falar (vi)	kalbéti	[kalʲ'bʲe:tʲɪ]
entender (vt)	supràsti	[sup'rastʲɪ]
escrever (vt)	rašýti	[ra'ʃɪ:tʲɪ]
rapidamente	greĩtai	['grʲɛɪtʌɪ]
devagar, lentamente	lètaĩ	[lʲe:'tʌɪ]

fluentemente	laisvai	[lʲʌɪs'vʌɪ]
regras (f pl)	taisỹklės (m dgs)	[tʌɪ'sʲiːklʲeːs]
gramática (f)	gramãtika (m)	[gra'maːtʲɪka]
vocabulário (m)	leksika (m)	['lʲɛksʲɪka]
fonética (f)	fonėtika (m)	[fo'nʲɛtʲɪka]

livro (m) didático	vadovėlis (v)	[vado'vʲeːlʲɪs]
dicionário (m)	žodýnas (v)	[ʒo'dʲiːnas]
manual (m) autodidático	savìmokos vadovėlis (v)	[sa'vʲɪmokos vado'vʲeːlʲɪs]
guia (m) de conversação	pasikalbėjimų knygėlė (m)	[pasʲɪkalʲ'bʲɛjɪmu: knʲiː'gʲælʲeː]

fita (f) cassete	kasetė (m)	[ka'sʲɛtʲeː]
videoteipe (m)	vaizdãjuostė (m)	[vʌɪz'daːjuɑstʲeː]
CD (m)	kompãktinis dìskas (v)	[kɔm'paːktʲɪnʲɪs 'dʲɪskas]
DVD (m)	DVD diskàs (v)	[dʲɪvʲɪ'dʲɪ dʲɪs'kas]

alfabeto (m)	abėcėlė (m)	[abʲeː'tsʲeːlʲeː]
soletrar (vt)	sakýti paraidžiuì	[sa'kʲiːtʲɪ parʌɪ'dʒʲʊɪ]
pronúncia (f)	tarìmas (v)	[ta'rʲɪmas]

sotaque (m)	akcentas (v)	[ak'tsʲɛntas]
com sotaque	sù akcentù	['sʊ aktsʲɛn'tʊ]
sem sotaque	bè akcentò	['bʲɛ ak'tsʲɛntɔ]

palavra (f)	žõdis (v)	['ʒoːdʲɪs]
sentido (m)	prasmė̃ (m)	[pras'mʲeː]

curso (m)	kùrsai (v dgs)	['kʊrsʌɪ]
inscrever-se (vr)	užsirašýti	[ʊʒsʲɪra'ʃʲiːtʲɪ]
professor (m)	dėstytojas (v)	['dʲeːstʲiːtoːjɛs]

tradução (processo)	vertìmas (v)	[vʲɛr'tʲɪmas]
tradução (texto)	vertìmas (v)	[vʲɛr'tʲɪmas]
tradutor (m)	vertėjas (v)	[vʲɛr'tʲeːjas]
intérprete (m)	vertėjas (v)	[vʲɛr'tʲeːjas]

poliglota (m)	poliglotas (v)	[polʲɪ'glotas]
memória (f)	atmintìs (m)	[atmʲɪn'tʲɪs]

122. Personagens de contos de fadas

Papai Noel (m)	Kalėdų Sẽnis (v)	[ka'lʲeːdu: 'senʲɪs]
Cinderela (f)	Pelenė (m)	[pʲɛ'lʲænʲeː]
sereia (f)	undìnė (m)	[ʊn'dʲɪnʲeː]
Netuno (m)	Neptũnas (v)	[nʲɛp'tuːnas]

bruxo, feiticeiro (m)	bùrtininkas (v)	['bʊrtʲɪnʲɪŋkas]
fada (f)	bùrtininkė (v)	['bʊrtʲɪnʲɪŋkʲeː]
mágico (adj)	stebuklìngas	[stʲɛbʊk'lʲɪŋgas]
varinha (f) mágica	bùrtų lazdėlė (m)	['bʊrtu: laz'dʲælʲeː]

conto (m) de fadas	pãsaka (m)	['paːsaka]
milagre (m)	stebùklas (v)	[stʲɛ'bʊklʲas]
anão (m)	gnòmas (v)	['gnomas]

transformar-se em ...	pavírsti į̃ ...	[pa'vʲɪrstʲɪ iː ..]
fantasma (m)	šmékla (m)	['ʃmʲe:klʲa]
fantasma (m)	vaiduõklis (v)	[vʌɪ'dʊɑklʲɪs]
monstro (m)	pabaĩsa (m)	[pa'bʌɪsa]
dragão (m)	drakònas (v)	[dra'konas]
gigante (m)	mílžinas (v)	['mʲɪlʲʒʲɪnas]

123. Signos do Zodíaco

Áries (f)	ãvinas (v)	['a:vʲɪnas]
Touro (m)	Jáutis (v)	['jɑʊtʲɪs]
Gêmeos (m pl)	Dvyniaĩ (v dgs)	[dvʲi:'nʲɛɪ]
Câncer (m)	Vėžỹs (v)	[vʲe:'ʒʲi:s]
Leão (m)	Liũtas (v)	['lʲu:tas]
Virgem (f)	Mergėlė (m)	[mʲɛr'gʲælʲe:]

Libra (f)	Svarstỹklės (m dgs)	[svar'stʲi:klʲe:s]
Escorpião (m)	Skorpiònas (v)	[skorpʲɪ'ɔnas]
Sagitário (m)	Šaulỹs (v)	[ʃɑʊ'lʲi:s]
Capricórnio (m)	Ožiarãgis (v)	[oʒʲæ'ra:gʲɪs]
Aquário (m)	Vandẽnis (v)	[van'dʲænʲɪs]
Peixes (pl)	Žùvys (m dgs)	['ʒʊvʲi:s]

caráter (m)	charãkteris (v)	[xa'ra:ktʲɛrʲɪs]
traços (m pl) do caráter	charãkterio brúožai (v dgs)	[xa'ra:ktʲɛrʲɔ 'brʊɑʒʌɪ]
comportamento (m)	elgesỹs (v)	[ɛlʲgʲɛ'sʲi:s]
prever a sorte	bùrti	['bʊrtʲɪ]
adivinha (f)	burėja (m)	[bʊ'rʲe:ja]
horóscopo (m)	horoskòpas (v)	[ɣoro'skopas]

Artes

124. Teatro

teatro (m)	teãtras (v)	[tʲɛ'a:tras]
ópera (f)	òpera (m)	['opʲɛra]
opereta (f)	operètė (m)	[opʲɛ'rʲɛtʲe:]
balé (m)	balètas (v)	[ba'lʲɛtas]

cartaz (m)	afišà (m)	[afʲɪ'ʃa]
companhia (f) de teatro	trùpė (m)	['trʊpʲe:]
turnê (f)	gastròlės (m dgs)	[gas'trolʲe:s]
estar em turnê	gastroliùoti	[gastro'lʲʊatʲɪ]
ensaiar (vt)	repetúoti	[rʲɛpʲɛ'tʊatʲɪ]
ensaio (m)	repetìcija (m)	[rʲɛpʲɛ'tʲɪtsʲɪjɛ]
repertório (m)	repertuãras (v)	[rʲɛpʲɛrtʊ'a:ras]

apresentação (f)	vaidìnimas (v)	[vʌɪ'dʲɪnʲɪmas]
espetáculo (m)	spektãklis (v)	[spʲɛk'ta:klʲɪs]
peça (f)	pjèsė (m)	['pjæsʲe:]

entrada (m)	bìlietas (v)	['bʲɪlʲiɛtas]
bilheteira (f)	bìlietų kasà (m)	['bʲɪlʲiɛtu: ka'sa]
hall (m)	hòlas (v)	['ɣolʲas]
vestiário (m)	rùbinė (m)	['ru:bʲɪnʲe:]
senha (f) numerada	numeriùkas (v)	[nʊmʲɛ'rʲʊkas]
binóculo (m)	žiūrõnas (v)	[ʒʲu:'ro:nas]
lanterninha (m)	kontroliẽrius (v)	[kontro'lʲɛrʲʊs]

plateia (f)	pàrteris (v)	['partʲɛrʲɪs]
balcão (m)	balkònas (v)	[balʲ'ʲkonas]
primeiro balcão (m)	beletãžas (v)	[bʲɛlʲɛ'ta:ʒas]
camarote (m)	lòžė (m)	['lʲoʒʲe:]
fila (f)	eilẽ (v)	[ɛɪ'lʲe:]
assento (m)	vietà (m)	[vʲiɛ'ta]

público (m)	pùblika (m)	['pʊblʲɪka]
espectador (m)	žiūrõvas (v)	[ʒʲu:'ro:vas]
aplaudir (vt)	plõti	['plʲo:tʲɪ]
aplauso (m)	plojìmai (v dgs)	[plʲo'jɪmʌɪ]
ovação (f)	ovãcijos (m dgs)	[o'va:tsʲɪjɔs]

palco (m)	scenà (m)	[stsʲɛ'na]
cortina (f)	ùždanga (m)	['ʊʒdanga]
cenário (m)	dekorãcija (m)	[dʲɛko'ra:tsʲɪjɛ]
bastidores (m pl)	kulìsai (v dgs)	[kʊ'lʲɪsʌɪ]

cena (f)	scenà (m)	[stsʲɛ'na]
ato (m)	ãktas (v), veĩksmas (v)	['a:ktas], ['vʲɛɪksmas]
intervalo (m)	antrãktas (v)	[an'tra:ktas]

125. Cinema

ator (m)	áktorius (v)	['a:ktorʲʊs]
atriz (f)	áktorė (m)	['a:ktorʲe:]
cinema (m)	kìnas (v)	['kʲɪnas]
episódio (m)	sèrija (m)	['sʲɛrʲıjɛ]
filme (m) policial	detektỹvas (v)	[dʲɛtʲɛk'tʲi:vas]
filme (m) de ação	veiksmo fìlmas (v)	['vʲɛɪksmɔ 'fʲɪlʲmas]
filme (m) de aventuras	núotykių fìlmas (v)	['nʊatʲi:kʲu: 'fʲɪlʲmas]
filme (m) de ficção científica	fantãstinis fìlmas (v)	[fan'ta:stʲɪnʲɪs 'fʲɪlʲmas]
filme (m) de horror	siaũbo fìlmas (v)	['sʲɛʊbɔ 'fʲɪlʲmas]
comédia (f)	kìno komèdija (m)	['kʲɪnɔ ko'mʲɛdʲɪjɛ]
melodrama (m)	melodramà (m)	[mʲɛlʲodra'ma]
drama (m)	dramà (m)	[dra'ma]
filme (m) de ficção	mẽninis fìlmas (v)	['mʲænʲɪnʲɪs 'fʲɪlʲmas]
documentário (m)	dokumeñtinis fìlmas (v)	[dokʊ'mʲɛntʲɪnʲɪs 'fʲɪlʲmas]
desenho (m) animado	animãcinis fìlmas (v)	[anʲɪ'ma:tsʲɪnʲɪs 'fʲɪlʲmas]
cinema (m) mudo	nebylùsis fìlmas (v)	[nʲɛbʲi:'lʊsʲɪs 'fʲɪlʲmas]
papel (m)	vaidmuõ (v)	[vʌɪd'mʊa]
papel (m) principal	pagrindìnis vaidmuõ (v)	[pagrʲɪn'dʲɪnʲɪs vʌɪd'mʊa]
representar (vt)	vaidìnti	[vʌɪ'dʲɪntʲɪ]
estrela (f) de cinema	kìno žvaigždė̃ (m)	['kʲɪnɔ ʒvʌɪgʒ'dʲe:]
conhecido (adj)	žìnomas	['ʒʲɪnomas]
famoso (adj)	garsùs	[gar'sʊs]
popular (adj)	populiarùs	[popʊlʲæ'rʊs]
roteiro (m)	scenãrijus (v)	[stsʲɛ'na:rʲɪjʊs]
roteirista (m)	scenarìstas (v)	[stsʲɛna'rʲɪstas]
diretor (m) de cinema	režisiẽrius (v)	[rʲɛʒʲɪ'sʲɛrʲʊs]
produtor (m)	prodiùseris (v)	[pro'dʲʊsʲɛrʲɪs]
assistente (m)	asisteñtas (v)	[asʲɪs'tʲɛntas]
diretor (m) de fotografia	operãtorius (v)	[opʲɛ'ra:torʲʊs]
dublê (m)	kaskãdininkas (v)	[kas'ka:dʲɪnʲɪŋkas]
filmar (vt)	filmúoti	[fʲɪlʲ'mʊatʲɪ]
audição (f)	bañdymai (v dgs)	['bandʲi:mʌɪ]
filmagem (f)	filmãvimas (v)	[fʲɪlʲ'ma:vʲɪmas]
equipe (f) de filmagem	filmãvimo grùpė (m)	[fʲɪlʲ'ma:vʲɪmɔ 'grʊpʲe:]
set (m) de filmagem	filmãvimo aikštẽlė (m)	[fʲɪlʲ'ma:vʲɪmɔ ʌɪkʃ'tʲælʲe:]
câmera (f)	filmãvimo kãmera (m)	[fʲɪlʲ'ma:vʲɪmɔ 'ka:mʲɛra]
cinema (m)	kìno teãtras (v)	['kʲɪnɔ tʲɛ'a:tras]
tela (f)	ekrãnas (v)	[ɛk'ra:nas]
exibir um filme	ródyti fìlmą	['rodʲi:tʲɪ fʲɪlʲma:]
trilha (f) sonora	garso takẽlis (v)	['garsɔ ta'kʲælʲɪs]
efeitos (m pl) especiais	specialiéji efèktai (v dgs)	[spʲɛtsʲɪjɑ'lʲiɛjɪ ɛ'fʲɛktʌɪ]
legendas (f pl)	subtìtrai (v dgs)	[sʊp'tʲɪtrʌɪ]
crédito (m)	tìtrai (v)	['tʲɪtrʌɪ]
tradução (f)	vertìmas (v)	[vʲɛr'tʲɪmas]

126. Pintura

arte (f)	mēnas (v)	['mʲænas]
belas-artes (f pl)	dailíeji menaĩ (v dgs)	[dʌɪ'lʲiɛjɪ mʲɛ'nʌɪ]
galeria (f) de arte	galèrija (m)	[ga'lʲɛrʲɪjɛ]
exibição (f) de arte	pavéikslų parodà (m)	[pa'vʲɛɪkslʲu: paro'da]
pintura (f)	tapýba (m)	[ta'pʲi:ba]
arte (f) gráfica	grãfika (m)	['gra:fʲɪka]
arte (f) abstrata	abstrakcionĩzmas (v)	[abstraktsʲɪjo'nʲɪzmas]
impressionismo (m)	impresionĩzmas (v)	[ɪmprʲɛsʲɪjo'nʲɪzmas]
pintura (f), quadro (m)	pavéikslas (v)	[pa'vʲɛɪkslʲas]
desenho (m)	piešinỹs (v)	[pʲiɛʃɪ'nʲi:s]
cartaz, pôster (m)	plakãtas (v)	[plʲa'ka:tas]
ilustração (f)	iliustrãcija (m)	[ɪlʲʊs'tra:tsʲɪjɛ]
miniatura (f)	miniatiũrà (m)	[mʲɪnʲɪja'tʲu:'ra]
cópia (f)	kòpija (m)	['kopʲɪjɛ]
reprodução (f)	reprodùkcija (m)	[rʲɛpro'dʊktsʲɪjɛ]
mosaico (m)	mozãika (m)	[mo'za:ika]
vitral (m)	vitrãžas (v)	[vʲɪt'ra:ʒas]
afresco (m)	freskà (m)	[frʲɛs'ka]
gravura (f)	graviũrà (m)	[gravʲu:'ra]
busto (m)	biùstas (v)	['bʲʊstas]
escultura (f)	skulptūrà (m)	[skulʲptu:'ra]
estátua (f)	statulà (m)	[statʊ'lʲa]
gesso (m)	gìpsas (v)	['gʲɪpsas]
em gesso (adj)	ìš gìpso	[ɪʃ 'gʲɪpsɔ]
retrato (m)	portrètas (v)	[por'trʲɛtas]
autorretrato (m)	autoportrètas (v)	[aʊtopor'trʲɛtas]
paisagem (f)	vietòvaizdis (v)	[vʲiɛ'tovʌɪzdʲɪs]
natureza (f) morta	natiurmòrtas (v)	[natʲʊr'mortas]
caricatura (f)	karikatūrà (m)	[karʲɪkatu:'ra]
tinta (f)	dažaĩ (v dgs)	[da'ʒʌɪ]
aquarela (f)	akvarèlė (m)	[akva'rʲɛlʲe:]
tinta (f) a óleo	alìejus (v)	[a'lʲiɛjʊs]
lápis (m)	pieštùkas (v)	[pʲiɛʃ'tʊkas]
tinta (f) nanquim	tùšas (v)	['tʊʃas]
carvão (m)	añglys (m dgs)	[aŋ'glʲi:s]
desenhar (vt)	piẽšti	['pʲɛʃtʲɪ]
pintar (vt)	piẽšti	['pʲɛʃtʲɪ]
posar (vi)	pozúoti	[po'zʊatʲɪ]
modelo (m)	pozúotojas (v)	[po'zʊato:jɛs]
modelo (f)	pozúotoja (m)	[po'zʊato:jɛ]
pintor (m)	dailininkas (v)	['dʌɪlʲɪnʲɪŋkas]
obra (f)	kūrinỹs (v)	[ku:rʲɪ'nʲi:s]
obra-prima (f)	šedèvras (v)	[ʃɛ'dʲɛvras]
estúdio (m)	dirbtùvė (m)	[dʲɪrp'tʊvʲe:]

tela (f)	dróbė (m)	['drobʲɛ:]
cavalete (m)	molbertas (v)	[molʲˈbʲɛrtas]
paleta (f)	palėtė (m)	[pa'lʲɛtʲe:]

moldura (f)	rémai (v)	['rʲe:mʌɪ]
restauração (f)	restauravimas (v)	[rʲɛstɑʊ'ra:vʲɪmas]
restaurar (vt)	restaurúoti	[rʲɛstɑʊ'rʊɑtʲɪ]

127. Literatura & Poesia

literatura (f)	literatūrà (m)	[lʲɪtʲɛratu:'ra]
autor (m)	áutorius (v)	['ɑʊtorʲʊs]
pseudônimo (m)	slapývardis (v)	[slʲa'pʲi:vardʲɪs]

livro (m)	knygà (m)	[knʲɪ:'ga]
volume (m)	tòmas (v)	['tomas]
índice (m)	turinỹs (v)	[tʊrʲɪ'nʲɪ:s]
página (f)	pùslapis (v)	['pʊslʲapʲɪs]
protagonista (m)	pagrindìnis veikéjas (v)	[pagrʲɪn'dʲɪnʲɪs vʲɛɪ'kʲe:jas]
autógrafo (m)	autogràfas (v)	[ɑʊto'gra:fas]

conto (m)	apsãkymas (v)	[ap'sa:kʲɪ:mas]
novela (f)	apýsaka (m)	[a'pʲi:saka]
romance (m)	romãnas (v)	[ro'ma:nas]
obra (f)	rãštai (v)	['ra:ʃtʌɪ]
fábula (m)	pasakéčia (m)	[pasa'kʲe:tʂʲæ]
romance (m) policial	detektỹvas (v)	[dʲɛtʲɛk'tʲi:vas]

verso (m)	eiléraštis (v)	[ɛɪ'lʲe:raʃtʲɪs]
poesia (f)	poèzija (m)	[po'ɛzʲɪjɛ]
poema (m)	poemà (m)	[polɛ'ma]
poeta (m)	poètas (v)	[po'ɛtas]

ficção (f)	beletrìstika (m)	[bʲɛlʲɛ'trʲɪstʲɪka]
ficção (f) científica	mókslinė fantãstika (m)	['mokslʲɪnʲe: fan'ta:stʲɪka]
aventuras (f pl)	núotykiai (v)	['nʊɑtʲɪ:kʲɛɪ]
literatura (f) didática	mókslinė literatūrà (m)	['mokslʲɪnʲe: lʲɪteratu:'ra]
literatura (f) infantil	vaikų̃ literatūrà (m)	[vʌɪ'ku: lʲɪtʲɛratu:'ra]

128. Circo

circo (m)	cìrkas (v)	['tsʲɪrkas]
circo (m) ambulante	kilnójamasis cìrkas (v)	[kʲɪlʲ'nojamasʲɪs 'tsʲɪrkas]
programa (m)	programà (m)	[progra'ma]
apresentação (f)	vaidìnimas (v)	[vʌɪ'dʲɪnʲɪmas]

| número (m) | nùmeris (v) | ['nʊmʲɛrʲɪs] |
| picadeiro (f) | arenà (m) | [arʲɛ'na] |

pantomima (f)	pantomimà (m)	[pantomʲɪ'ma]
palhaço (m)	klòunas (v)	['klʲoʊnas]
acrobata (m)	akrobãtas (v)	[akro'ba:tas]

acrobacia (f)	akrobãtika (m)	[akro'ba:tʲɪka]
ginasta (m)	gimnãstas (v)	[gʲɪm'na:stas]
ginástica (f)	gimnãstika (m)	[gʲɪm'na:stʲɪka]
salto (m) mortal	sálto (v)	['salʲtɔ]

homem (m) forte	atlètas (v)	[at'lʲɛtas]
domador (m)	trámdytojas (v)	['tramdʲi:to:jɛs]
cavaleiro (m) equilibrista	jojìkas (v)	[jɔ'jɪkas]
assistente (m)	asisteñtas (v)	[asʲɪs'tʲɛntas]

truque (m)	triùkas (v)	['trʲʊkas]
truque (m) de mágica	fòkusas (v)	['fokʊsas]
ilusionista (m)	fòkusininkas (v)	['fokʊsʲɪnʲɪŋkas]

malabarista (m)	žongliẽrius (v)	[ʒon'glʲɛrʲʊs]
fazer malabarismos	žonglirúoti	[ʒonglʲɪ'rʊatʲɪ]
adestrador (m)	dresúotojas (v)	[drʲɛ'sʊato:jɛs]
adestramento (m)	dresãvimas (v)	[drʲɛ'sa:vʲɪmas]
adestrar (vt)	dresúoti	[drʲɛ'sʊatʲɪ]

129. Música. Música popular

música (f)	mùzika (m)	['mʊzʲɪka]
músico (m)	muzikántas (v)	[mʊzʲɪ'kantas]
instrumento (m) musical	mùzikos instrumeñtas (v)	['mʊzʲɪkos instrʊ'mʲɛntas]
tocar ...	gróti ...	['grotʲɪ ...]

guitarra (f)	gitarà (m)	[gʲɪta'ra]
violino (m)	smuìkas (v)	['smʊɪkas]
violoncelo (m)	violončèlė (m)	[vʲɪjɔlon'tʂʲɛlʲe:]
contrabaixo (m)	kontrabõsas (v)	[kontra'bo:sas]
harpa (f)	árfa (m)	['arfa]

piano (m)	pianìnas (v)	[pʲɪja'nʲɪnas]
piano (m) de cauda	fortepijõnas (v)	[fortʲɛpʲɪ'jo:nas]
órgão (m)	vargõnai (v)	[var'go:nʌɪ]

instrumentos (m pl) de sopro	pučiamíeji (v dgs)	[pʊtʂʲæ'mʲiɛjɪ]
oboé (m)	obòjus (v)	[o'bojʊs]
saxofone (m)	saksofònas (v)	[sakso'fonas]
clarinete (m)	klarnètas (v)	[klʲar'nʲɛtas]
flauta (f)	fleità (m)	[flʲɛɪ'ta]
trompete (m)	dũdà (m)	[du:'da]

acordeão (m)	akordeònas (v)	[akordʲɛ'onas]
tambor (m)	bũgnas (v)	['bu:gnas]

dueto (m)	duètas (v)	[dʊ'lʲɛtas]
trio (m)	trìo (v)	['trʲɪo]
quarteto (m)	kvartètas (v)	[kvar'tʲɛtas]
coro (m)	chòras (v)	['xoras]
orquestra (f)	orkèstras (v)	[or'kʲɛstras]
música (f) pop	popmùzika (m)	[pop'mʊzʲɪka]
música (f) rock	ròko mùzika (m)	['rokɔ 'mʊzʲɪka]

| grupo (m) de rock | ròko grùpė (m) | ['rokɔ 'grʊpʲe:] |
| jazz (m) | džiãzas (v) | ['dʒʲæzas] |

| ídolo (m) | stãbas (v) | ['sta:bas] |
| fã, admirador (m) | gerbéjas (v) | [gʲɛrʲbʲe:jas] |

concerto (m)	koncèrtas (v)	[kɔn'tsʲɛrtas]
sinfonia (f)	simfònija (m)	[sʲɪm'fonʲɪjɛ]
composição (f)	kūrinỹs (v)	[ku:rʲɪ'nʲi:s]
compor (vt)	sukùrti	[sʊ'kʊrtʲɪ]

canto (m)	dainãvimas (v)	[dʌɪ'na:vʲɪmas]
canção (f)	dainà (m)	[dʌɪ'na]
melodia (f)	melòdija (m)	[mʲɛ'lʲodʲɪjɛ]
ritmo (m)	rìtmas (v)	['rʲɪtmas]
blues (m)	bliùzas (v)	['blʲʊzas]

notas (f pl)	nãtos (m dgs)	['na:tos]
batuta (f)	dirigeñto batutà (m)	[dʲɪrʲɪ'gʲɛntɔ batʊ'ta]
arco (m)	strỹkas (v)	['strʲi:kas]
corda (f)	stygà (m)	[stʲi:'ga]
estojo (m)	dĕklas (v)	['dʲe:klʲas]

Descanso. Entretenimento. Viagens

130. Viagens

turismo (m)	turìzmas (v)	[tʊ'rʲɪzmas]
turista (m)	turìstas (v)	[tʊ'rʲɪstas]
viagem (f)	keliõnė (m)	[kʲɛ'lʲoːnʲeː]
aventura (f)	núotykis (v)	['nʊatʲiːkʲɪs]
percurso (curta viagem)	ìšvyka (m)	['ɪʃvʲiːka]
férias (f pl)	atóstogos (m dgs)	[a'tostogos]
estar de férias	atostogáuti	[atosto'gaʊtʲɪ]
descanso (m)	póilsis (v)	['poɪlʲsʲɪs]
trem (m)	traukinỹs (v)	[traʊkʲɪ'nʲiːs]
de trem (chegar ~)	tráukiniu	['traʊkʲɪnʲʊ]
avião (m)	lėktùvas (v)	[lʲeːk'tʊvas]
de avião	lėktuvù	[lʲeːktʊ'vʊ]
de carro	automobiliù	[aʊtomobʲɪ'lʲʊ]
de navio	laivù	[lʲʌɪ'vʊ]
bagagem (f)	bagãžas (v)	[ba'gaːʒas]
mala (f)	lagamìnas (v)	[lʲaga'mʲɪnas]
carrinho (m)	bagãžo vežimėlis (v)	[ba'gaːʒɔ veʒʲɪ'mʲeːlʲɪs]
passaporte (m)	pãsas (v)	['paːsas]
visto (m)	vizà (m)	[vʲɪ'za]
passagem (f)	bìlietas (v)	['bʲɪlʲiɛtas]
passagem (f) aérea	lėktùvo bìlietas (v)	[lʲeːk'tʊvɔ 'bʲɪlʲiɛtas]
guia (m) de viagem	vadõvas (v)	[va'doːvas]
mapa (m)	žemėlapis (v)	[ʒe'mʲeːlʲapʲɪs]
área (f)	vietóvė (m)	[vʲiɛ'tovʲeː]
lugar (m)	vietà (m)	[vʲiɛ'ta]
exotismo (m)	egzòtika (m)	[ɛg'zotʲɪka]
exótico (adj)	egzòtinis	[ɛg'zotʲɪnʲɪs]
surpreendente (adj)	nuostabùs	[nʊasta'bʊs]
grupo (m)	grùpė (m)	['grʊpʲeː]
excursão (f)	ekskùrsija (m)	[ɛks'kʊrsʲɪjɛ]
guia (m)	ekskùrsijos vadõvas (v)	[ɛks'kʊrsʲɪjɔs va'doːvas]

131. Hotel

hotel (m)	viẽšbutis (v)	['vʲɛʃbʊtʲɪs]
motel (m)	motèlis (v)	[mo'tʲɛlʲɪs]
três estrelas	3 žvaigždùtės	['trʲɪs ʒvʌɪgʒ'dʊtʲeːs]

cinco estrelas	**5 žvaigždutės**	['penᵏˡos ʒvʌɪgʒ'dutˡe:s]
ficar (vi, vt)	**apsistóti**	[apsˡɪs'totˡɪ]

quarto (m)	**kambarỹs** (v)	[kamba'rˡi:s]
quarto (m) individual	**vienviẽtis kambarỹs** (v)	['vˡiɛn'vˡɛtˡɪs kamba'rˡi:s]
quarto (m) duplo	**dviviẽtis kambarỹs** (v)	[dvˡɪ'vˡɛtˡɪs kamba'rˡi:s]
reservar um quarto	**rezervúoti kaṁbarį**	[rˡezˡɛr'vuatˡɪ 'kambarˡɪ:]

meia pensão (f)	**pusiáu pensiònas** (v)	[pusˡæu pˡɛnsˡɪ'jɔnas]
pensão (f) completa	**pensiònas** (v)	[pˡɛnsˡɪ'jɔnas]

com banheira	**sù vonià**	['su vo'nˡæ]
com chuveiro	**sù dušù**	['su dʊˡʃu]
televisão (m) por satélite	**palydõvinė televìzija** (m)	[palˡi:'do:vˡɪnˡe: tˡɛlˡɛ'vˡɪzˡɪjɛ]
ar (m) condicionado	**kondicioniẽrius** (v)	[kɔndˡɪtsˡɪjɔ'nˡɛrˡʊs]
toalha (f)	**raṅkšluostis** (v)	['raŋkʃˡuastˡɪs]
chave (f)	**rãktas** (v)	['ra:ktas]

administrador (m)	**administrãtorius** (v)	[admˡɪnˡɪs'tra:torˡʊs]
camareira (f)	**kambarìnė** (m)	[kamba'rˡɪnˡe:]
bagageiro (m)	**nešìkas** (v)	[nˡɛˡʃɪkas]
porteiro (m)	**registrãtorius** (v)	[rˡɛgˡɪs'tra:torˡʊs]

restaurante (m)	**restorãnas** (v)	[rˡɛsto'ra:nas]
bar (m)	**bãras** (v)	['ba:ras]
café (m) da manhã	**pùsryčiai** (v dgs)	['pusrˡi:tʂˡɛɪ]
jantar (m)	**vakariẽnė** (m)	[vaka'rˡɛnˡe:]
bufê (m)	**švèdiškas stãlas** (v)	['ʃvˡɛdˡɪʃkas 'sta:lˡas]

saguão (m)	**vestibiùlis** (v)	[vˡɛstˡɪ'bˡʊlˡɪs]
elevador (m)	**lìftas** (v)	['lˡɪftas]

NÃO PERTURBE	**NETRUKDÝTI**	[nˡɛtrʊk'dˡi:tˡɪ]
PROIBIDO FUMAR!	**NERŪKÝTI!**	[nˡɛru:'kˡi:tˡɪ]

132. Livros. Leitura

livro (m)	**knygà** (m)	[knˡi:'ga]
autor (m)	**áutorius** (v)	['autorˡʊs]
escritor (m)	**rašýtojas** (v)	[ra'ʃɪ:to:jɛs]
escrever (~ um livro)	**parašýti**	[para'ʃɪ:tˡɪ]

leitor (m)	**skaitýtojas** (v)	[skʌɪ'tˡi:to:jɛs]
ler (vt)	**skaitýti**	[skʌɪ'tˡi:tˡɪ]
leitura (f)	**skaìtymas** (v)	['skʌɪtˡi:mas]

para si	**tỹliai**	['tˡi:lˡɛɪ]
em voz alta	**garsiai**	['garsˡɛɪ]

publicar (vt)	**léisti**	['lˡɛɪstˡɪ]
publicação (f)	**leidýba** (m)	[lˡɛɪ'dˡɪba]
editor (m)	**leidéjas** (v)	[lˡɛɪ'dˡe:jas]
editora (f)	**leidyklà** (m)	[lˡɛɪdˡi:k'la]
sair (vi)	**išeĩti**	[ɪ'ʃɛɪtˡɪ]

lançamento (m)	išéjìmas (v)	[ɪʃ'e:'jɪmas]
tiragem (f)	tirãžas (v)	[tʲɪ'ra:ʒas]
livraria (f)	knygýnas (v)	[knʲi:'gʲi:nas]
biblioteca (f)	bibliotekà (m)	[bʲɪblʲɪjotʲɛ'ka]
novela (f)	apýsaka (m)	[a'pʲi:saka]
conto (m)	apsãkymas (v)	[ap'sa:kʲi:mas]
romance (m)	romãnas (v)	[ro'ma:nas]
romance (m) policial	detektývas (v)	[dʲɛtʲɛk'tʲi:vas]
memórias (f pl)	memuãrai (v dgs)	[mʲɛmʊ'a:rʌɪ]
lenda (f)	legendà (m)	[lʲɛgʲɛn'da]
mito (m)	mìtas (v)	['mʲɪtas]
poesia (f)	eiléraščiai (v dgs)	[ɛɪ'lʲe:raʃʂʲɛɪ]
autobiografia (f)	autobiogrãfija (m)	[ɑʊtob'ɪjo'gra:fʲɪjɛ]
obras (f pl) escolhidas	rinktìniai rãštai (v dgs)	[rʲɪŋk'tʲɪnʲɛɪ ra:ʃtʌɪ]
ficção (f) científica	fantãstika (m)	[fan'ta:stʲɪka]
título (m)	pavadìnimas (v)	[pava'dʲɪnʲɪmas]
introdução (f)	ívadas (v)	['i:vadas]
folha (f) de rosto	titulìnis lãpas (v)	[tʲɪtʊ'lʲɪnʲɪs 'la:pas]
capítulo (m)	skýrius (v)	['skʲi:rʲʊs]
excerto (m)	ìštrauka (m)	['ɪʃtrɑʊka]
episódio (m)	epizòdas (v)	[ɛpʲɪ'zodas]
enredo (m)	siužètas (v)	[sʲʊ'ʒʲɛtas]
conteúdo (m)	turinýs (v)	[tʊrʲɪ'nʲi:s]
índice (m)	turinýs (v)	[tʊrʲɪ'nʲi:s]
protagonista (m)	pagrindìnis veikéjas (v)	[pagrʲɪn'dʲɪnʲɪs vʲɛɪ'kʲe:jas]
volume (m)	tòmas (v)	['tomas]
capa (f)	viršèlis (v)	[vʲɪr'ʃælʲɪs]
encadernação (f)	apdaraĩ (v dgs)	[apda'rʌɪ]
marcador (m) de página	žymẽlė (m)	[ʒʲi:'mʲælʲe:]
página (f)	pùslapis (v)	['pʊslʲapʲɪs]
folhear (vt)	vartýti	[var'tʲi:tʲɪ]
margem (f)	pãraštės (m dgs)	['pa:raʃtʲe:s]
anotação (f)	žymẽ (m)	[ʒʲi:'mʲe:]
nota (f) de rodapé	pastabà (m)	[pasta'ba]
texto (m)	tèkstas (v)	['tʲɛkstas]
fonte (f)	šrìftas (v)	['ʃrʲɪftas]
falha (f) de impressão	spaudõs klaidà (m)	[spɑʊ'do:s klʲʌɪ'da]
tradução (f)	vertìmas (v)	[vʲɛr'tʲɪmas]
traduzir (vt)	veȓsti	['vʲɛrstʲɪ]
original (m)	originãlas (v)	[orʲɪgʲɪ'na:lʲas]
famoso (adj)	žìnomas	['ʒʲɪnomas]
desconhecido (adj)	nežìnomas	[nʲɛ'ʒʲɪnomas]
interessante (adj)	ĩdomùs	[i:do'mʊs]
best-seller (m)	perkamiáusia knygà (m)	[pʲɛrka'mʲæʊsʲɛ knʲi:'ga]

dicionário (m)	žodýnas (v)	[ʒo'dʲi:nas]
livro (m) didático	vadovělis (v)	[vado'vʲe:lʲɪs]
enciclopédia (f)	enciklopėdija (m)	[ɛntsʲɪklʲo'pʲedʲɪjɛ]

133. Caça. Pesca

caça (f)	medžiõklė (m)	[mʲɛ'dʒʲo:klʲe:]
caçar (vi)	medžióti	[mʲɛ'dʒʲotʲɪ]
caçador (m)	medžiótojas (v)	[mʲɛ'dʒʲoto:jɛs]

disparar, atirar (vi)	šáudyti	['ʃaʊdʲi:tʲɪ]
rifle (m)	šáutuvas (v)	['ʃaʊtʊvas]
cartucho (m)	šovinỹs (v)	[ʃovʲɪ'nʲi:s]
chumbo (m) de caça	šrataĩ (v dgs)	[ʃra'tʌɪ]

armadilha (f)	spạstai (v dgs)	['spa:stʌɪ]
armadilha (com corda)	slãstai (v dgs)	['slʲa:stʌɪ]
cair na armadilha	pakliúti į spạstus	[pak'lʲu:tʲɪ i: 'spa:stʊs]
pôr a armadilha	spẹsti spạstus	['spʲe:stʲɪ 'spa:stʊs]

caçador (m) furtivo	brakoniẽrius (v)	[brako'nʲɛrʲʊs]
caça (animais)	žvéríena (m)	[ʒvʲe:'rʲiɛna]
cão (m) de caça	medžiõklinis šuõ (v)	[mʲɛ'dʒʲo:klʲɪnʲɪs 'ʃʊa]
safári (m)	safãris (v)	[sa'farʲɪs]
animal (m) empalhado	baidýklė (m)	[bʌɪ'dʲi:klʲe:]

pescador (m)	žvejỹs (v)	[ʒvʲɛ'jɪ:s]
pesca (f)	žvejójimas (v)	[ʒvʲɛ'jo:jɪmas]
pescar (vt)	žvejóti, žuváuti	[ʒvʲɛ'jotʲɪ], [ʒʊ'vaʊtʲɪ]

vara (f) de pesca	meškerě (m)	[mʲɛʃkeʲrʲe:]
linha (f) de pesca	vãlas (v)	['va:lʲas]
anzol (m)	kabliùkas (v)	[kab'lʲʊkas]
boia (f), flutuador (m)	plũdė (m)	['plʲu:dʲe:]
isca (f)	jaũkas (v)	['jɛʊkas]

| lançar a linha | užmèsti mẽškerę | [ʊʒ'mʲɛstʲɪ 'mʲæʃkʲɛrʲɛ:] |
| morder (peixe) | kìbti | ['kʲɪptʲɪ] |

| pesca (f) | žvejõklės laimìkis (v) | [ʒvʲɛ'jo:klʲe:s lʌɪ'mʲɪkʲɪs] |
| buraco (m) no gelo | eketě (m) | [eke'tʲe:] |

rede (f)	tiñklas (v)	['tʲɪŋklʲas]
barco (m)	vãltis (m)	['valʲtʲɪs]
pescar com rede	žvejóti tinklaĩs	[ʒvʲɛ'jotʲɪ tʲɪŋk'lʲʌɪs]
lançar a rede	užmèsti tinklùs	[ʊʒ'mʲɛstʲɪ tʲɪŋk'lʲʊs]

| puxar a rede | ištráukti tinklùs | [ɪʃ'traʊktʲɪ tʲɪŋk'lʲʊs] |
| cair na rede | pakliúti į tinklùs | [pak'lʲu:tʲɪ i: tʲɪŋk'lʊs] |

baleeiro (m)	bangìnių medžiótojas (v)	[ban'gʲɪnʲʊ: mʲɛ'dʒʲoto:jɛs]
baleeira (f)	bangìnių medžiótojų laĩvas (v)	[ban'gʲɪnʲʊ: mʲɛ'dʒʲoto:ju: 'lʲʌɪvas]
arpão (m)	žebérklas (v)	[ʒʲɛ'bʲɛrklʲas]

134. Jogos. Bilhar

bilhar (m)	biliárdas (v)	[bʲɪlʲɪ'jardas]
sala (f) de bilhar	biliárdinė (m)	[bʲɪlʲɪ'jardʲɪnʲeː]
bola (f) de bilhar	biliárdo kamuolỹs (v)	[bʲɪlʲɪ'jardɔ kamʊɑ'lʲiːs]
embolsar uma bola	įmùšti kãmuolį	[iː'mʊʃtʲɪ 'kaːmʊɑlʲɪ]
taco (m)	biliárdo lazdà (m)	[bʲɪlʲɪ'jardɔ laz'da]
caçapa (f)	kišẽnė (m)	[kʲɪ'ʃænʲeː]

135. Jogos. Jogar cartas

ouros (m pl)	bũgnai (v dgs)	['buːgnʌɪ]
espadas (f pl)	vỹnai (v dgs)	['vʲiːnʌɪ]
copas (f pl)	širdys (m dgs)	['ʃɪrdʲiːs]
paus (m pl)	krỹžiai (v dgs)	['krʲiːʒʲɛɪ]
ás (m)	tũzas (v)	['tuːzas]
rei (m)	karãlius (v)	[ka'raːlʲʊs]
dama (f), rainha (f)	damà (m)	[da'ma]
valete (m)	valẽtas (v)	[va'lʲɛtas]
carta (f) de jogar	kortà (m)	[kɔr'ta]
cartas (f pl)	kortos (m dgs)	['kɔrtos]
trunfo (m)	kõziris (v)	['kɔːzʲɪrʲɪs]
baralho (m)	málka (m)	['malʲka]
ponto (m)	akìs (m)	[a'kʲɪs]
dar, distribuir (vt)	dalìnti	[da'lʲɪntʲɪ]
embaralhar (vt)	maišýti	[mʌɪ'ʃɪːtʲɪ]
vez, jogada (f)	ė́jimas (v)	[ɛː'jɪmas]
trapaceiro (m)	sukčiáutojas (v)	[sʊk'tʂʲæʊtoːjɛs]

136. Descanso. Jogos. Diversos

passear (vi)	váikščioti	['vʌɪkʃtʂʲotʲɪ]
passeio (m)	pasiváikščiojimas (v)	[pasʲɪ'vʌɪkʃtʂʲojɪmas]
viagem (f) de carro	pasivažinéjimas (v)	[pasʲɪvaʒʲɪ'nʲɛjɪmas]
aventura (f)	núotykis (v)	['nʊatʲiːkʲɪs]
piquenique (m)	iškyla (m)	['ɪʃkʲiːlʲa]
jogo (m)	žaidìmas (v)	[ʒʌɪ'dʲɪmas]
jogador (m)	žaidéjas (v)	[ʒʌɪ'dʲeːjas]
partida (f)	pártija (m)	['partʲɪjɛ]
colecionador (m)	kolekcioniẽrius (v)	[kɔlʲɛktsʲɪjo'nʲɛrʲʊs]
colecionar (vt)	kolekcionúoti	[kɔlʲɛktsʲɪjo'nʊatʲɪ]
coleção (f)	kolẽkcija (m)	[kɔ'lʲɛktsʲɪjɛ]
palavras (f pl) cruzadas	kryžiãžodis (v)	[krʲiː'ʒʲæʒodʲɪs]
hipódromo (m)	hipodrõmas (v)	[ɣʲɪpo'dromas]

discoteca (f)	diskotekà (m)	[dʲɪskotʲɛ'ka]
sauna (f)	sáuna (m)	['sɑʊna]
loteria (f)	lotèrija (m)	[lʲo'tʲɛrʲɪjɛ]

campismo (m)	žỹgis (v)	['ʒʲi:gʲɪs]
acampamento (m)	stovyklà (m)	[stovʲi:k'lʲa]
barraca (f)	palapìnė (m)	[palʲa'pʲɪnʲe:]
bússola (f)	kòmpasas (v)	['kompasas]
campista (m)	turìstas (v)	[tʊ'rʲɪstas]

ver (vt), assistir à ...	žiūréti	[ʒʲu:'rʲe:tʲɪ]
telespectador (m)	televìzijos žiūrõvas (v)	[tʲɛlʲɛ'vʲɪzʲɪjos 'ʒʲu:ro:vas]
programa (m) de TV	televìzijos laidà (m)	[tʲɛlʲɛ'vʲɪzʲɪjos lʌɪ'da]

137. Fotografia

| máquina (f) fotográfica | fotoaparãtas (v) | [fotoapa'ra:tas] |
| foto, fotografia (f) | fòto (v) | ['fotɔ] |

fotógrafo (m)	fotogrãfas (v)	[foto'gra:fas]
estúdio (m) fotográfico	fotogrãfijos stùdija (m)	[foto'gra:fɪjos 'stʊdʲɪjɛ]
álbum (m) de fotografias	fotoalbùmas (v)	[fotoalʲ'bumas]

lente (f) fotográfica	objektỹvas (v)	[objɛktʲi:vas]
lente (f) teleobjetiva	teleobjektỹvas (v)	[tʲɛlʲɛobjɛk'tʲi:vas]
filtro (m)	fìltras (v)	['fʲɪlʲtras]
lente (f)	lę̃šis (v)	['lʲɛ:ʃɪs]

ótica (f)	òptika (m)	['optʲɪka]
abertura (f)	diafragmà (m)	[dʲɪjafrag'ma]
exposição (f)	išlaĩkymas (v)	[ɪʃlʲʌɪkʲi:mas]
visor (m)	ieškìklis (v)	[ɪɛʃ'kʲɪklʲɪs]

câmera (f) digital	skaitmenìnė kãmera (m)	[skʌɪtme'nʲɪnʲe: 'ka:mera]
tripé (m)	stõvas (v)	['sto:vas]
flash (m)	blýkstė (m)	['blʲi:kstʲe:]

fotografar (vt)	fotografúoti	[fotogra'fʊatʲɪ]
tirar fotos	fotografúoti	[fotogra'fʊatʲɪ]
fotografar-se (vr)	fotografúotis	[fotogra'fʊatʲɪs]

foco (m)	ryškùmas (v)	[rʲi:ʃ'kʊmas]
focar (vt)	nustatýti ryškùmą	[nʊsta'tʲi:tʲɪ rʲi:ʃ'kʊma:]
nítido (adj)	ryškùs	[rʲi:ʃ'kʊs]
nitidez (f)	ryškùmas (v)	[rʲi:ʃ'kʊmas]

| contraste (m) | kontrãstas (v) | [kon'tra:stas] |
| contrastante (adj) | kontrastìngas | [kontras'tʲɪngas] |

retrato (m)	núotrauka (m)	['nʊatrɑʊka]
negativo (m)	negatỹvas (v)	[nʲɛga'tʲi:vas]
filme (m)	fotojúosta (m)	[foto:'jʊasta]
fotograma (m)	kãdras (v)	['ka:dras]
imprimir (vt)	spáusdinti	['spɑʊsdʲɪntʲɪ]

138. Praia. Natação

praia (f)	paplūdimỹs (v)	[pa'plʲu:dʲɪmʲi:s]
areia (f)	smėlis (v)	['smʲe:lʲɪs]
deserto (adj)	dykumìnis	[dʲi:kʊ'mʲɪnʲɪs]
bronzeado (m)	įdegis (v)	['i:dʲɛgʲɪs]
bronzear-se (vr)	įdègti	[i:'dʲɛktʲɪ]
bronzeado (adj)	įdėgęs	[i:'dʲægʲɛ:s]
protetor (m) solar	įdegio krèmas (v)	['i:dʲɛgʲɔ 'krʲɛmas]
biquíni (m)	bikìnis (v)	[bʲɪ'kʲɪnʲɪs]
maiô (m)	máudymosi kostiumėlis (v)	['mɑʊdʲi:mosʲɪ kostʲʊ'mʲe:lʲɪs]
calção (m) de banho	glaũdės (m dgs)	['glʲɑʊdʲe:s]
piscina (f)	baseìnas (v)	[ba'sʲɛɪnas]
nadar (vi)	pláukioti	['plʲɑʊkʲotʲɪ]
chuveiro (m), ducha (f)	dùšas (v)	['dʊʃas]
mudar, trocar (vt)	pérsirengti	['pʲɛrsʲɪrʲɛŋktʲɪ]
toalha (f)	rañkšluostis (v)	['raŋkʃlʲʊastʲɪs]
barco (m)	váltis (m)	['valʲtʲɪs]
lancha (f)	kãteris (v)	['ka:tʲɛrʲɪs]
esqui (m) aquático	vandeñs slìdės (m dgs)	[van'dʲɛns 'slʲɪdʲe:s]
barco (m) de pedais	vandeñs dvìratis (v)	[van'dʲɛns 'dvʲɪratʲɪs]
surf, surfe (m)	bañglenčių spòrtas (v)	['baŋglʲɛntʂʲu: 'sportas]
surfista (m)	bañglentininkas (v)	['baŋglʲɛntʲɪnʲɪŋkas]
equipamento (m) de mergulho	akvalángas (v)	[akva'lʲangas]
pé (m pl) de pato	pláukmenys (v dgs)	['plʲɑʊkmʲɛnʲi:s]
máscara (f)	kaũkė (m)	['kɑʊkʲe:]
mergulhador (m)	nãras (v)	['na:ras]
mergulhar (vi)	nárdyti	['nardʲi:tʲɪ]
debaixo d'água	põ vándeniu	['po: 'vandʲɛnʲʊ]
guarda-sol (m)	skėtis (v)	['skʲe:tʲɪs]
espreguiçadeira (f)	šezlòngas (v)	[ʃʲɛz'lʲongas]
óculos (m pl) de sol	akiniaĩ (dgs)	[akʲɪ'nʲɛɪ]
colchão (m) de ar	plaukìmo čiužinỹs (v)	[plʲɑʊ'kʲɪmɔ tʂʲʊʒʲɪ'nʲi:s]
brincar (vi)	žaĩsti	['ʒʌɪstʲɪ]
ir nadar	máudytis	['mɑʊdʲi:tʲɪs]
bola (f) de praia	kamuolỹs (v)	[kamʊa'lʲi:s]
encher (vt)	pripūsti	[prʲɪ'pu:stʲɪ]
inflável (adj)	prìpučiamas	['prʲɪpʊtʂʲæmas]
onda (f)	bangà (m)	[ban'ga]
boia (f)	plūduras (v)	['plʲu:dʊras]
afogar-se (vr)	skęsti	['skʲɛ:stʲɪ]
salvar (vt)	gélbėti	['gʲælʲbʲe:tʲɪ]
colete (m) salva-vidas	gélbėjimosi liemẽnė (m)	['gʲælʲbʲe:jimosʲɪ lʲiɛ'mʲænʲe:]
observar (vt)	stebéti	[ste'bʲe:tʲɪ]
salva-vidas (pessoa)	gélbėtojas (v)	['gʲælʲbʲe:to:jɛs]

EQUIPAMENTO TÉCNICO. TRANSPORTES

Equipamento técnico. Transportes

139. Computador

computador (m)	kompiùteris (v)	[kɔm'pʲʊtʲɛrʲɪs]
computador (m) portátil	nešiòjamasis kompiùteris (v)	[nʲɛ'ʃojamasʲɪs kɔm'pʲʊtʲɛrʲɪs]
ligar (vt)	įjùngti	[i:'jʊŋktʲɪ]
desligar (vt)	išjùngti	[ɪ'ʃjʊŋktʲɪ]
teclado (m)	klaviatùrà (m)	[klʲavʲætu:'ra]
tecla (f)	klavìšas (v)	[klʲa'vʲɪʃas]
mouse (m)	pelė̃ (m)	[pʲɛ'lʲe:]
tapete (m) para mouse	kilimė̃lis (v)	[kʲɪlʲɪ'mʲe:lʲɪs]
botão (m)	mygtùkas (v)	[mʲi:k'tʊkas]
cursor (m)	žymė̃klis (v)	[ʒʲi:'mʲæklʲɪs]
monitor (m)	monìtorius (v)	[mo'nʲɪtorʲʊs]
tela (f)	ekrãnas (v)	[ɛk'ra:nas]
disco (m) rígido	kietàsis dìskas (v)	[kʲiɛ'tasʲɪs 'dʲɪskas]
capacidade (f) do disco rígido	kíetojo dìsko talpà (m)	['kʲiɛtojo 'dʲɪskɔ talʲ'pa]
memória (f)	atmintìs (m)	[atmʲɪn'tʲɪs]
memória RAM (f)	operatyvioji atmintìs (m)	[opʲɛratʲi:'vʲo:jɪ atmʲɪn'tʲɪs]
arquivo (m)	fáilas (v)	['fʌɪlʲas]
pasta (f)	ãplankas (v)	['a:plʲaŋkas]
abrir (vt)	atidarýti	[atʲɪda'rʲi:tʲɪ]
fechar (vt)	uždarýti	[ʊʒda'rʲi:tʲɪ]
salvar (vt)	išsáugoti	[ɪʃ'saʊgotʲɪ]
deletar (vt)	ištrìnti	[ɪʃ'trʲɪntʲɪ]
copiar (vt)	nukopijúoti	[nʊkopʲɪ'rʲjʊatʲɪ]
ordenar (vt)	rūšiúoti	[ru:'ʃʊatʲɪ]
copiar (vt)	pérrašyti	['pʲɛrraʃʲɪ:tʲɪ]
programa (m)	programà (m)	[progra'ma]
software (m)	progrãminė įranga (m)	[pro'gra:mʲɪnʲe: 'i:ranga]
programador (m)	programúotojas (v)	[progra'mʊato:jɛs]
programar (vt)	programúoti	[progra'mʊatʲɪ]
hacker (m)	programìšius (v)	[progra'mʲɪʃʊs]
senha (f)	slaptãžodis (v)	[slʲap'ta:ʒodʲɪs]
vírus (m)	vìrusas (v)	['vʲɪrusas]
detectar (vt)	aptìkti	[ap'tʲɪktʲɪ]

byte (m)	báitas (v)	['bʌɪtas]
megabyte (m)	megabáitas (v)	[mʲɛgaˈbʌɪtas]

dados (m pl)	dúomenys (v dgs)	['dʊɑmʲɛnʲiːs]
base (f) de dados	duomenų bāzė (m)	[dʊɑmeˈnu: ˈba:zʲe:]

cabo (m)	laĩdas (v)	['lʲʌɪdas]
desconectar (vt)	prijùngti	[prʲɪˈjuŋktʲɪ]
conectar (vt)	atjùngti	[aˈtjuŋktʲɪ]

140. Internet. E-mail

internet (f)	internètas (v)	[ɪntʲɛrˈnʲɛtas]
browser (m)	naršŷklė (m)	[narˈʃɪːklʲe:]
motor (m) de busca	paieškõs sistemà (m)	[paˈiɛʃkoːs sʲɪstʲɛˈma]
provedor (m)	tiekéjas (v)	[tʲiɛˈkʲeːjas]

webmaster (m)	svetaĩnių kūréjas (v)	[sveˈtʌɪnʲu: kuːˈrʲeːjas]
website (m)	svetaĩnė (m)	[sveˈtʌɪnʲe:]
web page (f)	tinklãlapis (v)	[tʲɪŋkˈlʲʲa:lʲapʲɪs]

endereço (m)	ãdresas (v)	['a:drʲɛsas]
livro (m) de endereços	adresų knygà (m)	[adrʲɛ'su: knʲiːˈga]

caixa (f) de correio	pãšto dėžùtė (m)	['pa:ʃtɔ dʲe:ˈʒutʲe:]
correio (m)	korespondeñcija (m)	[kɔrʲɛsponˈdʲɛntsʲɪjɛ]
cheia (caixa de correio)	pérpildytas	['pʲɛrpʲɪlʲdʲi:tas]

mensagem (f)	pranešĩmas (v)	[pranʲɛ'ʃɪmas]
mensagens (f pl) recebidas	įeĩnantys pranešĩmai (v dgs)	[i:ˈɛɪnantʲɪːs pranʲɛ'ʃɪːmʌɪ]
mensagens (f pl) enviadas	išeĩnantys pranešĩmai (v dgs)	[ɪˈʃɛɪnantʲiːs pranʲɛ'ʃɪmʌɪ]

remetente (m)	siuntéjas (v)	[sʲʊnˈtʲe:jas]
enviar (vt)	išsiųsti	[ɪʃsʲ'u:stʲɪ]
envio (m)	išsiuntìmas (v)	[ɪʃsʲʊnˈtʲɪmas]

destinatário (m)	gavéjas (v)	[ga'vʲe:jas]
receber (vt)	gáuti	['gaʊtʲɪ]

correspondência (f)	susirašinéjimas (v)	[sʊsʲɪraʃɪ'nʲɛjɪmas]
corresponder-se (vr)	susirašinéti	[sʊsʲɪraʃɪ'nʲe:tʲɪ]

arquivo (m)	fáilas (v)	['fʌɪlʲas]
fazer download, baixar (vt)	parsisiųsti	[parsʲɪ'sʲu:stʲɪ]
criar (vt)	sukùrti	[sʊ'kʊrtʲɪ]
deletar (vt)	ištrìnti	[ɪʃ'trʲɪntʲɪ]
deletado (adj)	ištrìntas	[ɪʃ'trʲɪntas]

conexão (f)	ryšŷs (v)	[rʲi:'ʃɪːs]
velocidade (f)	greĩtis (v)	['grʲɛɪtʲɪs]
modem (m)	modèmas (v)	[mo'dʲɛmas]
acesso (m)	prìeiga (m)	['prʲɪˈɛɪga]
porta (f)	príevadas (v)	['prʲiɛvadas]
conexão (f)	pajungìmas (v)	[pajʊn'gʲɪmas]

conectar (vi)	**prisijùngti**	[prʲɪsʲɪˈjʊŋktʲɪ]
escolher (vt)	**pasiriñkti**	[pasʲɪˈrʲɪŋktʲɪ]
buscar (vt)	**ieškóti**	[ɪɛʃˈkotʲɪ]

Transportes

141. Avião

avião (m)	lėktùvas (v)	[ˡʲe:kˈtʊvas]
passagem (f) aérea	lėktùvo bìlietas (v)	[ˡʲe:kˈtʊvɔ ˈbʲɪlʲiɛtas]
companhia (f) aérea	aviakompãnija (m)	[avʲæekomˈpaːnʲɪjɛ]
aeroporto (m)	óro úostas (v)	[ˈɔrɔ ˈʊastas]
supersônico (adj)	viršgarsìnis	[vʲɪrʃɡarˈsʲɪnʲɪs]

comandante (m) do avião	órlaivio kapitõnas (v)	[ˈorlʲʌɪvʲɔ kapʲɪˈto:nas]
tripulação (f)	ekipãžas (v)	[ɛkʲɪˈpaːʒas]
piloto (m)	pilòtas (v)	[pʲɪˈlʲotas]
aeromoça (f)	stiuardėsė (m)	[stʲʊarˈdʲɛsʲe:]
copiloto (m)	štùrmanas (v)	[ˈʃtʊrmanas]

asas (f pl)	sparnaĩ (v dgs)	[sparˈnʌɪ]
cauda (f)	gãlas (v)	[ˈga:lʲas]
cabine (f)	kabinà (m)	[kabʲɪˈna]
motor (m)	varìklis (v)	[vaˈrʲɪklʲɪs]
trem (m) de pouso	važiuõklė (m)	[vaʒʲʊˈo:klʲe:]
turbina (f)	turbinà (m)	[tʊrbʲɪˈna]

hélice (f)	propèleris (v)	[proˈpʲɛlʲɛrʲɪs]
caixa-preta (f)	juodà dėžė̃ (m)	[jʊaˈda dʲe:ʒʲe:]
coluna (f) de controle	vairãratis (v)	[vʌɪˈra:ratʲɪs]
combustível (m)	degalaĩ (v dgs)	[dʲɛgaˈlʲʌɪ]

instruções (f pl) de segurança	instrùkcija (m)	[ɪnsˈtrʊktsʲɪjɛ]
máscara (f) de oxigênio	deguõnies káukė (m)	[dʲɛgʊaˈnʲiɛs ˈkaʊkʲe:]
uniforme (m)	unifòrma (m)	[ʊnʲɪˈforma]

colete (m) salva-vidas	gélbėjimosi liemenė̃ (m)	[ˈɡʲælʲbʲe:jimosʲɪ lʲiɛˈmʲænʲe:]
paraquedas (m)	parašiùtas (v)	[paraˈʃʊtas]

decolagem (f)	kilìmas (v)	[kʲɪˈlʲɪmas]
descolar (vi)	kìlti	[ˈkʲɪlʲtʲɪ]
pista (f) de decolagem	kilìmo tãkas (v)	[kʲɪˈlʲɪmɔ ˈtaːkas]

visibilidade (f)	matomùmas (v)	[matoˈmʊmas]
voo (m)	skrỹdis (v)	[ˈskrʲiːdʲɪs]

altura (f)	aũkštis (v)	[ˈɑʊkʃtʲɪs]
poço (m) de ar	óro duobė̃ (m)	[ˈɔrɔ dʊaˈbʲe:]

assento (m)	vietà (m)	[vʲiɛˈta]
fone (m) de ouvido	ausìnės (m dgs)	[ɑʊˈsʲɪnʲe:s]
mesa (f) retrátil	atverčiamàsis staliùkas (v)	[atvʲɛrtʃʲæˈmasʲɪs staˈlʲʊkas]
janela (f)	iliuminãtorius (v)	[ɪlʲʊmʲɪˈna:torʲʊs]
corredor (m)	praėjìmas (v)	[prae:ˈjɪmas]

142. Comboio

trem (m)	traukinỹs (v)	[trɑʊkʲɪˈnʲiːs]
trem (m) elétrico	elektrìnis traukinỹs (v)	[ɛlʲɛkˈtrʲɪnʲɪs trɑʊkʲɪˈnʲiːs]
trem (m)	greitàsis traukinỹs (v)	[grʲɛɪˈtasʲɪs trɑʊkʲɪˈnʲiːs]
locomotiva (f) diesel	motòrvežis (v)	[moˈtorvʲɛʒʲɪs]
locomotiva (f) a vapor	garvežỹs (v)	[garvʲɛˈʒʲiːs]

vagão (f) de passageiros	vagònas (v)	[vaˈgonas]
vagão-restaurante (m)	vagònas restorãnas (v)	[vaˈgonas rʲɛstoˈraːnas]

carris (m pl)	bėgiai (v dgs)	[ˈbʲeːgʲɛɪ]
estrada (f) de ferro	geležìnkelis (v)	[gʲɛlʲɛˈʒʲɪŋkʲɛlʲɪs]
travessa (f)	pãbėgis (v)	[ˈpaːbʲeːgʲɪs]

plataforma (f)	platfòrma (m)	[plʲatˈforma]
linha (f)	kėlias (v)	[ˈkʲælʲæs]
semáforo (m)	semafòras (v)	[sʲɛmaˈforas]
estação (f)	stotìs (m)	[stoˈtʲɪs]

maquinista (m)	mašinìstas (v)	[maʃʲɪˈnʲɪstas]
bagageiro (m)	nešìkas (v)	[nʲɛˈʃʲɪkas]
hospedeiro, -a (m, f)	kondùktorius (v)	[konˈdʊktorʲʊs]
passageiro (m)	keleìvis (v)	[kʲɛˈlʲɛɪvʲɪs]
revisor (m)	kontrolìerius (v)	[kontroˈlʲɛrʲʊs]

corredor (m)	korìdorius (v)	[koˈrʲɪdorʲʊs]
freio (m) de emergência	stãbdymo krãnas (v)	[ˈstaːbdʲiːmɔ ˈkraːnas]

compartimento (m)	kupė̃ (m)	[kʊˈpʲeː]
cama (f)	lentýna (m)	[lʲɛnˈtʲiːna]
cama (f) de cima	viršutìnė lentýna (m)	[vʲɪrʃʊˈtʲɪnʲe: lʲɛnˈtʲiːna]
cama (f) de baixo	apatìnė lentýna (m)	[apaˈtʲɪnʲe: lʲɛnˈtʲiːna]
roupa (f) de cama	pãtalynė (m)	[ˈpaːtalʲiːnʲe:]

passagem (f)	bìlietas (v)	[ˈbʲɪlʲiɛtas]
horário (m)	tvarkãraštis (v)	[tvarˈkaːraʃtʲɪs]
painel (m) de informação	šviẽslentė (m)	[ˈʃvʲɛslʲɛntʲe:]

partir (vt)	išvỹkti	[ɪʃˈvʲiːktʲɪ]
partida (f)	išvykìmas (v)	[ɪʃvʲiːˈkʲɪmas]
chegar (vi)	atvỹkti	[atˈvʲiːktʲɪ]
chegada (f)	atvykìmas (v)	[atvʲiːˈkʲɪmas]

chegar de trem	atvažiuóti tráukiniu	[atvaˈʒʲʊatʲɪ ˈtrɑʊkʲɪnʲʊ]
pegar o trem	įlìpti į̃ tráukinį	[iːˈlʲɪptʲɪ i: ˈtrɑʊkʲɪnʲɪ:]
descer de trem	išlìpti ìš tráukinio	[ɪʃˈlʲɪptʲɪ ɪʃ ˈtrɑʊkʲɪnʲɔ]

acidente (m) ferroviário	katastrofà (m)	[katastroˈfa]
descarrilar (vi)	nulė̃kti nuõ bėgių̃	[nʊˈlʲeːktʲɪ ˈnʊa ˈbʲeːgʲuː]

locomotiva (f) a vapor	garvežỹs (v)	[garvʲɛˈʒʲiːs]
foguista (m)	kūrìkas (v)	[kuːˈrʲɪkas]
fornalha (f)	kūryklà (m)	[kuːrʲiːkˈlʲa]
carvão (m)	anglìs (m)	[angˈlʲɪs]

143. Barco

navio (m)	laĩvas (v)	['lʲʌɪvas]
embarcação (f)	laĩvas (v)	['lʲʌɪvas]
barco (m) a vapor	gárlaivis (v)	['garlʲʌɪvʲɪs]
barco (m) fluvial	motòrlaivis (v)	[mo'torlʲʌɪvʲɪs]
transatlântico (m)	láineris (v)	['lʲʌɪnʲɛrʲɪs]
cruzeiro (m)	kreĩseris (v)	['krʲɛɪsʲɛrʲɪs]
iate (m)	jachtà (m)	[jax'ta]
rebocador (m)	vilkìkas (v)	[vʲɪlʲ"kʲɪkas]
barcaça (f)	bárža (m)	['barʒa]
ferry (m)	kéltas (v)	['kʲɛlʲtas]
veleiro (m)	bùrinis laĩvas (v)	['burʲɪnʲɪs 'lʲʌɪvas]
bergantim (m)	brigantinà (m)	[brʲɪgantʲɪ'na]
quebra-gelo (m)	lēdlaužis (v)	['lʲædlɑuʒʲɪs]
submarino (m)	povandenìnis laĩvas (v)	[povandʲɛ'nʲɪnʲɪs 'lʲʌɪvas]
bote, barco (m)	váltis (m)	['valʲtʲɪs]
baleeira (bote salva-vidas)	váltis (m)	['valʲtʲɪs]
bote (m) salva-vidas	gélbėjimo váltis (m)	['gʲælʲbʲe:jɪmɔ 'valʲtʲɪs]
lancha (f)	kãteris (v)	['ka:tʲɛrʲɪs]
capitão (m)	kapitõnas (v)	[kapʲɪ'to:nas]
marinheiro (m)	jūreĩvis (v)	[ju:'rʲɛɪvʲɪs]
marujo (m)	jũrininkas (v)	['ju:rʲɪnʲɪŋkas]
tripulação (f)	ekipāžas (v)	[ɛkʲɪ'pa:ʒas]
contramestre (m)	bòcmanas (v)	['botsmanas]
grumete (m)	jùnga (m)	['junga]
cozinheiro (m) de bordo	viréjas (v)	[vʲɪ'rʲe:jas]
médico (m) de bordo	laĩvo gýdytojas (v)	['lʲʌɪvɔ 'gʲi:dʲi:to:jɛs]
convés (m)	dēnis (v)	['dʲænʲɪs]
mastro (m)	stíebas (v)	['stʲiɛbas]
vela (f)	bùrė (m)	['burʲe:]
porão (m)	triùmas (v)	['trʲumas]
proa (f)	laĩvo príekis (v)	['lʲʌɪvɔ 'prʲiɛkʲɪs]
popa (f)	laivãgalis (v)	[lʌɪ'va:galʲɪs]
remo (m)	ìrklas (v)	['ɪrklʲas]
hélice (f)	sráigtas (v)	['srʌɪktas]
cabine (m)	kajùtė (m)	[ka'jutʲe:]
sala (f) dos oficiais	kajutkompānija (m)	[kajutkom'pa:nʲɪjɛ]
sala (f) das máquinas	mašìnų skỹrius (v)	[ma'ʃɪnu: 'skʲi:rʲus]
ponte (m) de comando	kapitõno tiltẽlis (v)	[kapʲɪ'to:nɔ tʲɪlʲ'tʲælʲɪs]
sala (f) de comunicações	rãdijo kabinà (m)	['ra:dʲɪjɔ kabʲɪ'na]
onda (f)	bangà (m)	[ban'ga]
diário (m) de bordo	laĩvo žurnãlas (v)	['lʲʌɪvɔ ʒur'na:lʲas]
luneta (f)	žiūrõnas (v)	[ʒʲu:'ro:nas]
sino (m)	laĩvo skambalas (v)	['lʲʌɪvɔ 'skambalʲas]

bandeira (f)	vėliava (m)	['vʲeːlʲæva]
cabo (m)	lýnas (v)	['lʲiːnas]
nó (m)	mãzgas (v)	['maːzgas]

corrimão (m)	turėklai (v dgs)	[tʊ'rʲeːklʲʌɪ]
prancha (f) de embarque	trãpas (v)	['traːpas]

âncora (f)	iñkaras (v)	['ɪŋkaras]
recolher a âncora	pakélti iñkarą	[pa'kʲɛlʲtʲɪ 'ɪŋkara:]
jogar a âncora	nuléisti iñkarą	[nʊ'lʲɛɪstʲɪ 'ɪŋkara:]
amarra (corrente de âncora)	iñkaro grandìnė (m)	['ɪŋkarɔ gran'dʲɪnʲe:]

porto (m)	úostas (v)	['ʊɑstas]
cais, amarradouro (m)	príeplauka (m)	['prʲiɛplʲauka]
atracar (vi)	prisišvartúoti	[prʲɪsʲɪʃvar'tʊɑtʲɪ]
desatracar (vi)	išplaũkti	[ɪʃplʲauktʲɪ]

viagem (f)	keliõnė (m)	[kʲɛ'lʲoːnʲe:]
cruzeiro (m)	kruìzas (v)	[krʊ'ɪzas]
rumo (m)	kùrsas (v)	['kʊrsas]
itinerário (m)	maršrùtas (v)	[marʃ'rʊtas]

canal (m) de navegação	farvãteris (v)	[far'vaːtʲɛrʲɪs]
banco (m) de areia	seklumà (m)	[sʲɛklʲʊ'ma]
encalhar (vt)	užplaũkti añt seklumõs	[ʊʒ'plʲauktʲɪ ant sʲɛklʲʊ'moːs]

tempestade (f)	audrà (m)	[aʊd'ra]
sinal (m)	signãlas (v)	[sʲɪg'naːlʲas]
afundar-se (vr)	skęsti	['skʲɛːstʲɪ]
Homem ao mar!	Žmogùs vandenyjè!	[ʒmo'gʊs vandʲɛnʲi:'jæ!]
SOS	SOS	[ɛs ɔ ɛs]
boia (f) salva-vidas	gélbėjimosi rãtas (v)	[gʲɛlʲbʲe:jimosʲɪ 'ra:tas]

144. Aeroporto

aeroporto (m)	óro úostas (v)	['orɔ 'ʊɑstas]
avião (m)	léktùvas (v)	[lʲeːk'tʊvas]
companhia (f) aérea	aviakompãnija (m)	[avʲæ̀kom'pa:nʲɪjɛ]
controlador (m) de tráfego aéreo	dispečeris (v)	[dʲɪs'pʲɛtʂʲɛrʲɪs]

partida (f)	išskridìmas (v)	[ɪʃskrʲɪ'dʲɪmas]
chegada (f)	atskridìmas (v)	[atskrʲɪ'dʲɪmas]
chegar (vi)	atskrìsti	[ats'krʲɪstʲɪ]

hora (f) de partida	išvykìmo laĩkas (v)	[ɪʃvʲi:'kʲɪmɔ 'lʲʌɪkas]
hora (f) de chegada	atvykìmo laĩkas (v)	[atvʲi:'kʲɪmɔ 'lʲʌɪkas]

estar atrasado	vėlúoti	[vʲe:'lʲʊatʲɪ]
atraso (m) de voo	skrýdžio atidėjìmas (v)	['skrʲi:dʒʲɔ atʲɪdʲe:'jɪmas]

painel (m) de informação	informãcinė šviẽslentė (m)	[ɪnfor'ma:tsʲɪnʲe: 'ʃvʲɛslʲɛntʲe:]
informação (f)	informãcija (m)	[ɪnfor'ma:tsʲɪjɛ]
anunciar (vt)	paskélbti	[pas'kʲɛlʲptʲɪ]

voo (m)	reĩsas (v)	['rʲɛɪsas]
alfândega (f)	muĩtinė (m)	['mʊɪtʲɪnʲe:]
funcionário (m) da alfândega	muĩtininkas (v)	['mʊɪtʲɪnʲɪŋkas]

declaração (f) alfandegária	deklarãcija (m)	[dʲɛklʲaˈra:tsʲɪjɛ]
preencher (vt)	užpĩldyti	[ʊʒ'pʲɪlʲdʲi:tʲɪ]
preencher a declaração	užpĩldyti deklarãciją	[ʊʒ'pʲɪlʲdʲi:tʲɪ dʲɛklaˈra:tsɪja:]
controle (m) de passaporte	pasų̃ kontrolė (m)	[pa'su: kon'trolʲe:]

bagagem (f)	bagãžas (v)	[ba'ga:ʒas]
bagagem (f) de mão	rañkinis bagãžas (v)	['raŋkʲɪnʲɪs ba'ga:ʒas]
carrinho (m)	vežimė̃lis (v)	[vʲɛʒʲɪ'mʲe:lʲɪs]

pouso (m)	įlaipìnimas (v)	[i:lʲʌɪ'pʲɪ:nʲɪmas]
pista (f) de pouso	nusileidìmo tãkas (v)	[nʊsʲɪlʲɛɪ'dʲɪmɔ ta:kas]
aterrissar (vi)	leĩstis	['lʲɛɪstʲɪs]
escada (f) de avião	laiptė̃liai (v dgs)	[lʌɪp'tʲælʲɛɪ]

check-in (m)	registrãcija (m)	[rʲɛgʲɪs'tra:tsʲɪjɛ]
balcão (m) do check-in	registrãcijos stãlas (v)	[rʲɛgʲɪs'tra:tsʲɪjɔs 'sta:lʲas]
fazer o check-in	užsiregistrúoti	[ʊʒsʲɪrʲɛgʲɪs'trʊatʲɪ]
cartão (m) de embarque	įlipìmo talònas (v)	[i:lʲɪ'pʲɪ:mɔ ta'lonas]
portão (m) de embarque	išėjìmas (v)	[ɪʃʲe:'jɪmas]

trânsito (m)	tranzìtas (v)	[tran'zʲɪtas]
esperar (vi, vt)	láukti	['lʲaʊktʲɪ]
sala (f) de espera	laukiamàsis (v)	[lʲaʊkʲæ'masʲɪs]
despedir-se (acompanhar)	lydéti	[lʲi:'dʲe:tʲɪ]
despedir-se (dizer adeus)	atsisveĩkinti	[atsʲɪ'svʲɛɪkʲɪntʲɪ]

145. Bicicleta. Motocicleta

bicicleta (f)	dvìratis (v)	['dvʲɪratʲɪs]
lambreta (f)	motoròleris (v)	[moto'rolʲɛrʲɪs]
moto (f)	motocìklas (v)	[moto'tsʲɪklʲas]

ir de bicicleta	važiúoti dvìračiu	[va'ʒʲʊatʲɪ 'dvʲɪratʂʲʊ]
guidão (m)	vaĩras (v)	['vʌɪras]
pedal (m)	pedãlas (v)	[pʲɛ'da:lʲas]
freios (m pl)	stãbdžiai (v dgs)	[sta:b'dʒʲɛɪ]
banco, selim (m)	sėdýnė (m)	[sʲe:'dʲi:nʲe:]

bomba (f)	siurblỹs (v)	[sʲʊr'blʲi:s]
bagageiro (m) de teto	bagažinė (m)	[baga'ʒʲɪnʲe:]
lanterna (f)	žibiñtas (v)	[ʒʲɪ'bʲɪntas]
capacete (m)	šãlmas (v)	['ʃalʲmas]

roda (f)	rãtas (v)	['ra:tas]
para-choque (m)	spar̃nas (v)	['sparnas]
aro (m)	rãtlankis (v)	['ra:tlʲaŋkʲɪs]
raio (m)	stìpinas (v)	['stʲɪpʲɪnas]

Carros

146. Tipos de carros

carro, automóvel (m)	automobìlis (v)	[aʊtomo'bʲɪlʲɪs]
carro (m) esportivo	spòrtinis automobìlis (v)	['sportʲɪnʲɪs aʊtomo'bʲɪlʲɪs]
limusine (f)	limuzìnas (v)	[lʲɪmʊ'zʲɪnas]
todo o terreno (m)	visureìgis (v)	[vʲɪsʊ'rʲɛɪgʲɪs]
conversível (m)	kabrioletas (v)	[kabrʲɪjo'lʲɛtas]
minibus (m)	mikroautobùsas (v)	[mʲɪkroaʊto'bʊsas]
ambulância (f)	greitóji pagálba (m)	[grʲɛɪ'to:jɪ pa'galʲba]
limpa-neve (m)	sniẽgo vãlymo mašinà (m)	['snʲɛgɔ 'va:lʲi:mɔ maʃɪ'na]
caminhão (m)	suñkvežimis (v)	['sʊŋkvʲɛʒʲɪmʲɪs]
caminhão-tanque (m)	benzìnvežis (v)	[bʲɛn'zʲɪnvʲɛʒʲɪs]
perua, van (f)	furgònas (v)	[fʊr'gonas]
caminhão-trator (m)	vilkìkas (v)	[vʲɪlʲ'kʲɪkas]
reboque (m)	príekaba (m)	['prʲɪɛkaba]
confortável (adj)	komfortabilùs	[komfortabʲɪ'lʲʊs]
usado (adj)	dėvėtas	[dʲe:'vʲe:tas]

147. Carros. Carroçaria

capô (m)	kapòtas (v)	[ka'potas]
para-choque (m)	spar̃nas (v)	['sparnas]
teto (m)	stógas (v)	['stogas]
para-brisa (m)	príekinis stìklas (v)	['prʲɪɛkʲɪnʲɪs 'stʲɪklʲas]
retrovisor (m)	galìnio vaìzdo véidrodis (v)	[ga'lʲɪnʲɔ 'vʌɪzdɔ 'vʲɛɪdrodʲɪs]
esguicho (m)	plautùvas (v)	[plʲaʊ'tʊvas]
limpadores (m) de para-brisas	stìklo valytùvai (v dgs)	['stʲɪklɔ valʲi:'tʊvʌɪ]
vidro (m) lateral	šóninis stìklas (v)	['ʃonʲɪnʲɪs 'stʲɪklʲas]
elevador (m) do vidro	stìklo kéltuvas (v)	['stʲɪklɔ 'kʲɛlʲtʊvas]
antena (f)	antenà (m)	[antʲɛ'na]
teto (m) solar	liùkas (v)	['lʲʊkas]
para-choque (m)	bámperis (v)	['bampʲɛrʲɪs]
porta-malas (f)	bagažìnė (m)	[baga'ʒʲɪnʲe:]
bagageira (f)	stógo bagažìnė (m)	['stogɔ baga'ʒʲɪnʲe:]
porta (f)	durẽlės (m dgs)	[dʊ'rʲælʲe:s]
maçaneta (f)	rañkena (m)	['raŋkʲɛna]
fechadura (f)	ùžraktas (v)	['ʊʒraktas]
placa (f)	nùmeris (v)	['nʊmʲɛrʲɪs]
silenciador (m)	duslintùvas (v)	[dʊslʲɪn'tʊvas]

| tanque (m) de gasolina | benzino bãkas (v) | [bʲɛn'zʲɪnɔ 'ba:kas] |
| tubo (m) de exaustão | išmetìmo vam̃zdis (v) | [ɪʃmʲɛ'tʲɪmɔ 'vamzdʲɪs] |

acelerador (m)	greĩtis (v)	['grʲɛɪtʲɪs]
pedal (m)	pedãlas (v)	[pʲɛ'da:lʲas]
pedal (m) do acelerador	greĩčio pedãlas (v)	['grʲɛɪtʂʲɔ pʲɛ'da:lʲas]

freio (m)	stabdỹs (v)	[stab'dʲi:s]
pedal (m) do freio	stãbdžio pedãlas (v)	[sta:b'dʒʲɔ pʲɛ'da:lʲas]
frear (vt)	stabdýti	[stab'dʲi:tʲɪ]
freio (m) de mão	stovéjimo stabdỹs (v)	[sto'vʲɛjɪmɔ stab'dʲi:s]

embreagem (f)	sánkaba (m)	['saŋkaba]
pedal (m) da embreagem	sánkabos pedãlas (v)	['saŋkabos pʲɛ'da:lʲas]
disco (m) de embreagem	sánkabos dìskas (v)	['saŋkabos 'dɪskas]
amortecedor (m)	amortizãtorius (v)	[amortʲɪ'za:torʲʊs]

roda (f)	rãtas (v)	['ra:tas]
pneu (m) estepe	atsargìnis rãtas (v)	[atsar'gʲɪnʲɪs 'ra:tas]
pneu (m)	padangà (m)	[padan'ga]
calota (f)	rãto gaũbtas (v)	['ra:tɔ 'gɑʊptas]

rodas (f pl) motrizes	vãrantieji rãtai (v dgs)	['va:rantʲiɛjɪ 'ra:tʌɪ]
de tração dianteira	príekiniai vãromieji rãtai	['prʲiɛkʲɪnʲɛɪ 'va:romʲiɛjɪ 'ra:tʌɪ]
de tração traseira	galìniai vãromieji rãtai	[ga'lʲɪnʲɛɪ 'va:romʲiɛjɪ 'ra:tʌɪ]
de tração às 4 rodas	visì vãromieji rãtai	[vʲɪ'sʲɪ 'va:romʲiɛjɪ 'ra:tʌɪ]

caixa (f) de mudanças	pavarų̃ dėžė̃ (m)	[pava'ru: dʲe:'ʒʲe:]
automático (adj)	automãtinis	[ɑʊto'ma:tʲɪnʲɪs]
mecânico (adj)	mechãninis	[mʲɛ'xa:nʲɪnʲɪs]
alavanca (f) de câmbio	pavarų̃ dėžė̃s svìrtis (m)	[pava'ru: dʲe:'ʒʲe:s 'svʲɪrtʲɪs]

| farol (m) | žibiñtas (v) | [ʒʲɪ'bʲɪntas] |
| faróis (m pl) | žibiñtai (v dgs) | [ʒʲɪ'bʲɪntʌɪ] |

farol (m) baixo	ãrtimos žibiñtų šviẽsos (m dgs)	['artʲɪmos ʒʲɪ'bʲɪntu: ʃvʲɛsos]
farol (m) alto	tólimos žibiñtų šviẽsos (m dgs)	['tolʲɪmos ʒʲɪ'bʲɪntu: ʃvʲɛsos]
luzes (f pl) de parada	stòp signãlas (v)	['stop sʲɪg'na:lʲas]

luzes (f pl) de posição	gabarìtinės šviẽsos (m dgs)	[gaba'rʲɪtʲɪnʲe:s 'ʃvʲɛsos]
luzes (f pl) de emergência	avãrinės šviẽsos (m dgs)	[a'va:rʲɪnʲe:s 'ʃvʲɛsos]
faróis (m pl) de neblina	priešrūkiniai žibiñtai (v dgs)	[prʲiɛʃ'ru:kʲɪnʲɛɪ ʒʲɪ'bʲɪntʌɪ]
pisca-pisca (m)	«pósūkis» (v)	['posu:kʲɪs]
luz (f) de marcha ré	«atbuļìnės eigõs» lemputė̃ (m)	[atbʊ'lʲɪnʲe:s ɛɪ'go:s lʲɛm'pʊtʲe:]

148. Carros. Habitáculo

interior (do carro)	salónas (v)	[sa'lʲonas]
de couro	odìnis	[o'dʲɪnʲɪs]
de veludo	veliũrinis	[vʲɛ'lʲu:rʲɪnʲɪs]
estofamento (m)	ãpmušalas (v)	['a:pmʊʃalʲas]

indicador (m)	príetaisas (v)	['prⁱɛtʌɪsas]
painel (m)	príetaisų skydēlis (v)	['prⁱɛtʌɪsu: skⁱi:'dⁱælⁱɪs]
velocímetro (m)	spidométras (v)	[spⁱɪdo'mⁱɛtras]
ponteiro (m)	rodȳklė (m)	[ro'dⁱi:klⁱe:]

hodômetro, odômetro (m)	ridõs skaitìklis (v)	[rⁱɪ'do:s skʌɪ'tⁱɪklⁱɪs]
indicador (m)	davìklis (v)	[da'vⁱɪklⁱɪs]
nível (m)	lȳgis (v)	['lⁱi:gⁱɪs]
luz (f) de aviso	lempùtė (m)	[lⁱɛm'pʊtⁱe:]

volante (m)	vaĩras (v)	['vʌɪras]
buzina (f)	signãlas (v)	[sⁱɪg'na:lⁱas]
botão (m)	mygtùkas (v)	[mⁱi:k'tʊkas]
interruptor (m)	jungìklis (v)	[jʊn'gⁱɪklⁱɪs]

assento (m)	sėdȳnė (m)	[sⁱe:'dⁱi:nⁱe:]
costas (f pl) do assento	ãtlošas (v)	['a:tlⁱoʃas]
cabeceira (f)	ãtlošas gálvai (v)	['a:tlⁱoʃas 'galⁱvʌɪ]
cinto (m) de segurança	saugõs dìržas (v)	[sɑʊ'go:s 'dⁱɪrʒas]
apertar o cinto	prisisègti saugõs dìržų	[prⁱɪsⁱɪ'sⁱɛktⁱɪ sɑʊ'go:s dⁱɪr'ʒʊ]
ajuste (m)	reguliãvimas (v)	[rⁱɛgʊ'lⁱævⁱɪmas]

airbag (m)	óro pagálvė (m)	['orɔ pa'galⁱvⁱe:]
ar (m) condicionado	kondicioniẽrius (v)	[kɔndⁱɪtsⁱɪjo'nⁱɛrⁱʊs]

rádio (m)	rãdijas (v)	['ra:dⁱɪjas]
leitor (m) de CD	CD grotùvas (v)	[sⁱɪdⁱɪ gro'tʊvas]
ligar (vt)	įjùngti	[i:'jʊŋktⁱɪ]
antena (f)	antenà (m)	[antⁱɛ'na]
porta-luvas (m)	daiktãdėžė (m)	[dʌɪk'ta:dⁱe:ʒⁱe:]
cinzeiro (m)	pelenìnė (m)	[pⁱɛlⁱɛ'nⁱɪnⁱe:]

149. Carros. Motor

motor (m)	motóras (v)	[mo'toras]
a diesel	dyzelìnis	[dⁱi:zⁱɛ'lⁱɪnⁱɪs]
a gasolina	benzìninis	[bⁱɛn'zⁱɪnⁱɪnⁱɪs]

cilindrada (f)	varìklio apimtìs (m)	[va'rⁱɪklⁱɔ apⁱɪm'tⁱɪs]
potência (f)	galingùmas (v)	[galⁱɪn'gʊmas]
cavalo (m) de potência	árklio galià (m)	['arklⁱɔ ga'lⁱæ]
pistão (m)	stūmõklis (v)	[stu:'mo:klⁱɪs]
cilindro (m)	cilìndras (v)	[tsⁱɪ'lⁱⁱɪndras]
válvula (f)	vožtùvas (v)	[voʒ'tʊvas]

injetor (m)	inžèktorius (v)	[ɪn'ʒⁱɛktorⁱʊs]
gerador (m)	generãtorius (v)	[gⁱɛnⁱɛ'ra:torⁱʊs]
carburador (m)	karbiurãtorius (v)	[karbⁱʊ'ra:torⁱʊs]
óleo (m) de motor	varìklinė alyvà (m)	[va'rⁱɪklⁱɪnⁱe: alⁱi:'va]

radiador (m)	radiãtorius (v)	[ra'dⁱætorⁱʊs]
líquido (m) de arrefecimento	áušinimo skȳstis (v)	['ɑʊʃɪnⁱɪmɔ 'skⁱi:stⁱɪs]
ventilador (m)	ventiliãtorius (v)	[vⁱɛntⁱɪ'lⁱætorⁱʊs]
bateria (f)	akumuliãtorius (v)	[akʊmʊ'lⁱætorⁱʊs]

dispositivo (m) de arranque	stárteris (v)	['start'ɛr'ɪs]
ignição (f)	uždegìmas (v)	[ʊʒd'ɛ'g'ɪmas]
vela (f) de ignição	uždegìmo žvãkė (m)	[ʊʒd'ɛ'g'ɪmɔ 'ʒva:k'e:]

terminal (m)	gnýbtas (v)	[gn'i:ptas]
terminal (m) positivo	pliùsas (v)	['pl'ʊsas]
terminal (m) negativo	mìnusas (v)	['m'ɪnʊsas]
fusível (m)	saugìklis (v)	[sɑʊ'g'ɪkl'ɪs]

filtro (m) de ar	óro fìltras (v)	['orɔ 'f'ɪl'tras]
filtro (m) de óleo	alỹvos fìltras (v)	[a'l'i:vos 'f'ɪl'tras]
filtro (m) de combustível	kùro fìltras (v)	['kʊrɔ 'f'ɪl'tras]

150. Carros. Batidas. Reparação

acidente (m) de carro	avãrija (m)	[a'va:r'ɪjɛ]
acidente (m) rodoviário	eìsmo įvykis (v)	['ɛɪsmɔ 'i:v'ɪ:k'ɪs]
bater (~ num muro)	atsitrenkti	[ats'ɪ'tr'ɛŋkt'ɪ]
sofrer um acidente	sudùžti	[sʊ'dʊʒt'ɪ]
dano (m)	žalà (m)	[ʒa'l'a]
intato	nenukentéjęs	[n'ɛnʊken't'e:jɛ:s]

pane (f)	gedìmas (v)	[g'ɛ'd'ɪmas]
avariar (vi)	sulúžti	[sʊ'l'u:ʒt'ɪ]
cabo (m) de reboque	vìlkimo tròsas (v)	['v'ɪl'k'ɪmɔ 'trosas]

furo (m)	pradūrìmas (v)	[pradu:'r'ɪmas]
estar furado	nuléisti	[nʊ'l'ɛɪst'ɪ]
encher (vt)	pripumpúoti	[pr'ɪpʊm'pʊat'ɪ]
pressão (f)	slėgis (v)	['sl'e:g'ɪs]
verificar (vt)	patìkrinti	[pa't'ɪkr'ɪnt'ɪ]

reparo (m)	remòntas (v)	[r'ɛ'montas]
oficina (f) automotiva	taisyklà (m)	[tʌɪs'l'i:k'l'a]
peça (f) de reposição	atsarginė dalìs (m)	[atsar'g'ɪn'e: da'l'ɪs]
peça (f)	detãlė (m)	[d'ɛta:'l'e:]

parafuso (com porca)	varžtas (v)	['varʒtas]
parafuso (m)	sráigtas (v)	['srʌɪktas]
porca (f)	veržlė (m)	[v'ɛrʒ'l'e:]
arruela (f)	póveržlė (m)	['poverʒl'e:]
rolamento (m)	guõlis (v)	['gʊal'ɪs]

tubo (m)	vamzdėlis (v)	[vamz'd'æl'ɪs]
junta, gaxeta (f)	tárpinė (m)	['tarp'ɪn'e:]
fio, cabo (m)	laĩdas (v)	['l'ʌɪdas]

macaco (m)	kéliklis (v)	['k'e:l'ɪkl'ɪs]
chave (f) de boca	veržlių rãktas (v)	[v'ɛrʒ'l'u: 'ra:ktas]
martelo (m)	plaktùkas (v)	[pl'ak'tʊkas]
bomba (f)	siurblỹs (v)	[s'ʊr'bl'i:s]
chave (f) de fenda	atsuktùvas (v)	[atsʊk'tʊvas]
extintor (m)	gesintùvas (v)	[g'ɛs'ɪn'tʊvas]
triângulo (m) de emergência	avãrinis trìkampis (v)	[a'va:r'ɪn'ɪs 'tr'ɪkamp'ɪs]

morrer (motor)	gèsti	['gʲɛstʲɪ]
paragem, "morte" (f)	sustojìmas (v)	[sʊsto'jɪmas]
estar quebrado	bū́ti sulū́žusiam	['bu:tʲɪ sʊ'lʲu:ʒʊsʲæm]

superaquecer-se (vr)	pérkaisti	['pʲɛrkʌɪstʲɪ]
entupir-se (vr)	užsiteršti	[ʊʒsʲɪ'tʲɛrʃtʲɪ]
congelar-se (vr)	užšálti	[ʊʒ'ʃalʲtʲɪ]
rebentar (vi)	skìlti	['skʲɪlʲtʲɪ]

pressão (f)	slė́gis (v)	['slʲe:gʲɪs]
nível (m)	lỹgis (v)	['lʲi:gʲɪs]
frouxo (adj)	sìlpnas	['sʲɪlʲpnas]

batida (f)	ìduba (m)	['i:dʊba]
ruído (m)	trinksė́jimas (v)	[trʲɪŋk'sʲɛjɪmas]
fissura (f)	ìskilìmas (v)	[i:skʲɪ'lʲi:mas]
arranhão (m)	ìbrėžìmas (v)	[i:brʲe:'ʒɪ:mas]

151. Carros. Estrada

estrada (f)	kẽlias (v)	['kʲælʲæs]
autoestrada (f)	automagistrãlė (m)	[ɑʊtomagʲɪs'tra:lʲe:]
rodovia (f)	pléntas (v)	['plʲɛntas]
direção (f)	kryptìs (m)	[krʲi:p'tʲɪs]
distância (f)	atstùmas (v)	[at'stʊmas]

ponte (f)	tìltas (v)	['tʲɪlʲtas]
parque (m) de estacionamento	stovėjimo vietà (m)	[sto'vʲɛjɪmɔ vʲiɛ'ta]
praça (f)	aikštė̃ (m)	[ʌɪkʃ'tʲe:]
nó (m) rodoviário	sánkryža (m)	['saŋkrʲi:ʒa]
túnel (m)	tùnelis (v)	['tʊnʲɛlʲɪs]

posto (m) de gasolina	degalìnė (m)	[dʲɛga'lʲɪnʲe:]
parque (m) de estacionamento	stovėjimo aikštẽlė (m)	[sto'vʲɛjɪmɔ ʌɪkʃ'tʲælʲe:]
bomba (f) de gasolina	degalìnė (m)	[dʲɛga'lʲɪnʲe:]
oficina (f) automotiva	garãžas (v)	[ga'ra:ʒas]
abastecer (vt)	pripìlti degalų̃	[prʲɪ'pʲɪlʲtʲɪ dʲɛga'lu:]
combustível (m)	kùras (v)	['kʊras]
galão (m) de gasolina	kanìstras (v)	[ka'nʲɪstras]

asfalto (m)	asfáltas (v)	[as'falʲtas]
marcação (f) de estradas	žénklinimas (v)	['ʒʲɛŋklʲɪnʲɪmas]
meio-fio (m)	bordiū̃ras (v)	[bor'dʲu:ras]
guard-rail (m)	ùžtvara (m)	['ʊʒtvara]
valeta (f)	griovỹs (v)	[grʲo'vʲi:s]
acostamento (m)	šalìkelė (m)	[ʃa'lʲɪkelʲe:]
poste (m) de luz	stulpas (v)	['stʊlʲpas]

dirigir (vt)	vairúoti	[vʌɪ'rʊɑtʲɪ]
virar (~ para a direita)	pasùkti	[pa'sʊktʲɪ]
dar retorno	apsisùkti	[apsʲɪ'sʊktʲɪ]
ré (f)	atbulìnė eigà (m)	[atbʊ'lʲɪnʲe: ɛɪ'ga]
buzinar (vi)	pypsė́ti	[pʲi:p'sʲe:tʲɪ]
buzina (f)	garsìnis signãlas (v)	[gar'sʲɪnʲɪs sʲɪg'na:lʲas]

atolar-se (vr)	**užstrìgti**	[ʊʒ'strʲɪktʲɪ]
patinar (na lama)	**buksúoti**	[bʊk'sʊɑtʲɪ]
desligar (vt)	**išjùngti**	[ɪ'ʃjʊŋktʲɪ]

velocidade (f)	**greĩtis** (v)	['grʲɛɪtʲɪs]
exceder a velocidade	**vìršyti greĩtį**	['vʲɪrʃɪːtʲɪ 'grʲɛɪtʲɪ:]
multar (vt)	**skìrti baũdą**	['skʲɪrtʲɪ 'bɑʊdaː]
semáforo (m)	**šviesofòras** (v)	[ʃvʲɪɛsoˈforas]
carteira (f) de motorista	**vairúotojo pažyméjimas** (v)	[vʌɪˈrʊɑtojo paʒʲiːˈmʲɛjɪmas]

passagem (f) de nível	**pérvaža** (m)	['pʲɛrvaʒa]
cruzamento (m)	**sánkryža** (m)	['saŋkrʲiːʒa]
faixa (f)	**pėsčiūjų péréja** (m)	[pʲeːs'tʂʲuːju: 'pʲɛrʲeːja]
curva (f)	**pósūkis** (v)	['posuːkʲɪs]
zona (f) de pedestres	**pėsčiūjų zonà** (m)	[pʲeːs'tʂʲuːju: zoˈna]

PESSOAS. EVENTOS

Eventos

152. Férias. Evento

festa (f)	šventė (m)	['ʃventʲeː]
feriado (m) nacional	nacionãlinė šventė (m)	[natsʲɪjo'naːlʲɪnʲeː 'ʃventʲeː]
feriado (m)	šventės dienà (m)	['ʃventʲeːs dʲiɛ'na]
festejar (vt)	švęsti	['ʃvʲɛːstʲɪ]

evento (festa, etc.)	ĩvykis (v)	['iːvʲɪːkʲɪs]
evento (banquete, etc.)	renginỹs (v)	[rʲɛngʲɪ'nʲiːs]
banquete (m)	bankètas (v)	[baŋ'kʲɛtas]
recepção (f)	priėmìmas (v)	[prʲɪʲeː'mʲɪmas]
festim (m)	puotà (m)	[puɑ'ta]

aniversário (m)	mẽtinės (m dgs)	['mʲætʲɪnʲeːs]
jubileu (m)	jubiliẽjus (v)	[jubʲɪ'lʲɛjus]
celebrar (vt)	atšvęsti	[at'ʃvʲɛːstʲɪ]

Ano (m) Novo	Naujíeji mẽtai (v dgs)	[nɑu'jiɛjɪ 'mʲætʌɪ]
Feliz Ano Novo!	Sù Naujaìsiais!	['su nɑu'jʌɪsʲɛɪs!]

Natal (m)	Kalẽdos (m dgs)	[ka'lʲeːdos]
Feliz Natal!	Linksmų̃ Kalẽdų!	[lʲɪŋks'mu: ka'lʲeːduː!]
árvore (f) de Natal	Kalẽdinė eglùtė (m)	[ka'lʲeːdʲɪnʲe: eg'lutʲeː]
fogos (m pl) de artifício	saliùtas (v)	[sa'lʲutas]

casamento (m)	vestùvės (m dgs)	[vʲɛs'tuvʲeːs]
noivo (m)	jaunìkis (v)	[jɛu'nʲɪkʲɪs]
noiva (f)	jaunóji (m)	[jɛu'noːjɪ]

convidar (vt)	kviẽsti	['kvʲɛstʲɪ]
convite (m)	kvietìmas (v)	[kvʲiɛ'tʲɪmas]

convidado (m)	svẽčias (v)	['svʲætʃʲæs]
visitar (vt)	eĩti į̃ svečiùs	['ɛɪtʲɪ iː svʲɛ'tʃʲus]
receber os convidados	sutìkti svečiùs	[su'tʲɪktʲɪ svʲɛ'tʃʲus]

presente (m)	dovanà (m)	[dova'na]
oferecer, dar (vt)	dovanóti	[dova'notʲɪ]
receber presentes	gáuti dóvanas	['gɑutʲɪ 'dovanas]
buquê (m) de flores	púokštė (m)	['puɑkʃtʲe:]

felicitações (f pl)	sveĩkinimas (v)	['svʲɛɪkʲɪnʲɪmas]
felicitar (vt)	sveĩkinti	['svʲɛɪkʲɪntʲɪ]
cartão (m) de parabéns	sveĩkinimo atvirùkas (v)	['svʲɛɪkʲɪnʲɪmɔ atvʲɪ'rukas]
enviar um cartão postal	išsių̃sti atvirùką	[ɪʃ'sʲuːstʲɪ atvʲɪ'ruka:]

receber um cartão postal	gáuti atvirùką	['gɑʊtʲɪ atvʲɪ'rʊka:]
brinde (m)	tòstas (v)	['tostas]
oferecer (vt)	vaišìnti	[vʌɪ'ʃɪntʲɪ]
champanhe (m)	šampãnas (v)	[ʃam'pa:nas]

divertir-se (vr)	lìnksmintis	['lʲɪŋksmʲɪntʲɪs]
diversão (f)	linksmýbė (m)	[lʲɪŋks'mʲi:bʲe:]
alegria (f)	džiaũgsmas (v)	['dʒʲɛʊgsmas]

| dança (f) | šõkis (v) | ['ʃo:kʲɪs] |
| dançar (vi) | šókti | ['ʃoktʲɪ] |

| valsa (f) | válsas (v) | ['valʲsas] |
| tango (m) | tángo (v) | ['tangɔ] |

153. Funerais. Enterro

cemitério (m)	kãpinės (m dgs)	['ka:pʲɪnʲe:s]
sepultura (f), túmulo (m)	kãpas (v)	['ka:pas]
cruz (f)	krỹžius (v)	['krʲi:ʒʲʊs]
lápide (f)	añtkapis (v)	['antkapʲɪs]
cerca (f)	ãptvaras (v)	['a:ptvaras]
capela (f)	koplyčià (m)	[kɔplʲi:'tʃʲæ]

morte (f)	mirtìs (m)	[mʲɪr'tʲɪs]
morrer (vi)	mírti	['mʲɪrtʲɪ]
defunto (m)	veliónis (v)	[vʲɛ'lʲonʲɪs]
luto (m)	gēdulas (v)	['gʲædʊlʲas]

enterrar, sepultar (vt)	láidoti	['lʲʌɪdotʲɪ]
funerária (f)	láidojimo biùras (v)	['lʲʌɪdojɪmɔ 'bʲʊras]
funeral (m)	láidotuvès (m dgs)	['lʲʌɪdotʊvʲe:s]

coroa (f) de flores	vainìkas (v)	[vʌɪ'nʲɪkas]
caixão (m)	kar̃stas (v)	['karstas]
carro (m) funerário	katafálkas (v)	[kata'falʲkas]
mortalha (f)	lavõndengtė (m)	[lʲa'vo:ndeŋktʲe:]

procissão (f) funerária	gēdulo procèsija (m)	['gʲædʊlʲɔ pro'tsʲɛsʲɪjɛ]
urna (f) funerária	ùrna (m)	['ʊrna]
crematório (m)	krematòriumas (v)	[krʲɛma'torʲʊmas]

obituário (m), necrologia (f)	nekrològas (v)	[nʲɛkro'lʲogas]
chorar (vi)	veřkti	['vʲɛrktʲɪ]
soluçar (vi)	raudóti	[rɑʊ'dotʲɪ]

154. Guerra. Soldados

pelotão (m)	bū́rỹs (v)	[bu:'rʲi:s]
companhia (f)	kúopa (m)	['kʊɑpa]
regimento (m)	pul̃kas (v)	['pʊl̃kas]
exército (m)	ármija (m)	['armʲɪjɛ]

divisão (f)	divìzija (m)	[dʲɪ'vʲɪzʲɪjɛ]
esquadrão (m)	būrỹs (v)	[bu:'rʲi:s]
hoste (f)	kariúomenė (m)	[ka'rʲʊamenʲe:]

soldado (m)	kareĩvis (v)	[ka'rʲɛɪvʲɪs]
oficial (m)	kariniñkas (v)	[karʲɪ'nʲɪŋkas]

soldado (m) raso	eilìnis (v)	[ɛɪ'lʲɪnʲɪs]
sargento (m)	seržántas (v)	[sʲɛr'ʒantas]
tenente (m)	leitenántas (v)	[lʲɛɪtʲɛ'nantas]
capitão (m)	kapitõnas (v)	[kapʲɪ'to:nas]
major (m)	majõras (v)	[ma'jɔ:ras]
coronel (m)	puĺkininkas (v)	['pʊlʲkʲɪnʲɪŋkas]
general (m)	generõlas (v)	[gʲɛnʲɛ'ro:lʲas]

marujo (m)	jūrininkas (v)	['ju:rʲɪnʲɪŋkas]
capitão (m)	kapitõnas (v)	[kapʲɪ'to:nas]
contramestre (m)	bòcmanas (v)	['botsmanas]
artilheiro (m)	artileristas (v)	[artʲɪlʲɛ'rʲɪstas]
soldado (m) paraquedista	desántininkas (v)	[dʲɛ'santʲɪnʲɪŋkas]
piloto (m)	lakūnas (v)	[lʲa'ku:nas]
navegador (m)	štùrmanas (v)	['ʃtʊrmanas]
mecânico (m)	mechãnikas (v)	[mʲɛ'xa:nʲɪkas]

sapador-mineiro (m)	pioniẽrius (v)	[pʲɪjo'nʲɛrʲʊs]
paraquedista (m)	parašiùtininkas (v)	[para'ʃʊtʲɪnʲɪŋkas]
explorador (m)	žvaĺgas (v)	['ʒvalʲgas]
atirador (m) de tocaia	snáiperis (v)	['snʌɪpʲɛrʲɪs]

patrulha (f)	patrùlis (v)	[pat'rʊlʲɪs]
patrulhar (vt)	patruliúoti	[patrʊ'lʲʊatʲɪ]
sentinela (f)	sargýbinis (v)	[sar'gʲi:bʲɪnʲɪs]
guerreiro (m)	karỹs (v)	[ka'rʲi:s]
patriota (m)	patriòtas (v)	[patrʲɪ'jotas]
herói (m)	dìdvyris (v)	['dʲɪdvʲi:rʲɪs]
heroína (f)	dìdvyrė (m)	['dʲɪdvʲi:rʲe:]

traidor (m)	išdavìkas (v)	[ɪʃda'vʲɪkas]
trair (vt)	išdúoti	[ɪʃ'dʊatʲɪ]
desertor (m)	dezertỹras (v)	[dʲɛzʲɛr'tʲi:ras]
desertar (vt)	dezertyrúoti	[dʲɛzʲɛrtʲi:'rʊatʲɪ]

mercenário (m)	samdinỹs (v)	[samdʲɪ'nʲi:s]
recruta (m)	naujõkas (v)	[nɑʊ'jɔ:kas]
voluntário (m)	savanõris (v)	[sava'no:rʲɪs]

morto (m)	nužudýtasis (v)	[nʊʒʊ'dʲi:tasʲɪs]
ferido (m)	sužeistàsis (v)	[sʊʒʲɛɪ'stasʲɪs]
prisioneiro (m) de guerra	belaĩsvis (v)	[bʲɛ'lʲʌɪsvʲɪs]

155. Guerra. Ações militares. Parte 1

guerra (f)	kãras (v)	['ka:ras]
guerrear (vt)	kariáuti	[ka'rʲæʊtʲɪ]

guerra (f) civil	piliētinis kãras (v)	[pʲɪ'lʲɛtʲɪnʲɪs 'ka:ras]
perfidamente	klastìngai	[klʲas'tʲɪŋɑɪ]
declaração (f) de guerra	paskelbìmas (v)	[paskʲɛlʲ'bʲɪmas]
declarar guerra	paskélbti	[pas'kʲɛlʲptʲɪ]
agressão (f)	agrèsija (m)	[ag'rʲɛsʲɪjɛ]
atacar (vt)	pùlti	['pʊlʲtʲɪ]

invadir (vt)	užgróbti	[ʊʒ'groptʲɪ]
invasor (m)	užgrobìkas (v)	[ʊʒgro'bʲɪkas]
conquistador (m)	užkariáutojas (v)	[ʊʒka'rʲæʊto:jɛs]

defesa (f)	gynýba (m)	[gʲi:'nʲi:ba]
defender (vt)	giñti	['gʲɪntʲɪ]
defender-se (vr)	gìntis	['gʲɪntʲɪs]

inimigo (m)	príešas (v)	['prʲiɛʃas]
adversário (m)	príešininkas (v)	['prʲiɛʃʲɪnʲɪŋkas]
inimigo (adj)	príešo	['prʲiɛʃo]

estratégia (f)	stratègija (m)	[stra'tʲɛgʲɪjɛ]
tática (f)	tãktika (m)	['ta:ktʲɪka]

ordem (f)	įsãkymas (v)	[i:'sa:kʲɪ:mas]
comando (m)	kománda (m)	[kɔ'manda]
ordenar (vt)	įsakýti	[i:sa'kʲi:tʲɪ]
missão (f)	užduotìs (m)	[ʊʒdʊɑ'tʲɪs]
secreto (adj)	slãptas	['slʲa:ptas]

batalha (f)	mũšis (v)	['mu:ʃɪs]
combate (m)	kautỹnės (m dgs)	[kɑʊ'tʲi:nʲe:s]

ataque (m)	atakà (m)	[ata'ka]
assalto (m)	štu̅rmas (v)	['ʃtʊrmas]
assaltar (vt)	šturmúoti	[ʃtʊr'mʊɑtʲɪ]
assédio, sítio (m)	apgulà (m)	[apgʊ'lʲa]

ofensiva (f)	puolìmas (v)	[pʊɑ'lʲɪmas]
tomar à ofensiva	pùlti	['pʊlʲtʲɪ]

retirada (f)	atsitraukìmas (v)	[atsʲɪtrɑʊ'kʲɪmas]
retirar-se (vr)	atsitráukti	[atsʲɪ'trɑʊktʲɪ]

cerco (m)	apsupìmas (v)	[apsʊ'pʲɪmas]
cercar (vt)	apsùpti	[ap'sʊptʲɪ]

bombardeio (m)	bombardãvimas (v)	[bombar'da:vʲɪmas]
lançar uma bomba	numèsti bombą	[nʊ'mʲɛstʲɪ 'bomba:]
bombardear (vt)	bombardúoti	[bombar'dʊɑtʲɪ]
explosão (f)	sprogìmas (v)	[spro'gʲɪmas]

tiro (m)	šũvis (v)	['ʃu:vʲɪs]
dar um tiro	iššáuti	[ɪʃʃɑʊtʲɪ]
tiroteio (m)	šáudymas (v)	['ʃɑʊdʲɪ:mas]

apontar para ...	taíkytis į̇ ...	['tʌɪkʲi:tʲɪs i: ..]
apontar (vt)	nutaíkyti	[nʊ'tʌɪkʲi:tʲɪ]

acertar (vt)	pataikyti	[pa'tʌɪkʲi:tʲɪ]
afundar (~ um navio, etc.)	paskandìnti	[paskan'dʲɪntʲɪ]
brecha (f)	pradauža (m)	[pradɑʊ'ʒa]
afundar-se (vr)	grimzti į dùgną	['grʲɪmztʲɪ i: 'dʊgna:]

frente (m)	frontas (v)	['frontas]
evacuação (f)	evakuãcija (m)	[ɛvakʊ'a:tsʲɪjɛ]
evacuar (vt)	evakúoti	[ɛva'kʊatʲɪ]

arame (m) enfarpado	spygliúotoji vielà (m)	[spʲi:g'lʲʊatojɪ vʲiɛ'la]
barreira (f) anti-tanque	ùžtvara (m)	['ʊʒtvara]
torre (f) de vigia	bókštas (v)	['bokʃtas]

hospital (m) militar	kãro ligóninė (m)	['ka:rɔ lʲɪ'gonʲɪnʲe:]
ferir (vt)	sužeìsti	[sʊ'ʒʲɛɪstʲɪ]
ferida (f)	žaizdà (m)	[ʒʌɪz'da]
ferido (m)	sužeistàsis (v)	[sʊʒʲɛɪ'stasʲɪs]
ficar ferido	bũti sužeistám	['bu:tʲɪ sʊʒʲɛɪs'tam]
grave (ferida ~)	sunkùs	[sʊŋ'kʊs]

156. Armas

arma (f)	giñklas (v)	['gʲɪŋklʲas]
arma (f) de fogo	šaunamàsis giñklas (v)	[ʃɑʊna'masʲɪs 'gʲɪŋklʲas]
arma (f) branca	šaltàsis giñklas (v)	[ʃalʲ'tasʲɪs 'gʲɪŋklʲas]

arma (f) química	chèminis giñklas (v)	['xʲɛmʲɪnʲɪs 'gʲɪŋklʲas]
nuclear (adj)	branduolìnis	[brandʊa'lʲɪnʲɪs]
arma (f) nuclear	branduolìnis giñklas (v)	[brandʊa'lʲɪnʲɪs 'gʲɪŋklas]

bomba (f)	bòmba (m)	['bomba]
bomba (f) atômica	atòminė bòmba (m)	[a'tomʲɪnʲe: 'bomba]

pistola (f)	pistolètas (v)	[pʲɪsto'lʲɛtas]
rifle (m)	šáutuvas (v)	['ʃaʊtʊvas]
semi-automática (f)	automãtas (v)	[ɑʊto'ma:tas]
metralhadora (f)	kulkósvaidis (v)	[kʊlʲ'kosvʌɪdʲɪs]

boca (f)	žiótys (m dgs)	['ʒʲotʲi:s]
cano (m)	vamzdis (v)	['vamzdʲɪs]
calibre (m)	kalìbras (v)	[ka'lʲɪbras]

gatilho (m)	gaidùkas (v)	[gʌɪ'dʊkas]
mira (f)	taikìklis (v)	[tʌɪ'kʲɪklʲɪs]
carregador (m)	dėtuvě (m)	[dʲe:tʊ'vʲe:]
coronha (f)	búožė (m)	['bʊaʒʲe:]

granada (f) de mão	granatà (m)	[grana'ta]
explosivo (m)	sprogmuõ (v)	['sprogmʊa]

bala (f)	kulkà (m)	[kʊlʲ'ka]
cartucho (m)	patrònas (v)	[pat'ronas]
carga (f)	šovinỹs (v)	[ʃovʲɪ'nʲi:s]
munições (f pl)	šáudmenys (v dgs)	['ʃɑʊdmʲɛnʲi:s]

bombardeiro (m)	bombónešis (v)	[bom'bon⻑ɛʃɪs]
avião (m) de caça	naikintùvas (v)	[nʌɪk⻑ɪn'tʊvas]
helicóptero (m)	sraigtãsparnis (v)	[srʌɪk'ta:sparn⻑ɪs]
canhão (m) antiaéreo	zenìtinis pabūklas (v)	[z⻑ɛ'n⻑ɪ:t⻑ɪn⻑ɪs i:r⻑ɛng⻑ɪ'n⻑ɪ:s]
tanque (m)	tánkas (v)	['taŋkas]
canhão (de um tanque)	patránka (m)	[pat'raŋka]
artilharia (f)	artilèrija (m)	[art⻑ɪ'l⻑ɛr⻑ɪjɛ]
fazer a pontaria	nutáikyti	[nʊ'tʌɪk⻑i:t⻑ɪ]
projétil (m)	sviedinȳs (v)	[sv⻑iɛd⻑ɪ'n⻑i:s]
granada (f) de morteiro	minà (m)	[m⻑ɪ'na]
morteiro (m)	minósvaidis (v)	[m⻑ɪ'nosvʌɪd⻑ɪs]
estilhaço (m)	skevéldra (m)	[sk⻑ɛ'v⻑ɛl⻑dra]
submarino (m)	povandenìnis laĩvas (v)	[povand⻑ɛ'n⻑ɪn⻑ɪs 'l⻑ʌɪvas]
torpedo (m)	torpedà (m)	[torp⻑ɛ'da]
míssil (m)	raketà (m)	[rak⻑ɛ'ta]
carregar (uma arma)	užtaisȳti	[ʊʒtʌɪ's⻑i:t⻑ɪ]
disparar, atirar (vi)	šáuti	['ʃoʊt⻑ɪ]
apontar para ...	táikytis į̃ ...	['tʌɪk⻑i:t⻑ɪs i: ..]
baioneta (f)	dùrtuvas (v)	['dʊrtʊvas]
espada (f)	špagà (m)	[ʃpa'ga]
sabre (m)	kárdas (v)	['kardas]
lança (f)	íetis (m)	['r⻑ɛt⻑ɪs]
arco (m)	lañkas (v)	['l⻑aŋkas]
flecha (f)	strėlė̃ (m)	[str⻑e:'l⻑e:]
mosquete (m)	muškietà (m)	[mʊʃk⻑iɛ'ta]
besta (f)	arbalėtas (v)	[arba'l⻑ɛtas]

157. Povos da antiguidade

primitivo (adj)	pirmȳkštis	[p⻑ɪr'm⻑i:kʃt⻑ɪs]
pré-histórico (adj)	priešistòrinis	[pr⻑iɛʃɪ'stor⻑ɪn⻑ɪs]
antigo (adj)	senóvinis	[s⻑ɛ'nov⻑ɪn⻑ɪs]
Idade (f) da Pedra	Akmeñs ámžius (v)	[ak'm⻑ɛns 'amʒ⻑ʊs]
Idade (f) do Bronze	Žálvario ámžius (v)	['ʒal⻑var⻑o 'amʒ⻑ʊs]
Era (f) do Gelo	ledýnmetis (v)	[l⻑ɛ'd⻑i:nm⻑ɛt⻑ɪs]
tribo (f)	gentìs (m)	[g⻑ɛn't⻑ɪs]
canibal (m)	žmogédra (m)	[ʒmo'g⻑e:dra]
caçador (m)	medžiótojas (v)	[m⻑ɛ'dʒ⻑oto:jɛs]
caçar (vi)	medžióti	[m⻑ɛ'dʒ⻑ot⻑ɪ]
mamute (m)	mamùtas (v)	[ma'mʊtas]
caverna (f)	ùrvas (v)	['ʊrvas]
fogo (m)	ugnìs (v)	[ʊg'n⻑ɪs]
fogueira (f)	láužas (v)	['l⻑oʊʒas]
pintura (f) rupestre	piešinȳs añt olõs síenos (v)	[p⻑iɛʃɪ'n⻑i:s ant o'l⻑o:s 's⻑iɛnos]
ferramenta (f)	dárbo įrankis (v)	['darbɔ 'i:raŋk⻑ɪs]

lança (f)	íetis (m)	['rɛtʲɪs]
machado (m) de pedra	akmeninis kírvis (v)	[akmʲɛ'nʲɪnʲɪs 'kʲɪrvʲɪs]
guerrear (vt)	kariáuti	[ka'rʲæʊtʲɪ]
domesticar (vt)	prijaukìnti	[prʲɪjɛʊ'kʲɪntʲɪ]

ídolo (m)	stãbas (v)	['sta:bas]
adorar, venerar (vt)	gárbinti	['garbʲɪntʲɪ]
superstição (f)	príetaras (v)	['prʲiɛtaras]

evolução (f)	evoliùcija (m)	[ɛvo'lʲʊtsʲɪjɛ]
desenvolvimento (m)	výstymasis (v)	['vʲi:stʲi:masʲɪs]
extinção (f)	išnykìmas (v)	[ɪʃnʲi:'kʲɪmas]
adaptar-se (vr)	prisitáikyti	[prʲɪsʲɪ'tʌɪkʲi:tʲɪ]

arqueologia (f)	archeològija (m)	[arxʲɛo'lʲogʲɪjɛ]
arqueólogo (m)	archeològas (v)	[arxʲɛo'lʲogas]
arqueológico (adj)	archeològinis	[arxʲɛo'lʲogʲɪnʲɪs]

escavação (sítio)	kasinéjimai (m dgs)	[kasʲɪ'nʲɛjɪmʌɪ]
escavações (f pl)	kasinéjimai (m dgs)	[kasʲɪ'nʲɛjɪmʌɪ]
achado (m)	radinỹs (v)	[radʲɪ'nʲi:s]
fragmento (m)	fragmeñtas (v)	[frag'mʲɛntas]

158. Idade média

povo (m)	tautà (m)	[tɑʊ'ta]
povos (m pl)	tautõs (m dgs)	[tɑʊ'to:s]
tribo (f)	gentìs (m)	[gʲɛn'tʲɪs]
tribos (f pl)	geñtys (m dgs)	['gʲɛntʲi:s]

bárbaros (pl)	bárbarai (v dgs)	['barbarʌɪ]
galeses (pl)	gãlai (v dgs)	['ga:lʲʌɪ]
godos (pl)	gòtai (v dgs)	['gotʌɪ]
eslavos (pl)	slãvai (m dgs)	['slʲa:vʌɪ]
viquingues (pl)	vìkingai (v)	['vʲɪkʲɪngʌɪ]

| romanos (pl) | roménas (v) | [ro'mʲe:nas] |
| romano (adj) | roméniškas | [ro'mʲe:nʲɪʃkas] |

bizantinos (pl)	bizantiẽčiai (v dgs)	[bʲɪzan'tʲɛtʂʲɛɪ]
Bizâncio	Bizántija (m)	[bʲɪ'zantʲɪjɛ]
bizantino (adj)	bizántiškas	[bʲɪ'zantʲɪʃkas]

imperador (m)	imperãtorius (v)	[ɪmpʲɛ'ra:torʲʊs]
líder (m)	vãdas (v)	['va:das]
poderoso (adj)	galìngas	[ga'lʲɪngas]
rei (m)	karãlius (v)	[ka'ra:lʲʊs]
governante (m)	valdõvas (v)	[valʲ'do:vas]

cavaleiro (m)	rìteris (v)	['rʲɪtʲɛrʲɪs]
senhor feudal (m)	feodãlas (v)	[fʲɛo'da:lʲas]
feudal (adj)	feodãlinis	[fʲɛo'da:lʲɪnʲɪs]
vassalo (m)	vasãlas (v)	[va'sa:lʲas]
duque (m)	hèrcogas (v)	['ɣʲɛrtsogas]

conde (m)	grãfas (v)	['gra:fas]
barão (m)	barõnas (v)	[ba'ro:nas]
bispo (m)	výskupas (v)	['vʲi:skʊpas]

armadura (f)	šarvuõtė (m)	[ʃar'vʊɑtʲe:]
escudo (m)	skỹdas (v)	['skʲi:das]
espada (f)	kárdas (v)	['kardas]
viseira (f)	añtveidis (v)	['antvʲɛɪdʲɪs]
cota (f) de malha	šarvìniai marškiniaĩ (v dgs)	[ʃar'vʲɪnʲɛɪ marʃkʲɪ'nʲɛɪ]

cruzada (f)	krỹžiaus žỹgis (v)	['krʲi:ʒʲɛʊs 'ʒʲi:gʲɪs]
cruzado (m)	kryžiuõtis (v)	[krʲi:ʒʲʊ'o:tʲɪs]

território (m)	teritòrija (m)	[tʲɛrʲɪ'torʲɪjɛ]
atacar (vt)	pùlti	['pʊlʲtʲɪ]
conquistar (vt)	užkariáuti	[ʊʒka'rʲæʊtʲɪ]
ocupar, invadir (vt)	užgróbti	[ʊʒ'groptʲɪ]

assédio, sítio (m)	apgulà (m)	[apgʊ'lʲa]
sitiado (adj)	àpgultas	['apgʊlʲtas]
assediar, sitiar (vt)	apgùlti	[ap'gʊlʲtʲɪ]

inquisição (f)	inkvizìcija (m)	[ɪŋkvʲɪ'zʲɪtsʲɪjɛ]
inquisidor (m)	inkvizìtorius (v)	[ɪŋkvʲɪ'zʲɪtorʲʊs]
tortura (f)	kankìnimas (v)	[kaŋ'kʲɪnʲɪmas]
cruel (adj)	žiaurùs	[ʒʲɛʊ'rʊs]
herege (m)	erètikas (v)	[ɛ'rʲɛtʲɪkas]
heresia (f)	erèzija (m)	[ɛ'rʲɛzʲɪjɛ]

navegação (f) marítima	navigãcija (m)	[navʲɪ'ga:tsʲɪjɛ]
pirata (m)	pirãtas (v)	[pʲɪ'ra:tas]
pirataria (f)	piratãvimas (v)	[pʲɪra'ta:vʲɪmas]
abordagem (f)	abordažas (v)	[abor'daʒas]
presa (f), butim (m)	grõbis (v)	['gro:bʲɪs]
tesouros (m pl)	lõbis (v)	['lʲo:bʲɪs]

descobrimento (m)	atradìmas (v)	[atra'dʲɪmas]
descobrir (novas terras)	atràsti	[at'rastʲɪ]
expedição (f)	ekspedìcija (m)	[ɛkspʲɛ'dʲɪtsʲɪjɛ]

mosqueteiro (m)	muškiėtininkas (v)	[mʊʃkʲɛtʲɪnʲɪŋkas]
cardeal (m)	kardinõlas (v)	[kardʲɪ'no:lʲas]
heráldica (f)	heráldika (m)	[ɣʲɛ'ralʲdʲɪka]
heráldico (adj)	heráldikos	[ɣʲɛ'ralʲdʲɪkos]

159. Líder. Chefe. Autoridades

rei (m)	karãlius (v)	[ka'ra:lʲʊs]
rainha (f)	karalíenė (m)	[kara'lʲiɛnʲe:]
real (adj)	karãliškas	[ka'ra:lʲɪʃkas]
reino (m)	karalỹstė (m)	[kara'lʲi:stʲe:]

príncipe (m)	prìncas (v)	['prʲɪntsas]
princesa (f)	princèsė (m)	[prʲɪn'tsʲɛsʲe:]

presidente (m)	prezidentas (v)	[prʲezʲɪ'dʲɛntas]
vice-presidente (m)	viceprezidentas (v)	[vʲɪtsʲɛprʲɛzʲɪ'dʲɛntas]
senador (m)	senãtorius (v)	[sʲɛ'na:torʲʊs]

monarca (m)	monárchas (v)	[mo'narxas]
governante (m)	valdõvas (v)	[valʲ'do:vas]
ditador (m)	diktãtorius (v)	[dʲɪk'ta:torʲʊs]
tirano (m)	tirõnas (v)	[tʲɪ'ro:nas]
magnata (m)	magnãtas (v)	[mag'na:tas]

diretor (m)	dirèktorius (v)	[dʲɪ'rʲɛktorʲʊs]
chefe (m)	šèfas (v)	['ʃɛfas]
gerente (m)	valdýtojas (v)	[valʲ'dʲi:to:jɛs]
patrão (m)	bõsas (v)	['bo:sas]
dono (m)	savinìnkas (v)	[savʲɪ'nʲɪŋkas]

líder (m)	vãdas (v)	['va:das]
chefe (m)	vadõvas (v)	[va'do:vas]
autoridades (f pl)	valdžiõs òrganai (v dgs)	[valʲ'dʒʲo:s 'organʌɪ]
superiores (m pl)	vadovýbė (m)	[vado'vʲi:bʲe:]

governador (m)	gubernãtorius (v)	[gʊbʲɛr'na:torʲʊs]
cônsul (m)	kònsulas (v)	['konsʊlʲas]
diplomata (m)	diplomãtas (v)	[dʲɪplʲo'ma:tas]
Presidente (m) da Câmara	mèras (v)	['mʲɛras]
xerife (m)	šerìfas (v)	[ʃɛrʲɪfas]

imperador (m)	imperãtorius (v)	[ɪmpʲɛ'ra:torʲʊs]
czar (m)	cãras (v)	['tsa:ras]
faraó (m)	faraònas (v)	[fara'onas]
cã, khan (m)	chãnas (v)	['xa:nas]

160. Violação da lei. Criminosos. Parte 1

bandido (m)	bandìtas (v)	[ban'dʲɪtas]
crime (m)	nusikaltìmas (v)	[nʊsʲɪkalʲ'tʲɪmas]
criminoso (m)	nusikaltélis (v)	[nʊsʲɪ'kaltʲe:lʲɪs]

ladrão (m)	vagìs (v)	[va'gʲɪs]
roubar (vt)	võgti	['vo:ktʲɪ]
furto, roubo (m)	vagýstė (m)	[va'gʲi:stʲe:]

raptar, sequestrar (vt)	pagróbti	[pag'roptʲɪ]
sequestro (m)	pagrobéjas (v)	[pagro'bʲe:jas]
sequestrador (m)	pagrobìmas (v)	[pagro'bʲɪmas]

resgate (m)	ìšpirka (m)	['ɪʃpʲɪrka]
pedir resgate	reikaláuti išpirkos	[rʲɛɪka'lʲaʊtʲɪ 'ɪʃpʲɪrkos]

roubar (vt)	plėšikáuti	[plʲe:ʃɪ'kaʊtʲɪ]
assalto, roubo (m)	apiplėšimas (v)	[apʲɪ'plʲe:ʃɪmas]
assaltante (m)	plėšìkas (v)	[plʲe:'ʃɪkas]
extorquir (vt)	prievartáuti	[prʲɪevar'taʊtʲɪ]
extorsionário (m)	prievartáutojas (v)	[prʲɪevar'taʊto:jɛs]

extorsão (f)	prievartãvimas (v)	[pr'iɛvar'ta:v'ɪmas]
matar, assassinar (vt)	nužudýti	[nʊʒʊ'd'i:t'ɪ]
homicídio (m)	nužùdymas (v)	[nʊ'ʒʊd'i:mas]
homicida, assassino (m)	žudìkas (v)	[ʒʊ'd'ɪkas]

tiro (m)	šū̃vis (v)	['ʃu:v'ɪs]
dar um tiro	iššáuti	[ɪʃʃaʊt'ɪ]
matar a tiro	nušáuti	[nʊ'ʃaʊt'ɪ]
disparar, atirar (vi)	šáudyti	['ʃaʊd'i:t'ɪ]
tiroteio (m)	šáudymas (v)	['ʃaʊd'i:mas]

incidente (m)	ívykis (v)	['i:v'ɪ:k'ɪs]
briga (~ de rua)	muštỹnės (m dgs)	[mʊʃt'i:n'e:s]
Socorro!	Gélbėkit!	['g'ɛl'b'e:k'ɪt!]
vítima (f)	aukà (m)	[aʊ'ka]

danificar (vt)	sugadìnti	[sʊga'd'ɪnt'ɪ]
dano (m)	núostolis (v)	['nʊastol'ɪs]
cadáver (m)	lavónas (v)	[l'a'vonas]
grave (adj)	sunkùs	[sʊŋ'kʊs]

atacar (vt)	užpùlti	[ʊʒ'pʊl't'ɪ]
bater (espancar)	mùšti	['mʊʃt'ɪ]
espancar (vt)	sumùšti	[sʊ'mʊʃt'ɪ]
tirar, roubar (dinheiro)	atim̃ti	[a't'ɪmt'ɪ]

esfaquear (vt)	papjáuti	[pa'pjaʊt'ɪ]
mutilar (vt)	sužalóti	[sʊʒa'l'ot'ɪ]
ferir (vt)	sužalóti	[sʊʒa'l'ot'ɪ]

chantagem (f)	šantãžas (v)	[ʃan'ta:ʒas]
chantagear (vt)	šantažúoti	[ʃanta'ʒʊat'ɪ]
chantagista (m)	šantažúotojas (v)	[ʃanta'ʒʊato:jɛs]

extorsão (f)	rèketas (v)	['r'ɛk'ɛtas]
extorsionário (m)	reketúotojas (v)	[r'ɛk'ɛ'tʊato:jɛs]
gângster (m)	gángsteris (v)	['gangst'ɛr'ɪs]
máfia (f)	mãfija (m)	['ma:f'ɪjɛ]

punguista (m)	kišénvagis (v)	[k'ɪ'ʃɛnvag'ɪs]
assaltante, ladrão (m)	įsilaužẽlis (v)	[i:s'ɪlaʊ'ʒ'e:l'ɪs]
contrabando (m)	kontrabánda (m)	[kɔntra'banda]
contrabandista (m)	kontrabándininkas (v)	[kɔntra'band'ɪn'ɪŋkas]

falsificação (f)	klastõtė (m)	[kl'as'to:t'e:]
falsificar (vt)	klastóti	[kl'as'tot'ɪ]
falsificado (adj)	klastõtė	[kl'as'to:t'e:]

161. Violação da lei. Criminosos. Parte 2

estupro (m)	išprievartãvimas (v)	[ɪʃpr'iɛvar'ta:v'ɪmas]
estuprar (vt)	išprievartáuti	[ɪʃpr'iɛvar'taʊt'ɪ]
estuprador (m)	prievartáutojas (v)	[pr'iɛvar'taʊto:jɛs]
maníaco (m)	maniãkas (v)	[man'ɪ'jakas]

prostituta (f)	prostitutė (m)	[prostʲɪ'tutʲe:]
prostituição (f)	prostitucija (m)	[prostʲɪ'tutsʲɪje]
cafetão (m)	suteneris (v)	[sʊ'tʲɛnʲɛrʲɪs]

| drogado (m) | narkomãnas (v) | [narko'ma:nas] |
| traficante (m) | prekiáutojas narkotikais (v) | [prʲɛ'kʲæʊto:jɛs nar'kotʲɪkʌɪs] |

| explodir (vt) | susprogdìnti | [sʊsprog'dʲɪntʲɪ] |
| explosão (f) | sprogìmas (v) | [spro'gʲɪmas] |

| incendiar (vt) | padègti | [pa'dʲɛktʲɪ] |
| incendiário (m) | padegéjas (v) | [padʲɛ'gʲe:jas] |

terrorismo (m)	terorìzmas (v)	[tʲɛro'rʲɪzmas]
terrorista (m)	terorìstas (v)	[tʲɛro'rʲɪstas]
refém (m)	íkaitas (v)	['i:kʌɪtas]

enganar (vt)	apgáuti	[ap'gɑʊtʲɪ]
engano (m)	apgavýstė (m)	[apga'vʲi:stʲe:]
vigarista (m)	sukčius (v)	['sʊktʂʲʊs]

subornar (vt)	papìrkti	[pa'pʲɪrktʲɪ]
suborno (atividade)	papirkìmas (v)	[pap'ɪr'kʲɪmas]
suborno (dinheiro)	kýšis (v)	['kʲi:ʃɪs]

veneno (m)	nuõdas (v)	['nʊɑdas]
envenenar (vt)	nunuõdyti	[nʊ'nʊɑdʲi:tʲɪ]
envenenar-se (vr)	nusinuõdyti	[nʊsʲɪnʊɑdʲi:tʲɪ]

| suicídio (m) | savižudýbė (m) | [savʲɪʒʊ'dʲi:bʲe:] |
| suicida (m) | savìžudis (v) | [sa'vʲɪʒʊdʲɪs] |

| ameaçar (vt) | grasìnti | [gra'sʲɪntʲɪ] |
| ameaça (f) | grasìnimas (v) | [gra'sʲɪnʲɪmas] |

| atentar contra a vida de ... | kėsìntis | [kʲe:'sʲɪntʲɪs] |
| atentado (m) | pasikėsìnimas (v) | [pasʲɪkʲe:'sʲɪnʲɪmas] |

| roubar (um carro) | nuvarýti | [nʊva'rʲi:tʲɪ] |
| sequestrar (um avião) | nuvarýti | [nʊva'rʲi:tʲɪ] |

| vingança (f) | keřštas (v) | ['kʲɛrʃtas] |
| vingar (vt) | keřšyti | ['kʲɛrʃɪ:tʲɪ] |

torturar (vt)	kankìnti	[kaŋ'kʲɪntʲɪ]
tortura (f)	kankìnimas (v)	[kaŋ'kʲɪnʲɪmas]
atormentar (vt)	kankìnti	[kaŋ'kʲɪntʲɪ]

| pirata (m) | pirãtas (v) | [pʲɪ'ra:tas] |
| desordeiro (m) | chuligãnas (v) | [xʊlʲɪ'ga:nas] |

| armado (adj) | ginklúotas | [gʲɪŋk'lʲʊɑtas] |
| violência (f) | príevarta (m) | ['prʲiɛvarta] |

| espionagem (f) | špionãžas (v) | [ʃpʲo'na:ʒas] |
| espionar (vi) | šnipinéti | [ʃnʲɪpʲɪ'nʲe:tʲɪ] |

162. Polícia. Lei. Parte 1

justiça (sistema de ~)	teĩsmas (v)	['tʲɛɪsmas]
tribunal (m)	teĩsmas (v)	['tʲɛɪsmas]
juiz (m)	teiséjas (v)	[tʲɛɪ'sʲe:jas]
jurados (m pl)	prisíekusieji (v)	[prʲɪ'sʲiɛkʊsʲiɛji]
tribunal (m) do júri	prisíekusiųjų teĩsmas (v)	[prʲɪ'sʲiɛkʊsʲu:ju: 'tʲɛɪsmas]
julgar (vt)	teĩsti	['tʲɛɪstʲɪ]
advogado (m)	advokãtas (v)	[advo'ka:tas]
réu (m)	teisiamàsis (v)	[tʲɛɪsʲæ'masʲɪs]
banco (m) dos réus	teisiamũjų súolas (v)	[tʲɛɪsʲæ'mu:ju: 'sʊalʲas]
acusação (f)	káltinimai (v)	['kalʲtʲɪnʲɪmʌɪ]
acusado (m)	káltinamasis (v)	['kalʲtʲɪnamasʲɪs]
sentença (f)	núosprendis (v)	['nʊasprʲɛndʲɪs]
sentenciar (vt)	nuteĩsti	[nʊ'tʲɛɪstʲɪ]
culpado (m)	kaltiniñkas (v)	[kalʲtʲɪ'nʲɪŋkas]
punir (vt)	nubaũsti	[nʊ'baʊstʲɪ]
punição (f)	bausmẽ (m)	[baʊs'mʲe:]
multa (f)	baudà (m)	[baʊ'da]
prisão (f) perpétua	kaléjimas ikì gyvõs galvos (v)	[ka'lʲɛjɪmas ikʲɪ gʲi:'vo:s galʲi'vo:s]
pena (f) de morte	mirtiẽs bausmẽ (m)	[mʲɪr'tʲɛs baʊs'mʲe:]
cadeira (f) elétrica	elèktros kėdė̃ (m)	[e'lʲɛktros kʲe:'dʲe:]
forca (f)	kártuvės (m dgs)	['kartʊvʲe:s]
executar (vt)	baũsti mirtimì	['baʊstʲɪ mʲɪrtʲɪ'mʲɪ]
execução (f)	baudìmas mirtimì (v)	[baʊ'dʲɪmas mʲɪrtʲɪ'mʲɪ]
prisão (f)	kaléjimas (v)	[ka'lʲɛjɪmas]
cela (f) de prisão	kãmera (m)	['ka:mʲɛra]
escolta (f)	konvòjus (v)	[kɔn'vojʊs]
guarda (m) prisional	prižiūrétojas (v)	[prʲɪʒʲu:'rʲe:to:jɛs]
preso, prisioneiro (m)	kalinỹs (v)	[kalʲɪ'nʲi:s]
algemas (f pl)	añtrankiai (v dgs)	['añtrakʲɛɪ]
algemar (vt)	uždéti añtrankius	[ʊʒ'dʲe:tʲɪ 'añtraŋkʲʊs]
fuga, evasão (f)	pabėgìmas (v)	[pabʲe:'gʲɪmas]
fugir (vi)	pabégti	[pa'bʲe:ktʲɪ]
desaparecer (vi)	diñgti	['dʲɪŋktʲɪ]
soltar, libertar (vt)	paléisti	[pa'lʲɛɪstʲɪ]
anistia (f)	amnèstija (m)	[am'nʲɛstʲɪjɛ]
polícia (instituição)	polìcija (m)	[po'lʲɪtsʲɪjɛ]
polícia (m)	polìcininkas (v)	[po'lʲɪtsʲɪnʲɪŋkas]
delegacia (f) de polícia	polìcijos núovada (m)	[po'lʲɪtsʲɪjos 'nʊavada]
cassetete (m)	gumìnis pagalỹs (v)	[gʊ'mʲɪnʲɪs paga'lʲi:s]
megafone (m)	garsiãkalbis (v)	[gar'sʲækalʲbʲɪs]

carro (m) de patrulha	patrùlio mašinà (m)	[pat'rʊlʲɔ maʃɪ'na]
sirene (f)	sirenà (m)	[sʲɪrʲɛ'na]
ligar a sirene	įjùngti sirèną	[i:'jʊŋktʲɪ sʲɪ'rʲɛna:]
toque (m) da sirene	sirènos kaukìmas (v)	[sʲɪ'rʲɛnos kɑʊ'kʲɪmas]

cena (f) do crime	įvykio vietà (m)	['i:vʲɪ:kʲɔ vʲiɛ'ta]
testemunha (f)	liùdininkas (v)	['lʲʊdʲɪnʲɪŋkas]
liberdade (f)	laisvė (m)	['lʲʌɪsvʲe:]
cúmplice (m)	beñdrininkas (v)	['bʲɛndrʲɪnʲɪŋkas]
escapar (vi)	pasislėpti	[pasʲɪ'slʲe:ptʲɪ]
traço (não deixar ~s)	pėdsakas (v)	['pʲe:dsakas]

163. Polícia. Lei. Parte 2

procura (f)	paieškà (m)	[paʲiɛʃ'ka]
procurar (vt)	ieškóti	[ɪɛʃ'kotʲɪ]
suspeita (f)	įtarìmas (v)	[i:ta'rʲɪ:mas]
suspeito (adj)	įtartinas	[i:'tartʲɪnas]
parar (veículo, etc.)	sustabdýti	[sʊstab'dʲi:tʲɪ]
deter (fazer parar)	sulaikýti	[sʊlʲʌɪ'kʲi:tʲɪ]

caso (~ criminal)	bylà (m)	[bʲi:'lʲa]
investigação (f)	tyrìmas (v)	[tʲi:'rʲɪmas]
detetive (m)	detektyvas (v)	[dʲɛtʲɛk'tʲi:vas]
investigador (m)	tyréjas (v)	[tʲi:'rʲe:jas]
versão (f)	vèrsija (m)	['vʲɛrsʲɪjɛ]

motivo (m)	motyvas (v)	[mo'tʲi:vas]
interrogatório (m)	apklausà (m)	[apklʲɑʊ'sa]
interrogar (vt)	apkláusti	[ap'klʲɑʊstʲɪ]
questionar (vt)	apkláusti	[ap'klʲɑʊstʲɪ]
verificação (f)	patìkrinimas (v)	[pa'tʲɪkrʲɪnʲɪmas]

batida (f) policial	gaudýnės (m dgs)	[gɑʊ'dʲi:nʲe:s]
busca (f)	kratà (m)	[kra'ta]
perseguição (f)	vijìmasis (v)	[vʲɪ'jɪmasʲɪs]
perseguir (vt)	sèkti	['sʲɛktʲɪ]
seguir, rastrear (vt)	sèkti	['sʲɛktʲɪ]

prisão (f)	āreštas (v)	['a:rʲɛʃtas]
prender (vt)	areštúoti	[arʲɛʃ'tʊɑtʲɪ]
pegar, capturar (vt)	pagáuti	[pa'gɑʊtʲɪ]
captura (f)	pagavìmas (v)	[paga'vʲɪmas]

documento (m)	dokumeñtas (v)	[dokʊ'mʲɛntas]
prova (f)	įródymas (v)	[i:'rodʲɪ:mas]
provar (vt)	įródyti	[i:'rodʲɪ:tʲɪ]
pegada (f)	pėdsakas (v)	['pʲe:dsakas]
impressões (f pl) digitais	pìrštų añtspaudai (v dgs)	['pʲɪrʃtu: 'antspɑʊdʌɪ]
prova (f)	įkaltis (v)	['i:kalʲtʲɪs]

álibi (m)	ālibi (v)	['a:lʲɪbʲɪ]
inocente (adj)	nekáltas	[nʲɛ'kalʲtas]
injustiça (f)	neteisingùmas (v)	[nʲɛtʲɛɪsʲɪn'gʊmas]

injusto (adj)	neteisìngas	[nʲɛtʲɛɪˈsʲɪngas]
criminal (adj)	kriminãlinis	[krʲɪmʲɪˈnaːlʲɪnʲɪs]
confiscar (vt)	konfiskúoti	[kɔnfʲɪsˈkʊɑtʲɪ]
droga (f)	narkòtikas (v)	[narˈkɔtʲɪkas]
arma (f)	giñklas (v)	[ˈgʲɪŋklʲas]
desarmar (vt)	nuginklúoti	[nʊgʲɪŋˈklʲʊɑtʲɪ]
ordenar (vt)	įsakinéti	[iːsakʲɪˈnʲeːtʲɪ]
desaparecer (vi)	diñgti	[ˈdʲɪŋktʲɪ]

lei (f)	įstãtymas (v)	[iːˈstaːtiːmas]
legal (adj)	teisétas	[tʲɛɪˈsʲeːtas]
ilegal (adj)	neteisétas	[nʲɛtʲɛɪˈsʲeːtas]

| responsabilidade (f) | atsakomýbė (m) | [atsakoˈmʲiːbʲeː] |
| responsável (adj) | atsakìngas | [atsaˈkʲɪngas] |

NATUREZA

A Terra. Parte 1

164. Espaço sideral

espaço, cosmo (m)	kòsmosas (v)	['kosmosas]
espacial, cósmico (adj)	kòsminis	['kosmʲɪnʲɪs]
espaço (m) cósmico	kòsminė erdvě (m)	['kosmʲɪnʲe: ɛrd'vʲe:]
mundo (m)	visatà (m)	[vʲɪsa'ta]
universo (m)	pasáulis (v)	[pa'sɑʊlʲɪs]
galáxia (f)	galãktika (m)	[ga'lʲa:ktʲɪka]
estrela (f)	žvaigždě (m)	[ʒvʌɪg'ʒdʲe:]
constelação (f)	žvaigždýnas (v)	[ʒvʌɪgʒ'dʲi:nas]
planeta (m)	planetà (m)	[plʲanʲɛ'ta]
satélite (m)	palydòvas (v)	[palʲi:'do:vas]
meteorito (m)	meteorìtas (v)	[mʲɛtʲɛo'rʲɪtas]
cometa (m)	kometà (m)	[kɔmʲɛ'ta]
asteroide (m)	asteròidas (v)	[astʲɛ'rɔɪdas]
órbita (f)	orbità (m)	[orbʲɪ'ta]
girar (vi)	sùktis	['sʊktʲɪs]
atmosfera (f)	atmosferà (m)	[atmosfʲɛ'ra]
Sol (m)	Sáulė (m)	['sɑʊlʲe:]
Sistema (m) Solar	Sáulės sistemà (m)	['sɑʊlʲe:s sʲɪste'ma]
eclipse (m) solar	Sáulės užtemìmas (v)	['sɑʊlʲe:s ʊʒtʲɛ'mʲɪmas]
Terra (f)	Žěmė (m)	['ʒʲæmʲe:]
Lua (f)	Měnùlis (v)	[mʲe:'nʊlʲɪs]
Marte (m)	Mársas (v)	['marsas]
Vênus (f)	Venerà (m)	[vʲɛnʲɛ'ra]
Júpiter (m)	Jupìteris (v)	[jʊ'pʲɪtʲɛrʲɪs]
Saturno (m)	Satùrnas (v)	[sa'tʊrnas]
Mercúrio (m)	Merkùrijus (v)	[mʲɛr'kʊrʲɪjʊs]
Urano (m)	Urãnas (v)	[ʊ'ra:nas]
Netuno (m)	Neptūnas (v)	[nʲɛp'tu:nas]
Plutão (m)	Plutònas (v)	[plʲʊ'tonas]
Via Láctea (f)	Paũkščių Tãkas (v)	['pɑʊkʃtʃʊ: 'ta:kas]
Ursa Maior (f)	Didíeji Grĩžulo Rãtai (v dgs)	[dʲɪ'dʲiɛjɪ 'grʲɪːʒʊlʲɔ 'ra:tʌɪ]
Estrela Polar (f)	Šiaurìnė žvaigždě (m)	[ʃɛʊ'rʲɪnʲe: ʒvʌɪg'ʒdʲe:]
marciano (m)	marsiẽtis (v)	[mar'sʲɛtʲɪs]
extraterrestre (m)	ateìvis (v)	[a'tʲɛɪvʲɪs]

alienígena (m)	ateivis (v)	[a'tʲɛɪvʲɪs]
disco (m) voador	skraidanti lėkštė (m)	['skrʌɪdantʲɪ lʲe:kʃtʲe:]

espaçonave (f)	kosminis laivas (v)	['kosmʲɪnʲɪs 'lʲʌɪvas]
estação (f) orbital	orbitos stotis (m)	[or'bʲɪtos sto'tʲɪs]
lançamento (m)	startas (v)	['startas]

motor (m)	variklis (v)	[va'rʲɪklʲɪs]
bocal (m)	tūta (m)	[tu:'ta]
combustível (m)	kuras (v)	['kuras]

cabine (f)	kabina (m)	[kabʲɪ'na]
antena (f)	antena (m)	[antʲɛ'na]
vigia (f)	iliuminatorius (v)	[ɪlʲʊmʲɪ'na:torʲʊs]
bateria (f) solar	saulės baterija (m)	['saʊlʲe:s ba'tʲɛrʲɪjɛ]
traje (m) espacial	skafandras (v)	[ska'fandras]

imponderabilidade (f)	nesvarumas (v)	[nʲɛsva'rumas]
oxigênio (m)	deguonis (v)	[dʲɛ'gʊɑnʲɪs]

acoplagem (f)	susijungimas (v)	[sʊsʲɪjʊn'gʲɪmas]
fazer uma acoplagem	susijungti	[sʊsʲɪ'jʊŋktʲɪ]

observatório (m)	observatorija (m)	[obsʲɛrva'torʲɪjɛ]
telescópio (m)	teleskopas (v)	[tʲɛlʲɛ'skopas]
observar (vt)	stebėti	[ste'bʲe:tʲɪ]
explorar (vt)	tyrinėti	[tʲi:rʲɪ'nʲe:tʲɪ]

165. A Terra

Terra (f)	Žemė (m)	['ʒʲæmʲe:]
globo terrestre (Terra)	žemės rutulys (v)	['ʒʲæmʲe:s rʊtu'lʲi:s]
planeta (m)	planeta (m)	[plʲanʲɛ'ta]

atmosfera (f)	atmosfera (m)	[atmosfʲɛ'ra]
geografia (f)	geografija (m)	[gʲɛo'gra:fʲɪjɛ]
natureza (f)	gamta (m)	[gam'ta]

globo (mapa esférico)	gaublys (v)	[gɑʊb'lʲi:s]
mapa (m)	žemėlapis (v)	[ʒe'mʲe:lʲapʲɪs]
atlas (m)	atlasas (v)	['a:tlʲasas]

Europa (f)	Europa (m)	[ɛʊro'pa]
Ásia (f)	azija (m)	['a:zʲɪjɛ]

África (f)	afrika (m)	['a:frʲɪka]
Austrália (f)	Australija (m)	[ɑʊs'tra:lʲɪjɛ]

América (f)	Amerika (m)	[a'mʲɛrʲɪka]
América (f) do Norte	Šiaurės Amerika (m)	['ʃæʊrʲe:s a'mʲɛrʲɪka]
América (f) do Sul	Pietų Amerika (m)	[pʲiɛ'tu: a'mʲɛrʲɪka]

Antártida (f)	Antarktida (m)	[antarktʲɪ'da]
Ártico (m)	Arktika (m)	['arktʲɪka]

166. Pontos cardeais

norte (m)	šiáurė (m)	['ʃæʊrʲeː]
para norte	į šiáurę	[i: 'ʃæʊrʲɛ:]
no norte	šiáurėje	['ʃæʊrʲeːje]
do norte (adj)	šiaurìnis	[ʃɛʊ'rʲɪnʲɪs]

sul (m)	pietùs (v)	[pʲiɛ'tʊs]
para sul	į pietùs	[i: pʲiɛ'tʊs]
no sul	pietuosė	[pʲiɛtʊɑ'sʲɛ]
do sul (adj)	pietìnis	[pʲiɛ'tʲɪnʲɪs]

oeste, ocidente (m)	vakaraĩ (v dgs)	[vaka'rʌɪ]
para oeste	į vãkarus	[i: 'va:karʊs]
no oeste	vakaruosė	[vakarʊɑ'sʲɛ]
ocidental (adj)	vakariẽtiškas	[vaka'rʲɛtʲɪʃkas]

leste, oriente (m)	rytaĩ (v dgs)	[rʲiː'tʌɪ]
para leste	į rýtus	[i: 'rʲɪːtʊs]
no leste	rytuosė	[rʲiːtʊɑ'sʲɛ]
oriental (adj)	rytiẽtiškas	[rʲiː'tʲɛtʲɪʃkas]

167. Mar. Oceano

mar (m)	jū́ra (m)	['juːra]
oceano (m)	vandenýnas (v)	[vandʲɛ'nʲiːnas]
golfo (m)	į́lanka (m)	['iːlʲaŋka]
estreito (m)	sąsiauris (v)	['saːsʲɛʊrʲɪs]

continente (m)	žemýnas (v)	[ʒʲɛ'mʲiːnas]
ilha (f)	salà (m)	[sa'lʲa]
península (f)	pusiãsalis (v)	[pʊ'sʲæsalʲɪs]
arquipélago (m)	archipelãgas (v)	[arxʲɪpʲɛ'lʲaːgas]

baía (f)	užùtekis (v)	[ʊʒʊtʲɛkʲɪs]
porto (m)	úostas (v)	['ʊɑstas]
lagoa (f)	lagūnà (m)	[lʲagu:'na]
cabo (m)	iškyšulỹs (v)	[ɪʃkʲiːʃʊ'lʲiːs]

atol (m)	atólas (v)	[a'tolʲas]
recife (m)	rìfas (v)	['rʲɪfas]
coral (m)	korãlas (v)	[kɔ'ra:lʲas]
recife (m) de coral	korãlų rìfas (v)	[kɔ'ra:lʲu: 'rʲɪfas]

profundo (adj)	gilùs	[gʲɪ'lʲʊs]
profundidade (f)	gýlis (v)	['gʲiːlʲɪs]
abismo (m)	bedùgnė (m)	[bʲɛ'dʊgnʲeː]
fossa (f) oceânica	į́duba (m)	['iːdʊba]

corrente (f)	srovė̃ (m)	[sro'vʲeː]
banhar (vt)	skaláuti	[ska'lʲɑʊtʲɪ]
litoral (m)	pajūris (v)	['pajūris]
costa (f)	pakrántė (m)	[pak'rantʲeː]

maré (f) alta	añtplūdis (v)	['antplʲu:dʲɪs]
refluxo (m)	atóslūgis (v)	[a'toslʲu:gʲɪs]
restinga (f)	atābradas (v)	[a'ta:bradas]
fundo (m)	dùgnas (v)	['dʊgnas]

onda (f)	bangà (m)	[ban'ga]
crista (f) da onda	bangõs keterà (m)	[ban'go:s kʲɛtʲɛ'ra]
espuma (f)	pùtos (m dgs)	['pʊtos]

tempestade (f)	audrà (m)	[ɑʊd'ra]
furacão (m)	uragãnas (v)	[ʊra'ga:nas]
tsunami (m)	cunãmis (v)	[tsʊ'na:mʲɪs]
calmaria (f)	štiliùs (v)	[ʃtʲɪ'lʲʊs]
calmo (adj)	ramùs	[ra'mʊs]

| polo (m) | ašìgalis (v) | [a'ʃɪgalʲɪs] |
| polar (adj) | poliãrinis | [po'lʲærʲɪnʲɪs] |

latitude (f)	platumà (m)	[plʲatʊ'ma]
longitude (f)	ilgumà (m)	[ɪlʲgʊ'ma]
paralela (f)	paralèlė (m)	[para'lʲɛlʲe:]
equador (m)	ekvātorius (v)	[ɛk'va:torʲʊs]

céu (m)	dangùs (v)	[dan'gʊs]
horizonte (m)	horizòntas (v)	[ɣorʲɪ'zontas]
ar (m)	óras (v)	['oras]

farol (m)	švyturỹs (v)	[ʃvʲi:tʊ'rʲi:s]
mergulhar (vi)	nárdyti	['nardʲi:tʲɪ]
afundar-se (vr)	nuskęsti	[nʊ'skʲɛ:stʲɪ]
tesouros (m pl)	lõbis (v)	['lʲo:bʲɪs]

168. Montanhas

montanha (f)	kálnas (v)	['kalʲnas]
cordilheira (f)	kalnų vìrtinė (m)	[kalʲ'nu: vʲɪrtʲɪnʲe:]
serra (f)	kalnãgūbris (v)	[kalʲ'na:gu:brʲɪs]

cume (m)	viršūnė (m)	[vʲɪr'ʃu:nʲe:]
pico (m)	pìkas (v)	['pʲɪkas]
pé (m)	papėdė (m)	[pa'pʲe:dʲe:]
declive (m)	núokalnė (m)	['nʊɑkalʲnʲe:]

vulcão (m)	ugnìkalnis (v)	[ʊg'nʲɪkalʲnʲɪs]
vulcão (m) ativo	veĩkiantis ugnìkalnis (v)	['vʲɛɪkʲæntʲɪs ʊg'nʲɪkalʲnʲɪs]
vulcão (m) extinto	užgęsęs ugnìkalnis (v)	[ʊʒ'gʲæsʲɛ:s ʊg'nʲɪkalʲnʲɪs]

erupção (f)	išsivéržimas (v)	[ɪʃsʲɪvʲɛr'ʒɪmas]
cratera (f)	krāteris (v)	['kra:tʲɛrʲɪs]
magma (m)	magmà (m)	[mag'ma]
lava (f)	lavà (m)	[lʲa'va]
fundido (lava ~a)	įkaĩtęs	[i:'kʌtʲɛ:s]
cânion, desfiladeiro (m)	kanjònas (v)	[ka'njo nas]
garganta (f)	tarpùkalnė (m)	[tar'pʊkalʲnʲe:]

fenda (f)	tarpėklis (m)	[tar'pʲæklʲɪs]
passo, colo (m)	kalnãkelis (m)	[kalʲ'nakʲɛlʲɪs]
planalto (m)	gulstė (m)	[gʊlʲ'stʲe:]
falésia (f)	uolà (m)	[ʊɑ'lʲa]
colina (f)	kalvà (m)	[kalʲ'va]

geleira (f)	ledýnas (v)	[lʲɛ'dʲi:nas]
cachoeira (f)	krioklỹs (v)	[krʲok'lʲi:s]
gêiser (m)	geĩzeris (v)	['gʲɛɪzʲɛrʲɪs]
lago (m)	ẽžeras (v)	['ɛʒʲɛras]

planície (f)	lygumà (m)	[lʲi:gʊ'ma]
paisagem (f)	peizãžas (v)	[pʲɛɪ'za:ʒas]
eco (m)	aídas (v)	['ʌɪdas]

alpinista (m)	alpinìstas (v)	[alʲpʲɪ'nʲɪstas]
escalador (m)	uolakopỹs (v)	[ʊɑlʲako'pỹs]
conquistar (vt)	pavérgti	[pa'vʲɛrktʲɪ]
subida, escalada (f)	kopìmas (v)	[ko'pʲɪmas]

169. Rios

rio (m)	ùpė (m)	['ʊpʲe:]
fonte, nascente (f)	šaltìnis (v)	[ʃalʲ'tʲɪnʲɪs]
leito (m) de rio	vagà (m)	[va'ga]
bacia (f)	baseĩnas (v)	[ba'sʲɛɪnas]
desaguar no …	įtekéti į̃ …	[i:tʲɛ'kʲe:tʲɪ i: ..]

| afluente (m) | añtplūdis (v) | ['antplʲu:dʲɪs] |
| margem (do rio) | krañtas (v) | ['krantas] |

corrente (f)	srově (m)	[sro'vʲe:]
rio abaixo	pasroviuì	[pasro'vʲʊɪ]
rio acima	priẽš sróvę	['prʲɛʃ 'sro:vʲɛ:]

inundação (f)	pótvynis (v)	['potvʲi:nʲɪs]
cheia (f)	póplūdis (v)	['poplʲu:dʲɪs]
transbordar (vi)	išsilíeti	[ɪʃsʲɪ'lʲiɛtʲɪ]
inundar (vt)	tvìndyti	['tvʲɪndʲi:tʲɪ]

| banco (m) de areia | seklumà (m) | [sʲɛklʲʊ'ma] |
| corredeira (f) | sleñkstis (v) | ['slʲɛŋkstʲɪs] |

barragem (f)	ùžtvanka (m)	['ʊʒtvaŋka]
canal (m)	kanãlas (v)	[ka'na:lʲas]
reservatório (m) de água	vandeñs saugyklà (m)	[van'dʲɛns sɑʊgʲi:k'lʲa]
eclusa (f)	šliùzas (v)	['ʃlʲʊzas]

corpo (m) de água	vandeñs telkinỹs (v)	[van'dʲɛns tʲɛlʲkʲɪr'nʲi:s]
pântano (m)	pélkė (m)	['pʲɛlʲkʲe:]
lamaçal (m)	liũnas (v)	['lʲu:nas]
redemoinho (m)	verpẽtas (v)	[vʲɛr'pʲætas]
riacho (m)	upẽlis (v)	[ʊ'pʲælʲɪs]
potável (adj)	gẽriamas	['gʲærʲæmas]

doce (água)	gélas	['gʲe:lʲas]
gelo (m)	lẽdas (v)	['lʲædas]
congelar-se (vr)	užšálti	[ʊʒ'ʃalʲtʲɪ]

170. Floresta

| floresta (f), bosque (m) | mìškas (v) | ['mʲɪʃkas] |
| florestal (adj) | miškìnis | [mʲɪʃ'kʲɪnʲɪs] |

mata (f) fechada	tankumýnas (v)	[taŋkʊ'mʲi:nas]
arvoredo (m)	giráitė (m)	[gʲɪ'rʌɪtʲe:]
clareira (f)	laũkas (v)	['lʲɑʊkas]

| matagal (m) | žolýnas, beržýnas (v) | [ʒo'lʲi:nas], [bʲɛr'ʒʲi:nas] |
| mato (m), caatinga (f) | krūmýnas (v) | [kru:'mʲi:nas] |

| pequena trilha (f) | takẽlis (v) | [ta'kʲælʲɪs] |
| ravina (f) | griovỹs (v) | [grʲo'vʲi:s] |

árvore (f)	mẽdis (v)	['mʲædʲɪs]
folha (f)	lãpas (v)	['lʲa:pas]
folhagem (f)	lapijà (m)	[lʲapʲɪ'ja]

queda (f) das folhas	lãpų kritìmas (v)	['lʲa:pu: krʲɪ'tʲɪmas]
cair (vi)	krìsti	['krʲɪstʲɪ]
topo (m)	viršū̃nė (m)	[vʲɪr'ʃu:nʲe:]

ramo (m)	šakà (m)	[ʃa'ka]
galho (m)	šakà (m)	[ʃa'ka]
botão (m)	pumpuras (v)	['pʊmpʊras]
agulha (f)	spyglỹs (v)	[spʲɪ:g'lʲi:s]
pinha (f)	kankorėžis (v)	[kaŋ'korʲe:ʒʲɪs]

buraco (m) de árvore	úoksas (v)	['ʊɑksas]
ninho (m)	lìzdas (v)	['lʲɪzdas]
toca (f)	olà (m)	[o'lʲa]

tronco (m)	kamíenas (v)	[ka'mʲiɛnas]
raiz (f)	šaknìs (m)	[ʃak'nʲɪs]
casca (f) de árvore	žievẽ (m)	[ʒʲiɛ'vʲe:]
musgo (m)	sãmana (m)	['sa:mana]

arrancar pela raiz	ráuti	['rɑʊtʲɪ]
cortar (vt)	kìrsti	['kʲɪrstʲɪ]
desflorestar (vt)	iškìrsti	[ɪʃ'kʲɪrstʲɪ]
toco, cepo (m)	kélmas (v)	['kʲɛlʲmas]

fogueira (f)	láužas (v)	['lʲɑʊʒas]
incêndio (m) florestal	gaĩsras (v)	['gʌɪsras]
apagar (vt)	gesìnti	[gʲɛ'sʲɪntʲɪ]

guarda-parque (m)	mìškininkas (v)	['mʲɪʃkʲɪnʲɪŋkas]
proteção (f)	apsaugà (m)	[apsɑʊ'ga]
proteger (a natureza)	sáugoti	['sɑʊgotʲɪ]

caçador (m) furtivo	brakoniẽrius (v)	[brako'nʲɛrʲʊs]
armadilha (f)	spąstai (v dgs)	['spa:stʌɪ]

colher (cogumelos)	grybáuti	[grʲi:'baʊtʲɪ]
colher (bagas)	uogáuti	[ʊɑ'gaʊtʲɪ]
perder-se (vr)	pasiklýsti	[pasʲɪ'klʲi:stʲɪ]

171. Recursos naturais

recursos (m pl) naturais	gamtìniai ìštekliai (v dgs)	[gam'tʲɪnʲɛɪ 'ɪʃtʲɛklʲɛɪ]
minerais (m pl)	naudìngos ìškasenos (m dgs)	[nɑʊ'dʲɪngos 'ɪʃkasʲɛnos]
depósitos (m pl)	telkiniaĩ (v dgs)	[tʲɛlʲkʲɪ'nʲɛɪ]
jazida (f)	telkinỹs (v)	[tʲɛlʲkʲɪ'nʲi:s]

extrair (vt)	iškàsti	[ɪʃ'kastʲɪ]
extração (f)	laimìkis (v)	[lʲʌɪ'mʲɪkʲɪs]
minério (m)	rūdà (m)	[ru:'da]
mina (f)	rūdýnas (v)	[ru:'dʲi:nas]
poço (m) de mina	šachtà (m)	[ʃax'ta]
mineiro (m)	šãchtininkas (v)	['ʃa:xtʲɪnʲɪŋkas]

gás (m)	dùjos (m dgs)	['dʊjos]
gasoduto (m)	dujótiekis (v)	[dʊ'jotʲɪɛkʲɪs]

petróleo (m)	naftà (m)	[naf'ta]
oleoduto (m)	naftótiekis (v)	[naf'totʲɪɛkʲɪs]
poço (m) de petróleo	nãftos bókštas (v)	['na:ftos 'bokʃtas]
torre (f) petrolífera	gręžìmo bókštas (v)	['grʲɛ:ʒʲɪmɔ 'bokʃtas]
petroleiro (m)	tánklaivis (v)	['taŋklʲʌɪvʲɪs]

areia (f)	smẽlis (v)	['smʲe:lʲɪs]
calcário (m)	kálkinis akmuõ (v)	['kalʲkʲɪnʲɪs ak'mʊɑ]
cascalho (m)	žvýras (v)	['ʒvʲi:ras]
turfa (f)	dùrpės (m dgs)	['dʊrpʲe:s]
argila (f)	mólis (v)	['molʲɪs]
carvão (m)	anglìs (m)	[ang'lʲɪs]

ferro (m)	geležìs (v)	[gʲɛlʲɛ'ʒʲɪs]
ouro (m)	áuksas (v)	['ɑʊksas]
prata (f)	sidãbras (v)	[sʲɪ'da:bras]
níquel (m)	nìkelis (v)	['nʲɪkʲɛlʲɪs]
cobre (m)	vãris (v)	['va:rʲɪs]

zinco (m)	cìnkas (v)	['tsʲɪŋkas]
manganês (m)	mangãnas (v)	[man'ga:nas]
mercúrio (m)	gývsidabris (v)	['gʲi:vsʲɪdabrʲɪs]
chumbo (m)	švìnas (v)	['ʃvʲɪnas]

mineral (m)	minerãlas (v)	[mʲɪnʲɛ'ra:lʲas]
cristal (m)	kristãlas (v)	[krʲɪs'ta:lʲas]
mármore (m)	mármuras (v)	['marmʊras]
urânio (m)	urãnas (v)	[ʊ'ra:nas]

A Terra. Parte 2

172. Tempo

tempo (m)	óras (v)	['oras]
previsão (f) do tempo	óro prognózė (m)	['orɔ prog'nozʲe:]
temperatura (f)	temperatūrà (m)	[tʲɛmpʲɛratu:'ra]
termômetro (m)	termomètras (v)	[tʲɛrmo'mʲɛtras]
barômetro (m)	baromètras (v)	[baro'mʲɛtras]

úmido (adj)	drégnas	['drʲe:gnas]
umidade (f)	drėgmė̃ (m)	[drʲe:g'mʲe:]
calor (m)	kar̃štis (v)	['karʃtʲɪs]
tórrido (adj)	kár̃štas	['karʃtas]
está muito calor	kar̃šta	['karʃta]

está calor	šĩlta	['ʃɪlʲta]
quente (morno)	šĩltas	['ʃɪlʲtas]

está frio	šálta	['ʃalʲta]
frio (adj)	šáltas	['ʃalʲtas]

sol (m)	sáulė (m)	['sɑʊlʲe:]
brilhar (vi)	šviẽsti	['ʃvʲɛstʲɪ]
de sol, ensolarado	sauléta	[sɑʊ'lʲe:ta]
nascer (vi)	pakìlti	[pa'kʲɪlʲtʲɪ]
pôr-se (vr)	léistis	['lʲɛɪstʲɪs]

nuvem (f)	debesìs (v)	[dʲɛbʲɛ's'ɪs]
nublado (adj)	debesúota	[dʲɛbʲɛ'sʊɑta]
nuvem (f) preta	debesìs (v)	[dʲɛbʲɛ's'ɪs]
escuro, cinzento (adj)	apsiniáukę	[apsʲɪ'nʲæʊkʲɛ:]

chuva (f)	lietùs (v)	[lʲɛ'tʊs]
está a chover	lỹja	['lʲi:ja]

chuvoso (adj)	lietìngas	[lʲɛ'tʲɪngas]
chuviscar (vi)	lynóti	[lʲi:'notʲɪ]

chuva (f) torrencial	liū́tis (m)	['lʲu:tʲɪs]
aguaceiro (m)	liū́tis (m)	['lʲu:tʲɪs]
forte (chuva, etc.)	stiprùs	[stʲɪp'rʊs]

poça (f)	balà (m)	[ba'lʲa]
molhar-se (vr)	šlàpti	['ʃlʲaptʲɪ]

nevoeiro (m)	rū̃kas (v)	['ru:kas]
de nevoeiro	miglótas	[mʲɪg'lʲotas]
neve (f)	sniẽgas (v)	['snʲɛgas]
está nevando	sniñga	['snʲɪnga]

173. Tempo extremo. Catástrofes naturais

trovoada (f)	perkūnija (m)	[pʲɛrˈkuːnʲɪjɛ]
relâmpago (m)	žaĩbas (v)	[ˈʒʌɪbas]
relampejar (vi)	žaibúoti	[ʒʌɪˈbuɑtʲɪ]
trovão (m)	griaustìnis (v)	[grʲɛʊsˈtʲɪnʲɪs]
trovejar (vi)	griáudėti	[ˈgrʲæʊdʲeːtʲɪ]
está trovejando	griáudėja griaustìnis	[ˈgrʲæʊdʲeːja grʲɛʊsˈtʲɪnʲɪs]
granizo (m)	krušà (m)	[krʊˈʃa]
está caindo granizo	kriñta krušà	[ˈkrʲɪnta krʊˈʃa]
inundar (vt)	užlíeti	[ʊʒˈlʲiɛtʲɪ]
inundação (f)	pótvynis (v)	[ˈpotvʲiːnʲɪs]
terremoto (m)	žẽmės drebéjimas (v)	[ˈʒʲæmʲeːs dreˈbʲɛjɪmas]
abalo, tremor (m)	smūgis (m)	[ˈsmuːgʲɪs]
epicentro (m)	epiceñtras (v)	[ɛpʲɪˈtsʲɛntras]
erupção (f)	išsiveržìmas (v)	[ɪʃʲɪvʲɛrˈʒʲɪmas]
lava (f)	lavà (m)	[lʲaˈva]
tornado (m)	víesulas (v)	[ˈvʲiɛsʊlʲas]
tornado (m)	tornãdo (v)	[torˈnaːdɔ]
tufão (m)	taifū̃nas (v)	[tʌɪˈfuːnas]
furacão (m)	uragãnas (v)	[ʊraˈgaːnas]
tempestade (f)	audrà (m)	[ɑʊdˈra]
tsunami (m)	cunãmis (v)	[tsʊˈnaːmʲɪs]
ciclone (m)	ciklònas (v)	[tsʲɪkˈlʲonas]
mau tempo (m)	dárgana (m)	[ˈdargana]
incêndio (m)	gaĩsras (v)	[ˈgʌɪsras]
catástrofe (f)	katastrofà (m)	[katastroˈfa]
meteorito (m)	meteorìtas (v)	[mʲɛtʲɛoˈrʲɪtas]
avalanche (f)	lavinà (m)	[lʲavʲɪˈna]
deslizamento (m) de neve	griūtìs (m)	[grʲuːˈtʲɪs]
nevasca (f)	pūgà (m)	[puːˈga]
tempestade (f) de neve	pūgà (m)	[puːˈga]

Fauna

174. Mamíferos. Predadores

predador (m)	plėšrūnas (v)	[plˈeːʃruːnas]
tigre (m)	tigras (v)	[ˈtʲɪgras]
leão (m)	liūtas (v)	[ˈlʲuːtas]
lobo (m)	vilkas (v)	[ˈvɪlʲkas]
raposa (f)	lãpė (m)	[ˈlʲaːpʲeː]
jaguar (m)	jaguãras (v)	[jaguˈaːras]
leopardo (m)	leopárdas (v)	[lʲɛoˈpardas]
chita (f)	gepárdas (v)	[gʲɛˈpardas]
pantera (f)	panterà (m)	[pantʲɛˈra]
puma (m)	pumà (m)	[pʊˈma]
leopardo-das-neves (m)	snieginis leopárdas (v)	[snʲiɛˈgʲɪnʲɪs lʲɛoˈpardas]
lince (m)	lūšis (m)	[ˈlʲuːʃɪs]
coiote (m)	kojòtas (v)	[kɔˈjɔ tas]
chacal (m)	šakãlas (v)	[ʃaˈkaːlʲas]
hiena (f)	hienà (m)	[ɣʲiɛˈna]

175. Animais selvagens

animal (m)	gyvūnas (v)	[gʲiːˈvuːnas]
besta (f)	žvėrìs (v)	[ʒvʲeːˈrʲɪs]
esquilo (m)	voverẽ (m)	[voveˈrʲeː]
ouriço (m)	ežỹs (v)	[ɛʒʲiːs]
lebre (f)	kìškis, zuĩkis (v)	[ˈkʲɪʃkʲɪs], [ˈzʊɪkʲɪs]
coelho (m)	triùšis (v)	[ˈtrʲʊʃɪs]
texugo (m)	barsùkas (v)	[barˈsʊkas]
guaxinim (m)	meškénas (v)	[mʲɛʃˈkʲeːnas]
hamster (m)	žiurkénas (v)	[ʒʲʊrˈkʲeːnas]
marmota (f)	švilpìkas (v)	[ʃvʲɪlʲˈpʲɪkas]
toupeira (f)	kùrmis (v)	[ˈkʊrmʲɪs]
rato (m)	pelẽ (m)	[pʲɛˈlʲeː]
ratazana (f)	žiùrkė (m)	[ˈʒʲʊrkʲeː]
morcego (m)	šikšnósparnis (v)	[ʃɪkʃˈnosparnʲɪs]
arminho (m)	šermuonẽlis (v)	[ʃermʊɑˈnʲeːlʲɪs]
zibelina (f)	sãbalas (v)	[ˈsaːbalʲas]
marta (f)	kiáunė (m)	[ˈkʲæunʲe]
doninha (f)	žebenkštìs (m)	[ʒʲɛbʲɛŋkʃˈtʲɪs]
visom (m)	audìnė (m)	[ɑʊˈdʲɪnʲeː]

| castor (m) | bēbras (v) | ['bʲæbras] |
| lontra (f) | ū́dra (m) | ['u:dra] |

cavalo (m)	arklỹs (v)	[ark'lʲi:s]
alce (m)	bríedis (v)	['brʲiɛdʲɪs]
veado (m)	élnias (v)	['ɛlʲnʲæs]
camelo (m)	kupranugãris (v)	[kʊpranʊ'ga:rʲɪs]

bisão (m)	bizònas (v)	[bʲɪ'zonas]
auroque (m)	stumbras (v)	['stʊmbras]
búfalo (m)	buìvolas (v)	['bʊivolʲas]

zebra (f)	zèbras (v)	['zʲɛbras]
antílope (m)	antilòpé (m)	[antʲɪ'lʲopʲe:]
corça (f)	stìrna (m)	['stʲɪrna]
gamo (m)	daniēlius (v)	[da'nʲɛlʲʊs]
camurça (f)	gemzė (m)	['gʲɛmzʲe:]
javali (m)	šérnas (v)	['ʃʲɛrnas]

baleia (f)	bangìnis (v)	[ban'gʲɪnʲɪs]
foca (f)	rúonis (v)	['rʊɑnʲɪs]
morsa (f)	vèplỹs (v)	[vʲe:p'lʲi:s]
urso-marinho (m)	kòtikas (v)	['kotʲɪkas]
golfinho (m)	delfìnas (v)	[dʲɛlʲʲfʲɪnas]

urso (m)	lokỹs (v), meška (m)	[lʲo'kʲi:s], [mʲɛʃ'ka]
urso (m) polar	baltàsis lokỹs (v)	[balʲʲtasʲɪs lʲo'kʲi:s]
panda (m)	pánda (m)	['panda]

macaco (m)	beždžiõnė (m)	[bʲɛʒ'dʒʲo:nʲe:]
chimpanzé (m)	šimpánzé (m)	[ʃʲɪm'panzʲe:]
orangotango (m)	orangutángas (v)	[orangu'tangas]
gorila (m)	gorìla (m)	[gorʲɪ'lʲa]
macaco (m)	makakà (m)	[maka'ka]
gibão (m)	gibònas (v)	[gʲɪ'bonas]

elefante (m)	dramblỹs (v)	[dram'blʲi:s]
rinoceronte (m)	raganõsis (v)	[raga'no:sʲɪs]
girafa (f)	žirafà (m)	[ʒʲɪra'fa]
hipopótamo (m)	begemòtas (v)	[bʲɛgʲɛ'motas]

| canguru (m) | kengūrà (m) | [kʲɛn'gu:'ra] |
| coala (m) | koalà (m) | [koa'lʲa] |

mangusto (m)	mangustà (m)	[mangʊs'ta]
chinchila (f)	šinšìla (m)	[ʃʲɪnʃʲɪ'lʲa]
cangambá (f)	skùnkas (v)	['skʊŋkas]
porco-espinho (m)	dygliuotis (v)	[dʲi:g'lʲʊotʲɪs]

176. Animais domésticos

gata (f)	katě̃ (m)	[ka'tʲe:]
gato (m) macho	kãtinas (v)	['ka:tʲɪnas]
cão (m)	šuõ (v)	['ʃʊɑ]

cavalo (m)	arklỹs (v)	[ark'lʲi:s]
garanhão (m)	eřžilas (v)	['ɛrʒʲɪlʲas]
égua (f)	kumẽlė (m)	[kʊ'mʲælʲe:]

vaca (f)	kárvė (m)	['karvʲe:]
touro (m)	bùlius (v)	['bʊlʲʊs]
boi (m)	jáutis (v)	['jɑʊtʲɪs]

ovelha (f)	avìs (m)	[a'vʲɪs]
carneiro (m)	ãvinas (v)	['a:vʲɪnas]
cabra (f)	ožka (m)	[oʒ'ka]
bode (m)	ožỹs (v)	[o'ʒʲi:s]

| burro (m) | ãsilas (v) | ['a:sʲɪlʲas] |
| mula (f) | mùlas (v) | ['mʊlʲas] |

porco (m)	kiaũlė (m)	['kʲɛʊlʲe:]
leitão (m)	paršẽlis (v)	[par'ʃælʲɪs]
coelho (m)	triùšis (v)	['trʲʊʃɪs]

| galinha (f) | vištà (m) | [vʲɪʃ'ta] |
| galo (m) | gaidỹs (v) | [gʌɪ'dʲi:s] |

pata (f), pato (m)	ántis (m)	['antʲɪs]
pato (m)	añtinas (v)	['antʲɪnas]
ganso (m)	žąsinas (v)	['ʒa:sʲɪnas]

| peru (m) | kalakùtas (v) | [kalʲa'kʊtas] |
| perua (f) | kalakùtė (m) | [kalʲa'kʊtʲe:] |

animais (m pl) domésticos	namìniai gyvũnai (v dgs)	[na'mʲɪnʲɛɪ gʲiː'vu:nʌɪ]
domesticado (adj)	prijaukìntas	[prʲɪ'jɛʊ'kʲɪntas]
domesticar (vt)	prijaukìnti	[prʲɪ'jɛʊ'kʲɪntʲɪ]
criar (vt)	augìnti	[ɑʊ'gʲɪntʲɪ]

fazenda (f)	fèrma (m)	['fʲɛrma]
aves (f pl) domésticas	namìnis paũkštis (v)	[na'mʲɪnʲɪs 'pɑʊkʃtʲɪs]
gado (m)	galvìjas (v)	[gal'vʲɪjɛs]
rebanho (m), manada (f)	bandà (m)	[ban'da]

estábulo (m)	arklìdė (m)	[ark'lʲɪdʲe:]
chiqueiro (m)	kiaulìdė (m)	[kʲɛʊ'lʲɪdʲe:]
estábulo (m)	karvìdė (m)	[kar'vʲɪdʲe:]
coelheira (f)	triušìdė (m)	[trʲʊ'ʃɪdʲe:]
galinheiro (m)	vištìdė (m)	[vʲɪʃ'tʲɪdʲe:]

177. Cães. Raças de cães

cão (m)	šuõ (v)	['ʃʊɑ]
cão pastor (m)	avìganis (v)	[a'vʲɪganʲɪs]
poodle (m)	pùdelis (v)	['pʊdʲɛlʲɪs]
linguicinha (m)	tãksas (v)	['ta:ksas]
buldogue (m)	buldògas (v)	[bʊlʲ'dogas]
boxer (m)	bòkseris (v)	['boksʲɛrʲɪs]

mastim (m)	mastìfas (v)	[mas'tɪfas]
rottweiler (m)	rotveîleris (v)	[rot'vʲɛɪlʲɛrʲɪs]
dóberman (m)	dòbermanas (v)	['dobʲɛrmanas]

basset (m)	basètas (v)	[ba'sʲɛtas]
pastor inglês (m)	bobteîlas (v)	[bop'tʲɛ̃ilʲas]
dálmata (m)	dalamatìnas (v)	[dalʲama'tʲɪnas]
cocker spaniel (m)	kokerspaniėlis (v)	['kokʲɛr spa'nʲɛlʲɪs]

| terra-nova (m) | niufaundleñdas (v) | [nʲʊfaʊnd'lʲɛñdas] |
| são-bernardo (m) | senbernãras (v) | [sʲɛnbʲɛr'na:ras] |

husky (m) siberiano	hãskis (v)	['ɣa:skʲɪs]
Chow-chow (m)	čiau čiau (v)	['tʂʲɛʊ 'tʂʲɛʊ]
spitz alemão (m)	špìcas (v)	['ʃpʲɪtsas]
pug (m)	mòpsas (v)	['mopsas]

178. Sons produzidos pelos animais

latido (m)	lojìmas (v)	[lʲo'jɪmas]
latir (vi)	lóti	['lʲotʲɪ]
miar (vi)	miaukséti	[mʲɛʊk'sʲe:tʲɪ]
ronronar (vi)	murkti	['mʊrktʲɪ]

mugir (vaca)	mũkti	['mu:ktʲɪ]
bramir (touro)	baũbti	['baʊptʲɪ]
rosnar (vi)	riaumóti	[rʲɛʊ'motʲɪ]

uivo (m)	kaukìmas (v)	[kaʊ'kʲɪmas]
uivar (vi)	kaũkti	['kaʊktʲɪ]
ganir (vi)	iñkšti	['ɪŋkʃtʲɪ]

balir (vi)	bliáuti	['blʲæʊtʲɪ]
grunhir (vi)	kriukséti	[krʲʊk'sʲe:tʲɪ]
guinchar (vi)	klýkauti	['klʲi:kaʊtʲɪ]

coaxar (sapo)	kvakséti	[kvak'sʲe:tʲɪ]
zumbir (inseto)	zvimbti	['zvʲɪmptʲɪ]
ziziar (vi)	svírpti	['svʲɪrptʲɪ]

179. Pássaros

pássaro (m), ave (f)	paũkštis (v)	['paʊkʃtʲɪs]
pombo (m)	balañdis (v)	[ba'lʲandʲɪs]
pardal (m)	žvìrblis (v)	['ʒvʲɪrblʲɪs]
chapim-real (m)	zýlė (m)	['zʲi:lʲe:]
pega-rabuda (f)	šárka (m)	['ʃarka]

corvo (m)	varnas (v)	['varnas]
gralha-cinzenta (f)	várna (m)	['varna]
gralha-de-nuca-cinzenta (f)	kúosa (m)	['kuɔsa]
gralha-calva (f)	kovàs (v)	[kɔ'vas]

pato (m)	ántis (m)	['antʲɪs]
ganso (m)	žą̃sinas (v)	['ʒaːsʲɪnas]
faisão (m)	fazãnas (v)	[fa'zaːnas]
águia (f)	erẽlis (v)	[ɛ'rʲælʲɪs]
açor (m)	vãnagas (v)	['vaːnagas]
falcão (m)	sãkalas (v)	['saːkalʲas]
abutre (m)	grìfas (v)	['grʲɪfas]
condor (m)	kondòras (v)	[kɔn'doras]
cisne (m)	gùlbė (m)	['gʊˡbʲeː]
grou (m)	gérvė (m)	['gʲɛrvʲeː]
cegonha (f)	gañdras (v)	['gandras]
papagaio (m)	papū̃ga (m)	[papu:'ga]
beija-flor (m)	kolìbris (v)	[kɔ'lʲɪbrʲɪs]
pavão (m)	pòvas (v)	['povas]
avestruz (m)	strùtis (v)	['strʊtʲɪs]
garça (f)	garnỹs (v)	[gar'nʲiːs]
flamingo (m)	flamìngas (v)	[flʲa'mʲɪngas]
pelicano (m)	pelikãnas (v)	[pʲɛlʲɪ'kaːnas]
rouxinol (m)	lakštiñgala (m)	[lʲakʃ'tʲɪŋgalʲa]
andorinha (f)	kregždė̃ (m)	[krʲɛgʒ'dʲeː]
tordo-zornal (m)	strãzdas (v)	['straːzdas]
tordo-músico (m)	strãzdas giesminiñkas (v)	['straːzdas gʲiɛsmʲɪ'nʲɪŋkas]
melro-preto (m)	juodàsis strãzdas (v)	[jʊɑ'dasʲɪs s'traːzdas]
andorinhão (m)	čiurlỹs (v)	[tʂʊr'lʲiːs]
cotovia (f)	vyturỹs, vieversỹs (v)	[vʲiːtʊ'rʲiːs], [vʲiɛvɛr'sʲiːs]
codorna (f)	pùtpelė (m)	['pʊtpelʲeː]
pica-pau (m)	genỹs (v)	[gʲɛ'nʲiːs]
cuco (m)	gegùtė (m)	[gʲɛ'gʊtʲeː]
coruja (f)	peléda (m)	[pʲɛ'lʲeːda]
bufo-real (m)	apúokas (v)	[a'pʊɑkas]
tetraz-grande (m)	kurtinỹs (v)	[kʊrtʲɪ'nʲiːs]
tetraz-lira (m)	tétervinas (v)	['tʲætʲɛrvʲɪnas]
perdiz-cinzenta (f)	kurapkà (m)	[kʊrap'ka]
estorninho (m)	varnénas (v)	[var'nʲeːnas]
canário (m)	kanarė̃lė (m)	[kana'rʲeːlʲeː]
galinha-do-mato (f)	jerubė̃ (m)	[jerʊ'bʲeː]
tentilhão (m)	kikìlis (v)	[kʲɪ'kʲɪlʲɪs]
dom-fafe (m)	sniẽgena (m)	['snʲɛgʲɛna]
gaivota (f)	žuvédra (m)	[ʒʊ'vʲeːdra]
albatroz (m)	albatròsas (v)	[alʲba't'rosas]
pinguim (m)	pingvìnas (v)	[pʲɪng'vʲɪnas]

180. Pássaros. Canto e sons

cantar (vi)	dainúoti, giedóti	[dʌɪ'nʊɑtʲɪ], [gʲiɛ'dotʲɪ]
gritar, chamar (vi)	rė̃kti	['rʲeːktʲɪ]

| cantar (o galo) | giedóti | [gʲiɛ'dotʲɪ] |
| cocorocó (m) | kakariekū̃ | [kakarʲiɛ'kʊ] |

cacarejar (vi)	kudakóti	[kʊda'kotʲɪ]
crocitar (vi)	kar̃kti	['karktʲɪ]
grasnar (vi)	krekséti	[krʲɛk'sʲe:tʲɪ]
piar (vi)	cỹpti	['tsʲi:ptʲɪ]
chilrear, gorjear (vi)	čiulbéti	[tʂʲʊlʲ'bʲe:tʲɪ]

181. Peixes. Animais marinhos

brema (f)	kar̃šis (v)	['karʃɪs]
carpa (f)	kárpis (v)	['karpʲɪs]
perca (f)	ešerỹs (v)	[ɛʃɛ'rʲi:s]
siluro (m)	šãmas (v)	['ʃa:mas]
lúcio (m)	lydeka̍ (m)	[lʲi:dʲɛ'ka]

| salmão (m) | lašiša̍ (m) | [lʲaʃɪ'ʃa] |
| esturjão (m) | erškétas (v) | [erʃ'kʲe:tas] |

| arenque (m) | sil̃kė (m) | ['sʲɪlʲkʲe:] |
| salmão (m) do Atlântico | lašiša̍ (m) | [lʲaʃɪ'ʃa] |

| cavala, sarda (f) | sku̍mbrė (m) | ['skʊmbrʲe:] |
| solha (f), linguado (m) | plėkšnė (m) | ['plʲækʃnʲe:] |

| lúcio perca (m) | star̃kis (v) | ['starkʲɪs] |
| bacalhau (m) | ménkė (m) | ['mʲɛŋkʲe:] |

| atum (m) | tu̍nas (v) | ['tʊnas] |
| truta (f) | upétakis (v) | [ʊ'pʲe:takʲɪs] |

| enguia (f) | ungurỹs (v) | [ʊngʊ'rʲi:s] |
| raia (f) elétrica | elektrìnė raja̍ (m) | [ɛlʲɛk'trʲɪnʲe: ra'ja] |

| moreia (f) | murėna̍ (m) | [mʊrʲɛ'na] |
| piranha (f) | pirãnija (m) | [pʲɪ'ra:nʲɪjɛ] |

tubarão (m)	ryklỹs (v)	[rʲɪk'lʲi:s]
golfinho (m)	delfìnas (v)	[dʲɛlʲ'fɪnas]
baleia (f)	bangìnis (v)	[ban'gʲɪnʲɪs]

caranguejo (m)	krãbas (v)	['kra:bas]
água-viva (f)	medūza̍ (m)	[mʲɛdu:'za]
polvo (m)	aštuonkójis (v)	[aʃtʊɑŋ'ko:jis]

estrela-do-mar (f)	jū̃ros žvaigždė̃ (m)	['ju:ros ʒvʌɪgʒ'dʲe:]
ouriço-do-mar (m)	jū̃ros ežỹs (v)	['ju:ros ɛ'ʒʲi:s]
cavalo-marinho (m)	jū̃ros arkliùkas (v)	['ju:ros ark'lʲʊkas]

ostra (f)	áustrė (m)	['ɑustrʲe:]
camarão (m)	krevetė̃ (m)	[krʲɛ'vʲɛtʲe:]
lagosta (f)	omãras (v)	[o'ma:ras]
lagosta (f)	langu̍stas (v)	[lʲan'gʊstas]

182. Anfíbios. Répteis

cobra (f)	gyvãtė (m)	[gʲi:'va:tʲe:]
venenoso (adj)	nuodìngas	[nʊɑ'dʲɪngas]
víbora (f)	angìs (v)	[an'gʲɪs]
naja (f)	kobrà (m)	[kɔb'ra]
píton (m)	pitònas (v)	[pʲɪ'tonas]
jiboia (f)	smauglỹs (v)	[smɑʊg'lʲi:s]
cobra-de-água (f)	žaltỹs (v)	[ʒalʲ'tʲi:s]
cascavel (f)	barškuõlė (m)	[barʃkʊalʲe:]
anaconda (f)	anakònda (m)	[ana'konda]
lagarto (m)	dríežas (v)	['drʲiɛʒas]
iguana (f)	iguanà (m)	[ɪgʊa'na]
varano (m)	varãnas (v)	[va'ra:nas]
salamandra (f)	salamándra (m)	[salʲa'mandra]
camaleão (m)	chameleònas (v)	[xamʲɛlʲɛ'onas]
escorpião (m)	skorpiònas (v)	[skorpʲɪ'onas]
tartaruga (f)	vėžlỹs (v)	[vʲe:ʒ'lʲi:s]
rã (f)	varlė̃ (m)	[var'lʲe:]
sapo (m)	rùpūžė (m)	['rʊpu:ʒʲe:]
crocodilo (m)	krokodìlas (v)	[kroko'dʲɪlʲas]

183. Insetos

inseto (m)	vabzdỹs (v)	[vabz'dʲi:s]
borboleta (f)	drugẽlis (v)	[drʊ'gʲælʲɪs]
formiga (f)	skruzdėlė (m)	[skrʊz'dʲælʲe:]
mosca (f)	mùsė (m)	['mʊsʲe:]
mosquito (m)	úodas (v)	['ʊɑdas]
escaravelho (m)	vãbalas (v)	['va:balʲas]
vespa (f)	vapsvà (m)	[vaps'va]
abelha (f)	bìtė (m)	['bʲɪtʲe:]
mamangaba (f)	kamãnė (m)	[ka'ma:nʲe:]
moscardo (m)	gylỹs (v)	[gʲi:'lʲi:s]
aranha (f)	vóras (v)	['voras]
teia (f) de aranha	vorãtinklis (v)	[vo'ra:tʲɪŋklʲɪs]
libélula (f)	laũmžirgis (v)	['lʲɑʊmʒʲɪrgʲɪs]
gafanhoto (m)	žiógas (v)	['ʒʲogas]
traça (f)	petelìškė (m)	[pʲɛtʲɛ'lʲɪʃkʲe:]
barata (f)	tarakõnas (v)	[tara'ko:nas]
carrapato (m)	érkė (m)	['ærkʲe:]
pulga (f)	blusà (m)	[blʲʊ'sa]
borrachudo (m)	mãšalas (v)	['ma:ʃalʲas]
gafanhoto (m)	skėrỹs (v)	[skʲe:'rʲi:s]
caracol (m)	sráigė (m)	['srʌɪgʲe:]

grilo (m)	svirplỹs (v)	[svʲɪrpʲlʲiːs]
pirilampo, vaga-lume (m)	jõnvabalis (v)	[ˈjɔːnvabalʲɪs]
joaninha (f)	boružė (m)	[boˈruʒʲeː]
besouro (m)	grambuolỹs (v)	[grambʊɑˈlʲiːs]

sanguessuga (f)	dėlė̃ (m)	[dʲeːˈlʲeː]
lagarta (f)	vìkšras (v)	[ˈvʲɪkʃras]
minhoca (f)	slíekas (v)	[ˈslʲiɛkas]
larva (f)	kirmelė̃ (m)	[kʲɪrmeˈlʲeː]

184. Animais. Partes do corpo

bico (m)	snãpas (v)	[ˈsnaːpas]
asas (f pl)	sparnaĩ (v dgs)	[sparˈnʌɪ]
pata (f)	kója (m)	[ˈkoja]
plumagem (f)	apsiplunksnãvimas (v)	[apsʲɪplʲʊŋksˈnaːvʲɪmas]
pena, pluma (f)	plùnksna (m)	[ˈplʲʊŋksna]
crista (f)	skristùkas (v)	[skrʲɪˈstʊkas]

brânquias, guelras (f pl)	žiáunos (m dgs)	[ˈʒʲæʊnos]
ovas (f pl)	ìkrai (v dgs)	[ˈɪkrʌɪ]
larva (f)	lérva (m)	[ˈlʲɛrva]
barbatana (f)	pẽlekas (v)	[ˈpʲælʲɛkas]
escama (f)	žvynaĩ (v dgs)	[ʒvʲiːˈnʌɪ]

presa (f)	ìltis (m)	[ˈɪlʲtʲɪs]
pata (f)	lė́tena (m)	[ˈlʲætʲɛna]
focinho (m)	snùkis (v)	[ˈsnʊkʲɪs]
boca (f)	nasraĩ (v)	[nasˈrʌɪ]
cauda (f), rabo (m)	uodegà (m)	[ʊɑdʲɛˈga]
bigodes (m pl)	ū̃sai (v dgs)	[ˈuːsʌɪ]

| casco (m) | kanópa (m) | [kaˈnopa] |
| corno (m) | rãgas (v) | [ˈraːgas] |

carapaça (f)	šárvas (v)	[ˈʃarvas]
concha (f)	kriauklė̃ (m)	[krʲɛʊkˈlʲeː]
casca (f) de ovo	lùkštas (v)	[ˈlʲʊkʃtas]

| pelo (m) | vìlna (m) | [ˈvʲɪlʲna] |
| pele (f), couro (m) | káilis (v) | [ˈkʌɪlʲɪs] |

185. Animais. Habitats

| hábitat (m) | gývavimo aplinkà (m) | [gʲiːˈvavʲɪmɔ aplʲɪŋˈka] |
| migração (f) | migrãcija (m) | [mʲɪˈgraːtsʲɪjɛ] |

montanha (f)	kálnas (v)	[ˈkalʲnas]
recife (m)	rìfas (v)	[ˈrʲɪfas]
falésia (f)	uolà (m)	[ʊɑˈlʲa]
floresta (f)	mìškas (v)	[ˈmʲɪʃkas]
selva (f)	džiùnglės (m dgs)	[ˈdʒʲʊnglʲeːs]

savana (f)	**savanà** (m)	[sava'na]
tundra (f)	**tùndra** (m)	['tʊndra]
estepe (f)	**stèpė** (m)	['stʲɛpʲeː]
deserto (m)	**dykumà** (m)	[dʲiːkʊ'ma]
oásis (m)	**oãzė** (m)	[o'aːzʲeː]
mar (m)	**jũra** (m)	['juːra]
lago (m)	**ẽžeras** (v)	['ɛʒʲɛras]
oceano (m)	**vandenýnas** (v)	[vandʲɛ'nʲiːnas]
pântano (m)	**pélkė** (m)	['pʲɛlʲkʲeː]
de água doce	**gėlavandēnis**	[gʲeːlʲavan'dʲænʲɪs]
lagoa (f)	**tvenkinỹs** (v)	[tvʲɛŋkʲɪ'nʲiːs]
rio (m)	**ùpė** (m)	['ʊpʲeː]
toca (f) do urso	**irštvà** (m)	[ɪrʃt'va]
ninho (m)	**lìzdas** (v)	['lʲɪzdas]
buraco (m) de árvore	**drevẽ** (m)	[dre'vʲeː]
toca (f)	**olà** (m)	[o'lʲa]
formigueiro (m)	**skruzdėlýnas** (v)	[skrʊzdʲeː'lʲiːnas]

Flora

186. Árvores

árvore (f)	mẽdis (v)	['mʲædʲɪs]
decídua (adj)	lapuõtis	[lʲapu'atʲɪs]
conífera (adj)	spygliuõtis	[spʲiːg'lʲʊoːtʲɪs]
perene (adj)	vìšžalis	['vʲɪsʒalʲɪs]
macieira (f)	obelìs (m)	[obʲɛ'lʲɪs]
pereira (f)	kriáušė (m)	['krʲæʊʃe:]
cerejeira (f)	trẽšnė (m)	['trʲæʃnʲe:]
ginjeira (f)	vyšnià (m)	[vʲiːʃnʲæ]
ameixeira (f)	slyvà (m)	[slʲiː'va]
bétula (f)	béržas (v)	['bʲɛrʒas]
carvalho (m)	ą̃žuolas (v)	['aːʒʊalʲas]
tília (f)	líepa (m)	['lʲiɛpa]
choupo-tremedor (m)	drebulẽ (m)	[drebu'lʲe:]
bordo (m)	klẽvas (v)	['klʲævas]
espruce (m)	ẽglė (m)	['ʲæglʲe:]
pinheiro (m)	pušìs (m)	[pʊ'ʃɪs]
alerce, lariço (m)	maũmedis (v)	['maʊmʲɛdʲɪs]
abeto (m)	kẽnis (v)	['kʲeːnʲɪs]
cedro (m)	kèdras (v)	['kʲɛdras]
choupo, álamo (m)	túopa (m)	['tʊapa]
tramazeira (f)	šermùkšnis (v)	[ʃɛr'mʊkʃnʲɪs]
salgueiro (m)	glúosnis (v)	['glʲʊasnʲɪs]
amieiro (m)	ãlksnis (v)	['alʲksnʲɪs]
faia (f)	bùkas (v)	['bʊkas]
ulmeiro, olmo (m)	gúoba (m)	['gʊaba]
freixo (m)	úosis (v)	['ʊasʲɪs]
castanheiro (m)	kaštõnas (v)	[kaʃ'toːnas]
magnólia (f)	magnòlija (m)	[mag'nolʲɪjɛ]
palmeira (f)	pálmė (m)	['palʲmʲe:]
cipreste (m)	kiparìsas (v)	[kʲɪpa'rʲɪsas]
mangue (m)	mañgro mẽdis (v)	['mañgrɔ 'mʲædʲɪs]
embondeiro, baobá (m)	baobãbas (v)	[bao'baːbas]
eucalipto (m)	eukalìptas (v)	[ɛuka'lʲɪptas]
sequoia (f)	sekvojà (m)	[sʲɛkvo:'jɛ]

187. Arbustos

arbusto (m)	krū̃mas (v)	['kruːmas]
arbusto (m), moita (f)	krūmýnas (v)	[kru:'mʲiːnas]

videira (f)	**vynuogýnas** (v)	[vʲi:nʊɑ'gʲi:nas]
vinhedo (m)	**vynuogýnas** (v)	[vʲi:nʊɑ'gʲi:nas]

framboeseira (f)	**aviẽtė** (m)	[a'vʲɛtʲe:]
groselheira-vermelha (f)	**raudonàsis serbeñtas** (v)	[rɑʊdo'nasʲɪs sʲɛr'bʲɛntas]
groselheira (f) espinhosa	**agrãstas** (v)	[ag'ra:stas]

acácia (f)	**akãcija** (m)	[a'ka:tsʲɪjɛ]
bérberis (f)	**raugeřškis** (m)	[rɑʊ'gʲɛrʃkʲɪs]
jasmim (m)	**jazmìnas** (v)	[jaz'mʲɪnas]

junípero (m)	**kadagỹs** (v)	[kada'gʲi:s]
roseira (f)	**rõžių krũmas** (v)	['ro:ʒʲu: 'kru:mas]
roseira (f) brava	**erškẽtis** (v)	[erʃ'kʲe:tʲɪs]

188. Cogumelos

cogumelo (m)	**grỹbas** (v)	['grʲi:bas]
cogumelo (m) comestível	**válgomas grỹbas** (v)	['valʲgomas 'grʲi:bas]
cogumelo (m) venenoso	**nuodìngas grỹbas** (v)	[nʊɑ'dʲɪngas 'grʲi:bas]
chapéu (m)	**kepurẽlė** (m)	[kʲɛpu'rʲe:lʲe:]
pé, caule (m)	**kótas** (v)	['kotas]

boleto, porcino (m)	**baravỹkas** (v)	[bara'vʲi:kas]
boleto (m) alaranjado	**raudonvìřšis** (v)	[rɑʊdon'vʲɪrʃɪs]
boleto (m) de bétula	**lẽpšis** (v)	['lʲæpʃɪs]
cantarelo (m)	**voveraitė** (m)	[vove'rʌɪtʲe:]
rússula (f)	**ūmẽdẽ** (m)	[u:mʲe:'dʲe:]

morchella (f)	**briedžiùkas** (v)	[brʲɪɛ'dʒʲʊkas]
agário-das-moscas (m)	**mùsmirė** (m)	['musmʲɪrʲe:]
cicuta (f) verde	**šùngrybis** (v)	['ʃungrʲi:bʲɪs]

189. Frutos. Bagas

fruta (f)	**vaìsius** (v)	['vʌɪsʲʊs]
frutas (f pl)	**vaìsiai** (v dgs)	['vʌɪsʲɛɪ]
maçã (f)	**obuolỹs** (v)	[obʊɑ'lʲi:s]
pera (f)	**kriáušė** (m)	['krʲæʊʃe:]
ameixa (f)	**slyvà** (m)	[slʲi:'va]

morango (m)	**brãškė** (m)	['bra:ʃkʲe:]
ginja (f)	**vyšnia** (m)	[vʲi:ʃ'nʲæ]
cereja (f)	**trẽšnė** (m)	['trʲæʃnʲe:]
uva (f)	**vỹnuogės** (m dgs)	['vʲi:nʊɑgʲe:s]

framboesa (f)	**aviẽtė** (m)	[a'vʲɛtʲe:]
groselha (f) negra	**juodíeji serbeñtai** (v dgs)	[jʊɑ'dʲɪɛjɪ sʲɛr'bʲɛntʌɪ]
groselha (f) vermelha	**raudoníeji serbeñtai** (v dgs)	[rɑʊdo'nʲɛjɪ sʲɛr'bʲɛntʌɪ]
groselha (f) espinhosa	**agrãstas** (v)	[ag'ra:stas]
oxicoco (m)	**spañguolė** (m)	['spangʊɑlʲe:]
laranja (f)	**apelsìnas** (v)	[apʲɛlʲʲsʲɪnas]

tangerina (f)	mandarìnas (v)	[manda'rʲɪnas]
abacaxi (m)	ananãsas (v)	[ana'na:sas]
banana (f)	banãnas (v)	[ba'na:nas]
tâmara (f)	datùlė (m)	[da'tʊlʲe:]
limão (m)	citrinà (m)	[tsʲɪtrʲɪ'na]
damasco (m)	abrikòsas (v)	[abrʲɪ'kosas]
pêssego (m)	pèrsikas (v)	['pʲɛrsʲɪkas]
quiuí (m)	kìvis (v)	['kʲɪvʲɪs]
toranja (f)	greìpfrutas (v)	['grʲɛɪpfrʊtas]
baga (f)	úoga (m)	['ʊaga]
bagas (f pl)	úogos (m dgs)	['ʊagos]
arando (m) vermelho	brùknės (m dgs)	['brʊknʲe:s]
morango-silvestre (m)	žémuogės (m dgs)	['ʒʲæmʊagʲe:s]
mirtilo (m)	mélỹnės (m dgs)	[mʲe:'lʲi:nʲe:s]

190. Flores. Plantas

flor (f)	gėlė̃ (m)	[gʲe:'lʲe:]
buquê (m) de flores	púokštė (m)	['pʊakʃtʲe:]
rosa (f)	rõžė (m)	['ro:ʒʲe:]
tulipa (f)	tùlpė (m)	['tʊlʲpʲe:]
cravo (m)	gvazdìkas (v)	[gvaz'dʲɪkas]
gladíolo (m)	kardẽlis (v)	[kar'dʲælʲɪs]
centáurea (f)	rùgiagėlė (m)	['rʊgʲægʲe:lʲe:]
campainha (f)	varpẽlis (v)	[var'pʲælʲɪs]
dente-de-leão (m)	pìenė (m)	['pʲɛnʲe:]
camomila (f)	ramùnė (m)	[ra'mʊnʲe:]
aloé (m)	alijõšius (v)	[alʲɪ'jɔ:ʃʊs]
cacto (m)	kàktusas (v)	['ka:ktʊsas]
fícus (m)	fìkusas (v)	['fʲɪkʊsas]
lírio (m)	lelijà (m)	[lʲɛlʲɪ'ja]
gerânio (m)	pelargònija (m)	[pʲɛlʲar'gonʲɪjɛ]
jacinto (m)	hiacìntas (v)	[ɣʲɪja'tsʲɪntas]
mimosa (f)	mimozà (m)	[mʲɪmo'za]
narciso (m)	narcìzas (v)	[nar'tsʲɪzas]
capuchinha (f)	nastùrta (m)	[nas'tʊrta]
orquídea (f)	orchidėja (m)	[orxʲɪ'dʲe:ja]
peônia (f)	bijū̃nas (v)	[bʲɪ'ju:nas]
violeta (f)	našlaitė (m)	[naʃlʲʌɪtʲe:]
amor-perfeito (m)	daržẽlinė našláitė (m)	[dar'ʒʲælʲɪnʲe: naʃlʌɪtʲe:]
não-me-esqueças (m)	neužmirštuõlė (m)	[nʲɛʊʒmʲɪrʃtʊalʲe:]
margarida (f)	saulùtė (m)	[sɑʊ'lʲʊtʲe:]
papoula (f)	aguonà (m)	[agʊa'na]
cânhamo (m)	kanãpė (m)	[ka'na:pʲe:]

hortelã, menta (f)	mėtà (m)	[mʲeːˈta]
lírio-do-vale (m)	pakalnutė (m)	[pakalʲˈnʊtʲeː]
campânula-branca (f)	sniẽgena (m)	[ˈsnʲɛɡʲɛna]

urtiga (f)	dilgėlė (m)	[dʲɪlʲˈɡʲælʲeː]
azedinha (f)	rūgštynė (m)	[ruːɡʃtʲiːnʲeː]
nenúfar (m)	vandeñs lelijà (m)	[vanˈdʲɛns lʲɛlʲɪˈja]
samambaia (f)	papartis (v)	[paˈpartʲɪs]
líquen (m)	kérpė (m)	[ˈkʲɛrpʲeː]

estufa (f)	oranžèrija (m)	[oranˈʒʲɛrʲɪjɛ]
gramado (m)	gazònas (v)	[ɡaˈzonas]
canteiro (m) de flores	klòmba (m)	[ˈklʲomba]

planta (f)	áugalas (v)	[ˈɑʊɡalʲas]
grama (f)	žolė̃ (f)	[ʒoˈlʲeː]
folha (f) de grama	žolėlė̃ (m)	[ʒoˈlʲælʲeː]

folha (f)	lãpas (v)	[ˈlʲaːpas]
pétala (f)	žíedlapis (v)	[ˈʒʲiɛdlʲapʲɪs]
talo (m)	stíebas (v)	[ˈstʲiɛbas]
tubérculo (m)	gumbas (v)	[ˈɡʊmbas]

broto, rebento (m)	želmuõ (v)	[ʒʲɛlʲˈmʊɑ]
espinho (m)	spyglỹs (v)	[spʲiːɡˈlʲiːs]

florescer (vi)	žydéti	[ʒʲiːˈdʲeːtʲɪ]
murchar (vi)	výsti	[ˈvʲiːstʲɪ]
cheiro (m)	kvãpas (v)	[ˈkvaːpas]
cortar (flores)	nupjáuti	[nʊˈpjɑʊtʲɪ]
colher (uma flor)	nuskìnti	[nʊˈskʲɪntʲɪ]

191. Cereais, grãos

grão (m)	grū́das (v)	[ˈgruːdas]
cereais (plantas)	grūdìnės kultūros (m dgs)	[gruːˈdʲɪnʲeːs kʊlʲˈtuːros]
espiga (f)	várpa (m)	[ˈvarpa]

trigo (m)	kviečiaĩ (v dgs)	[kvʲɪɛˈtʂʲɛɪ]
centeio (m)	rugiaĩ (v dgs)	[rʊˈɡʲɛɪ]
aveia (f)	ãvižos (m dgs)	[ˈaːvʲɪʒos]

painço (m)	sóra (m)	[ˈsora]
cevada (f)	miẽžiai (v dgs)	[ˈmʲɛʒʲɛɪ]

milho (m)	kukurū̃zas (v)	[kʊkʊˈruːzas]
arroz (m)	rỹžiai (v)	[ˈrʲiːʒʲɛɪ]
trigo-sarraceno (m)	grìkiai (v dgs)	[ˈɡrʲɪkʲɛɪ]

ervilha (f)	žìrniai (v dgs)	[ˈʒʲɪrnʲɛɪ]
feijão (m) roxo	pupélės (m dgs)	[pʊˈpʲælʲeːs]
soja (f)	sojà (m)	[soːˈjɛ]
lentilha (f)	lę̃šiai (v dgs)	[ˈlʲɛːʃɛɪ]
feijão (m)	pupos (m dgs)	[ˈpʊpos]

GEOGRAFIA REGIONAL

Países. Nacionalidades

192. Política. Governo. Parte 1

política (f)	polìtika (m)	[po'lʲɪtʲɪka]
político (adj)	polìtinis	[po'lʲɪtʲɪnʲɪs]
político (m)	polìtikas (v)	[po'lʲɪtʲɪkas]
estado (m)	valstýbė (m)	[valʲs'tʲiːbʲeː]
cidadão (m)	piliẽtis (v)	[pʲɪ'lʲɛtʲɪs]
cidadania (f)	pilietýbė (m)	[pʲɪlʲiɛ'tʲiːbʲeː]
brasão (m) de armas	nacionãlinis hèrbas (v)	[natsʲɪjo'naːlʲɪnʲɪs 'ɣʲɛrbas]
hino (m) nacional	valstýbinis hìmnas (v)	[valʲs'tʲiːbʲɪnʲɪs 'ɣʲɪmnas]
governo (m)	vyriausýbė (m)	[vʲiːrʲɛʊ'sʲiːbʲeː]
Chefe (m) de Estado	šaliẽs vadõvas (v)	[ʃa'lʲɛs va'doːvas]
parlamento (m)	parlameñtas (v)	[parlʲa'mʲɛntas]
partido (m)	pártija (m)	['partʲɪjɛ]
capitalismo (m)	kapitalìzmas (v)	[kapʲɪta'lʲɪzmas]
capitalista (adj)	kapitalìstinis	[kapʲɪta'lʲɪstʲɪnʲɪs]
socialismo (m)	socialìzmas (v)	[sotsʲɪja'lʲɪzmas]
socialista (adj)	socialìstinis	[sotsʲɪja'lʲɪstʲɪnʲɪs]
comunismo (m)	komunìzmas (v)	[kɔmʊ'nʲɪzmas]
comunista (adj)	komunìstinis	[kɔmʊ'nʲɪstʲɪnʲɪs]
comunista (m)	komunìstas (v)	[kɔmʊ'nʲɪstas]
democracia (f)	demokrãtija (m)	[dʲɛmo'kraːtʲɪjɛ]
democrata (m)	demokrãtas (v)	[dʲɛmo'kraːtas]
democrático (adj)	demokrãtinis	[dʲɛmo'kraːtʲɪnʲɪs]
Partido (m) Democrático	demokrãtinė pártija (m)	[dʲɛmo'kraːtʲɪnʲe: 'partʲɪjɛ]
liberal (m)	liberãlas (v)	[lʲɪbʲɛ'raːlas]
liberal (adj)	liberalùs	[lʲɪbʲɛra'lʊs]
conservador (m)	konservãtorius (v)	[kɔnsʲɛr'va:torʲʊs]
conservador (adj)	konservatyvùs	[kɔnsʲɛrvatʲiː:'vʊs]
república (f)	respùblika (m)	[rʲɛs'pʊblʲɪka]
republicano (m)	respublikõnas (v)	[rʲɛspʊblʲɪ'ko:nas]
Partido (m) Republicano	respublikìnė pártija (m)	[rʲɛspʊblʲɪ'kʲɪnʲe: 'partʲɪjɛ]
eleições (f pl)	rinkìmai (v dgs)	[rʲɪŋ'kʲɪmʌɪ]
eleger (vt)	išrìñkti	[ɪʃ'rʲɪŋktʲɪ]

---

eleitor (m)	rinkėjas (v)	[rʲɪŋ'kʲeːjas]
campanha (f) eleitoral	rinkimo kampānija (m)	[rʲɪŋ'kʲɪmɔ kam'paːnʲɪjɛ]
votação (f)	balsãvimas (v)	[balʲ'saːvʲɪmas]
votar (vi)	balsúoti	[balʲ'suɑtʲɪ]
sufrágio (m)	balsãvimo téisė (m)	[balʲ'saːvʲɪmɔ 'tʲæɪsʲeː]
candidato (m)	kandidãtas (v)	[kandʲɪ'daːtas]
candidatar-se (vi)	balotirúotis	[balʲotʲɪ'rʊɑtʲɪs]
campanha (f)	kampānija (m)	[kam'paːnʲɪjɛ]
da oposição	opozicinis	[opo'zʲɪtsʲɪnʲɪs]
oposição (f)	opozicija (m)	[opo'zʲɪtsʲɪjɛ]
visita (f)	vizitas (v)	[vʲɪ'zʲɪtas]
visita (f) oficial	oficialùs vizitas (v)	[ofʲɪtsʲɪja'lʲʊs vʲɪ'zʲɪtas]
internacional (adj)	tarptautinis	[tarptɑʊ'tʲɪnʲɪs]
negociações (f pl)	derýbos (m dgs)	[dʲɛ'rʲiːbos]
negociar (vi)	vèsti derýbas	['vʲɛstʲɪ dʲɛ'rʲiːbas]

193. Política. Governo. Parte 2

sociedade (f)	visúomenė (m)	[vʲɪ'suɑmenʲeː]
constituição (f)	konstitùcija (m)	[konstʲɪ'tʊtsʲɪjɛ]
poder (ir para o ~)	valdžia (m)	[valʲ'dʒʲæ]
corrupção (f)	korùpcija (m)	[kɔ'rʊptsʲɪjɛ]
lei (f)	įstãtymas (v)	[iː'staːtiːmas]
legal (adj)	teisétas	[tʲɛɪ'sʲeːtas]
justeza (f)	teisingùmas (v)	[tʲɛɪsʲɪn'gʊmas]
justo (adj)	teisìngas	[tʲɛɪ'sʲɪngas]
comitê (m)	komitètas (v)	[komʲɪ'tʲɛtas]
projeto-lei (m)	įstãtymo projèktas (v)	[iː'staːtiːmɔ pro'jɛktas]
orçamento (m)	biudžètas (v)	[bʲʊ'dʒʲɛtas]
política (f)	politika (m)	[po'lʲɪtʲɪka]
reforma (f)	refòrma (m)	[rʲɛ'forma]
radical (adj)	radikalùs	[radʲɪka'lʲʊs]
força (f)	jėgà (m)	[je:'ga]
poderoso (adj)	galìngas	[ga'lʲɪngas]
partidário (m)	šalininkas (v)	[ʃalʲɪ'nʲɪŋkas]
influência (f)	įtaka (m)	['iːtaka]
regime (m)	režimas (v)	[rʲɛ'ʒʲɪmas]
conflito (m)	konflìktas (v)	[kon'flʲɪktas]
conspiração (f)	sąmokslas (v)	['saːmokslʲas]
provocação (f)	provokãcija (m)	[provo'kaːtsʲɪjɛ]
derrubar (vt)	nuvérsti	[nʊ'vʲɛrstʲɪ]
derrube (m), queda (f)	nuvertìmas (v)	[nʊvʲɛr'tʲɪmas]
revolução (f)	revoliùcija (m)	[rʲɛvo'lʲʊtsʲɪjɛ]

golpe (m) de Estado	pérversmas (v)	['pʲɛrvʲɛrsmas]
golpe (m) militar	karìnis pérversmas (v)	[ka'rʲɪnʲɪs 'pʲɛrvʲɛrsmas]

crise (f)	krìzė (m)	['krʲɪzʲe:]
recessão (f) econômica	ekonòminis kritìmas (v)	[ɛko'nomʲɪnʲɪs krʲɪ'tʲɪmas]
manifestante (m)	demonstrántas (v)	[dʲɛmons'trantas]
manifestação (f)	demonstrãcija (m)	[dʲɛmons'tra:tsʲɪjɛ]
lei (f) marcial	kãro padétis (m)	['ka:rɔ padʲe:'tʲɪs]
base (f) militar	karìnė bãzė (m)	[ka'rʲɪnʲe: 'ba:zʲe:]

estabilidade (f)	stabilùmas (v)	[stabʲɪ'lʲʊmas]
estável (adj)	stabilùs	[stabʲɪ'lʲʊs]

exploração (f)	eksploatãcija (m)	[ɛksplʲoa'ta:tsʲɪjɛ]
explorar (vt)	eksploatúoti	[ɛksplʲoa'tʊatʲɪ]

racismo (m)	rasìzmas (v)	[ra'sʲɪzmas]
racista (m)	rasìstas (v)	[ra'sʲɪstas]
fascismo (m)	fašìzmas (v)	[fa'ʃɪzmas]
fascista (m)	fašìstas (v)	[fa'ʃɪstas]

194. Países. Diversos

estrangeiro (m)	užsieniétis (v)	[ʊʒsʲiɛ'nʲɛtʲɪs]
estrangeiro (adj)	užsieniétiškas	[ʊʒsʲiɛ'nʲɛtʲɪʃkas]
no estrangeiro	ùžsienyje	['ʊʒsʲiɛnʲi:jɛ]

emigrante (m)	emigrántas (v)	[ɛmʲɪ'grantas]
emigração (f)	emigrãcija (m)	[ɛmʲɪ'gra:tsʲɪjɛ]
emigrar (vi)	emigrúoti	[ɛmʲɪ'grʊatʲɪ]

Ocidente (m)	Vakaraĩ (v dgs)	[vaka'rʌɪ]
Oriente (m)	Rytaĩ (v dgs)	[rʲi:'tʌɪ]
Extremo Oriente (m)	Tolimì Rytaĩ (v dgs)	[tolʲɪ'mʲɪ rʲi:'tʌɪ]

civilização (f)	civilizãcija (m)	[tsʲɪvʲɪlʲɪ'za:tsʲɪjɛ]
humanidade (f)	žmonijà (m)	[ʒmonʲɪ'ja]
mundo (m)	pasáulis (v)	[pa'saʊlʲɪs]
paz (f)	taikà (m)	[tʌɪ'ka]
mundial (adj)	pasáulinis	[pa'saʊlʲɪnʲɪs]

pátria (f)	tėvýnė (m)	[tʲe:'vʲi:nʲe:]
povo (população)	tautà (m), liáudis (m)	[taʊ'ta], ['lʲæʊdʲɪs]
população (f)	gyvéntojai (v)	[gʲi:'vʲɛnto:jɛi]
gente (f)	žmõnės (v dgs)	['ʒmo:nʲe:s]
nação (f)	nãcija (m)	['na:tsʲɪjɛ]
geração (f)	kartà (m)	[kar'ta]

território (m)	teritòrija (m)	[tʲɛrʲɪ'torʲɪjɛ]
região (f)	regiònas (v)	[rʲɛgʲɪ'jonas]
estado (m)	valstijà (m)	[valʲstʲɪ'ja]

tradição (f)	tradìcija (m)	[tra'dʲɪtsʲɪjɛ]
costume (m)	paprotỹs (v)	[papro'tʲi:s]

ecologia (f)	ekologija (m)	[ɛko'ⁱogⁱɪjɛ]
índio (m)	indénas (v)	[ɪn'dⁱe:nas]
cigano (m)	čigõnas (v)	[tʂⁱɪ'go:nas]
cigana (f)	čigõnė (m)	[tʂⁱɪ'go:nⁱe:]
cigano (adj)	čigõniškas	[tʂⁱɪ'go:nⁱɪʃkas]
império (m)	impèrija (m)	[ɪm'pⁱɛrⁱɪjɛ]
colônia (f)	kolònija (m)	[kɔ'ⁱonⁱɪjɛ]
escravidão (f)	vergìja (m)	[vⁱɛrgⁱɪ'ja]
invasão (f)	invāzija (m)	[ɪn'va:zⁱɪjɛ]
fome (f)	bādas (v)	['ba:das]

195. Grupos religiosos mais importantes. Confissões

religião (f)	religija (m)	[rⁱɛ'ⁱⁱɪgⁱɪjɛ]
religioso (adj)	religinis	[rⁱɛ'ⁱⁱɪgⁱɪnⁱɪs]
crença (f)	tikéjimas (v)	[tⁱɪ'kⁱɛjɪmas]
crer (vt)	tikéti	[tⁱɪ'kⁱe:tⁱɪ]
crente (m)	tìkintis (v)	['tⁱɪkⁱɪntⁱɪs]
ateísmo (m)	ateìzmas (v)	[atⁱɛ'ɪzmas]
ateu (m)	ateìstas (v)	[atⁱɛ'ɪstas]
cristianismo (m)	Krikščionýbė (m)	[krⁱɪkʃtʂⁱo'nⁱi:bⁱe:]
cristão (m)	krikščiónis (v)	[krⁱɪkʃⁱtʂⁱonⁱɪs]
cristão (adj)	krikščióniškas	[krⁱɪkʃⁱtʂⁱonⁱɪʃkas]
catolicismo (m)	Katalicìzmas (v)	[katalⁱɪ'tsⁱɪzmas]
católico (m)	katalìkas (v)	[kata'lⁱɪkas]
católico (adj)	katalìkiškas	[kata'lⁱɪkⁱɪʃkas]
protestantismo (m)	Protestantìzmas (v)	[protⁱɛstan'tⁱɪzmas]
Igreja (f) Protestante	Protestántų bažnýčia (m)	[protⁱɛs'tantu: baʒ'nⁱi:tʂⁱæ]
protestante (m)	protestántas (v)	[protⁱɛs'tantas]
ortodoxia (f)	Stačiatikýbė (m)	[statʂⁱætⁱɪ'kⁱi:bⁱe:]
Igreja (f) Ortodoxa	Stačiãtikių bažnýčia (m)	[sta'tʂⁱætⁱɪkⁱu: baʒ'nⁱi:tʂⁱæ]
ortodoxo (m)	stačiãtikis	[sta'tʂⁱætⁱɪkⁱɪs]
presbiterianismo (m)	Presbiterionìzmas (v)	[prⁱɛsbⁱɪtⁱɛrⁱɪjo'nⁱɪzmas]
Igreja (f) Presbiteriana	Presbiteriõnų bažnýčia (m)	[prⁱɛsbⁱɪtⁱɛrⁱɪ'jo:nu: baʒ'nⁱi:tʂⁱæ]
presbiteriano (m)	presbiteriõnas (v)	[prⁱɛsbⁱɪtⁱɛrⁱɪ'jo:nas]
luteranismo (m)	Liuterõnų bažnýčia (m)	[ⁱⁱʊtⁱɛ'ro:nu: baʒ'nⁱi:tʂⁱæ]
luterano (m)	liuterõnas (v)	[ⁱⁱʊtⁱɛ'ro:nas]
Igreja (f) Batista	Baptìzmas (v)	[bap'tⁱɪzmas]
batista (m)	baptìstas (v)	[bap'tⁱɪstas]
Igreja (f) Anglicana	Anglikõnų bažnýčia (m)	[anglⁱɪ'ko:nu: baʒ'nⁱi:tʂⁱæ]
anglicano (m)	anglikõnas (v)	[anglⁱɪ'ko:nas]
mórmon (m)	mormõnas (v)	[mor'monas]
Judaísmo (m)	Judaìzmas (v)	[jʊdʌ'ɪzmas]

judeu (m)	žýdas (v)	['ʒʲiː das]
budismo (m)	Budìzmas (v)	[bʊ'dʲɪzmas]
budista (m)	budìstas (v)	[bʊ'dʲɪstas]

| hinduísmo (m) | Induìzmas (v) | [ɪndʊ'ɪzmas] |
| hindu (m) | induìstas (v) | [ɪndʊʲɪstas] |

Islã (m)	Islãmas (v)	[ɪs'lʲaː mas]
muçulmano (m)	musulmõnas (v)	[mʊsʊlʲ'moː nas]
muçulmano (adj)	musulmõniškas	[mʊsʊlʲ'moː nʲɪʃkas]

| xiismo (m) | Šiìzmas (v) | [ʃɪ'ɪzmas] |
| xiita (m) | šiìtas (v) | [ʃɪ'ɪtas] |

| sunismo (m) | Sunìzmas (v) | [sʊ'nʲɪzmas] |
| sunita (m) | sunìtas (v) | [sʊ'nʲɪtas] |

196. Religiões. Padres

| padre (m) | šventìkas (v) | [ʃvʲɛn'tʲɪkas] |
| Papa (m) | Ròmos pópiežius (v) | ['romos 'popʲiɛʒʲʊs] |

monge (m)	vienuõlis (v)	[vʲiɛ'nʊalʲɪs]
freira (f)	vienuõlė (m)	[vʲiɛ'nʊalʲeː]
pastor (m)	pãstorius (v)	['paː storʲʊs]

abade (m)	abãtas (v)	[a'baː tas]
vigário (m)	vikãras (v)	[vʲɪ'kaː ras]
bispo (m)	výskupas (v)	['vʲiː skʊpas]
cardeal (m)	kardinõlas (v)	[kardʲɪ'noː lʲas]

pregador (m)	pamoksláutojas (v)	[pamok'slʲautoː jɛs]
sermão (m)	pamókslas (v)	[pa'mokslʲas]
paroquianos (pl)	parapijiẽčiai (v dgs)	[parapʲɪ'jɪɛtʂʲɛɪ]

| crente (m) | tìkintis (v) | ['tʲɪkʲɪntʲɪs] |
| ateu (m) | ateìstas (v) | [atʲɛ'ɪstas] |

197. Fé. Cristianismo. Islão

| Adão | Adõmas (v) | [a'doː mas] |
| Eva | levà (m) | [ɪɛ'va] |

Deus (m)	Diẽvas (v)	['dʲɛvas]
Senhor (m)	Viẽšpats (v)	['vʲɛʃpats]
Todo Poderoso (m)	Visagãlis (v)	[vʲɪsa'gaː lʲɪs]

pecado (m)	núodėmė (m)	['nʊadʲeː mʲeː]
pecar (vi)	nusidéti	[nʊsʲɪ'dʲeː tʲɪ]
pecador (m)	nuodémìngas (v)	[nʊadʲeː 'mʲɪngas]
pecadora (f)	nuodémìngoji (m)	[nʊadʲeː 'mʲɪngojɪ]
inferno (m)	prãgaras (v)	['praː garas]

paraíso (m)	rõjus (v)	['ro:jʊs]
Jesus	Jėzus (v)	['je:zʊs]
Jesus Cristo	Jėzus Krìstus (v)	['je:zʊs 'krʲɪstʊs]

Espírito (m) Santo	Šventóji dvasià (m)	[ʃvʲɛn'to:jɪ dva'sʲæ]
Salvador (m)	Išganýtojas (v)	[ɪʃga'nʲi:to:jɛs]
Virgem Maria (f)	Dĩevo Mótina (m)	['dʲɛvɔ 'motʲɪna]

Diabo (m)	Vélnias (v)	['vʲɛlʲnʲæs]
diabólico (adj)	vélniškas	['vʲɛlʲnʲɪʃkas]
Satanás (m)	Šétõnas (v)	[ʃe:'to:nas]
satânico (adj)	šétõniškas	[ʃe:'to:nʲɪʃkas]

anjo (m)	ángelas (v)	['angʲɛlʲas]
anjo (m) da guarda	ángelas-sárgas (v)	['angʲɛlʲas-'sargas]
angelical	ángeliškas	['angʲɛlʲɪʃkas]

apóstolo (m)	apãštalas (v)	[a'pa:ʃtalʲas]
arcanjo (m)	archãngelas (v)	[ar'xangʲɛlʲas]
anticristo (m)	Antikrìstas (v)	[antʲɪ'krʲɪstas]

Igreja (f)	Bažnýčia (m)	[baʒ'nʲi:tʂʲæ]
Bíblia (f)	bìblija (m)	['bʲɪblʲɪjɛ]
bíblico (adj)	biblijìnis	[bʲɪblʲɪ'jɪnʲɪs]

Velho Testamento (m)	Senãsis Testameñtas (v)	[sʲɛ'nasʲɪs tʲɛsta'mʲɛntas]
Novo Testamento (m)	Naujãsis Testameñtas (v)	[nɑʊ'jasʲɪs tʲɛsta'mʲɛntas]
Evangelho (m)	Evangèlija (m)	[ɛvan'gʲɛlʲɪjɛ]
Sagradas Escrituras (f pl)	Šveñtas rãštas (v)	['ʃvʲɛntas 'ra:ʃtas]
Céu (sete céus)	Dangùs (v),	[dan'gʊs], [dan'gɑʊs
	Dangaũs Karalȳstė (m)	kara'lʲi:stʲe:]

mandamento (m)	įsãkymas (v)	[i:'sa:kʲɪ:mas]
profeta (m)	prãnašas (v)	['pra:naʃas]
profecia (f)	pranašȳstė (m)	[prana'ʃɪ:stʲe:]

Alá (m)	Alãchas (v)	[a'lʲa:xas]
Maomé (m)	Magomètas (v)	[mago'mʲɛtas]
Alcorão (m)	Korãnas (v)	[kɔ'ra:nas]

mesquita (f)	mečètė (m)	[mʲɛ'tʂʲɛtʲe:]
mulá (m)	mulà (m)	[mʊ'lʲa]
oração (f)	maldà (m)	[malʲda]
rezar, orar (vi)	melstis	['mʲɛlʲstʲɪs]

peregrinação (f)	maldininkȳstė (m)	[malʲdʲɪnʲɪŋ'kȳstʲe:]
peregrino (m)	maldinìnkas (v)	[malʲdʲɪ'nʲɪŋkas]
Meca (f)	Mekà (m)	[mʲɛ'ka]

igreja (f)	bažnýčia (m)	[baʒ'nʲi:tʂʲæ]
templo (m)	šventóvė (m)	[ʃven'tovʲe:]
catedral (f)	kãtedra (m)	['ka:tʲɛdra]
gótico (adj)	gòtiškas	['gotʲɪʃkas]
sinagoga (f)	sinagogà (m)	[sʲɪnagɔ'ga]
mesquita (f)	mečètė (m)	[mʲɛ'tʂʲɛtʲe:]
capela (f)	koplyčià (m)	[kɔplʲi:'tʂʲæ]

abadia (f)	abãtija (m)	[a'ba:tʲɪjɛ]
convento (m)	vienuolýnas (v)	[vʲiɛnʊɑ'lʲi:nas]
monastério (m)	vienuolýnas (v)	[vʲiɛnʊɑ'lʲi:nas]
sino (m)	varpas (v)	['varpas]
campanário (m)	varpinė (m)	['varpʲɪnʲe:]
repicar (vi)	skambinti	['skambʲɪntʲɪ]
cruz (f)	krýžius (v)	['krʲi:ʒʲʊs]
cúpula (f)	kupolas (v)	['kʊpolʲas]
ícone (m)	ikonà (m)	[ɪko'na]
alma (f)	síela (m)	['sʲiɛlʲa]
destino (m)	likìmas (v)	[lʲɪ'kʲɪmas]
mal (m)	blõgis (v)	['blʲo:gʲɪs]
bem (m)	gėris (v)	['gʲe:rʲɪs]
vampiro (m)	vampýras (v)	[vam'pʲi:ras]
bruxa (f)	rãgana (m)	['ra:gana]
demônio (m)	dèmonas (v)	['dʲɛmonas]
espírito (m)	dvasià (m)	[dva'sʲæ]
redenção (f)	atpirkìmas (v)	[atpʲɪr'kʲɪmas]
redimir (vt)	išpírkti	[ɪʃ'pʲɪrktʲɪ]
missa (f)	pãmaldos (m dgs)	['pa:malʲdos]
celebrar a missa	tarnáuti	[tar'nɑʊtʲɪ]
confissão (f)	išpažintìs (m)	[ɪʃpaʒʲɪn'tʲɪs]
confessar-se (vr)	atlìkti ìšpažintį	[at'lʲɪ:ktʲɪ 'i:ʃpaʒʲɪntʲɪ:]
santo (m)	šventàsis (v)	[ʃvʲɛn'tasʲɪs]
sagrado (adj)	švéntintas	['ʃvʲɛntʲɪntas]
água (f) benta	šveñtas vanduõ (v)	['ʃvʲɛntas van'dʊɑ]
ritual (m)	rituãlas (v)	[rʲɪtʊ'a:lʲas]
ritual (adj)	rituãlinis	[rʲɪtʊ'a:lʲɪnʲɪs]
sacrifício (m)	aukójimas (v)	[ɑʊ'ko:jɪmas]
superstição (f)	prietaringùmas (v)	[prʲiɛtarʲɪn'gʊmas]
supersticioso (adj)	prietarìngas	[prʲiɛta'rʲɪngas]
vida (f) após a morte	pomirtìnis gyvēnimas (v)	[pomʲɪr'tʲɪnʲɪs gʲi:'vʲænʲɪmas]
vida (f) eterna	ámžinas gyvēnimas (v)	['amʒʲɪnas gʲi:'vʲænʲɪmas]

TEMAS DIVERSOS

198. Várias palavras úteis

ajuda (f)	pagálba (m)	[pa'gal/ba]
barreira (f)	užtvara (m)	['ʊʒtvara]
base (f)	bãzė (m)	['ba:z/e:]
categoria (f)	kategòrija (m)	[kat/ɛ'gor/ɪjɛ]
causa (f)	priežastìs (m)	[pr/iɛʒas't/ɪs]
coincidência (f)	sutapìmas (v)	[sʊta'p/ɪmas]
coisa (f)	dáiktas (v)	['dʌɪktas]
começo, início (m)	pradžià (m)	[prad'ʒ/æ]
cômodo (ex. poltrona ~a)	patogùs	[pato'gʊs]
comparação (f)	palýginimas (v)	[pa'l/i:g/ɪn/ɪmas]
compensação (f)	kompensãcija (m)	[kɔmp/ɛn'sa:ts/ɪjɛ]
crescimento (m)	augìmas (v)	[ɑʊ'g/ɪmas]
desenvolvimento (m)	výstymas (v)	['v/i:st/i:mas]
diferença (f)	skìrtumas (v)	['sk/ɪrtʊmas]
efeito (m)	efèktas (v)	[ɛ'f/ɛktas]
elemento (m)	elemeñtas (v)	[ɛl/ɛ'm/ɛntas]
equilíbrio (m)	balánsas (v)	[ba'l/ansas]
erro (m)	klaidà (m)	[kl/ʌɪ'da]
esforço (m)	pãstangos (m dgs)	['pa:stangos]
estilo (m)	stìlius (v)	['st/ɪl/ʊs]
exemplo (m)	pavyzdỹs (v)	[pav/i:z'd/i:s]
fato (m)	fãktas (v)	['fa:ktas]
fim (m)	pabaigà (m)	[pabʌɪ'ga]
forma (f)	fòrma (m)	['forma]
frequente (adj)	dãžnas	['da:ʒnas]
fundo (ex. ~ verde)	fònas (v)	['fonas]
gênero (tipo)	rũšis (m)	['ru:ʃɪs]
grau (m)	láipsnis (v)	['l/ʌɪpsn/ɪs]
ideal (m)	ideãlas (v)	[id/ɛ'a:l/as]
labirinto (m)	labirìntas (v)	[l/ab/ɪ'r/ɪntas]
modo (m)	bũdas (v)	['bu:das]
momento (m)	momeñtas (v)	[mo'm/ɛntas]
objeto (m)	objèktas (v)	[ob'jɛktas]
obstáculo (m)	kliũtis (m)	['kl/u:t/ɪs]
original (m)	originãlas (v)	[or/ɪg/ɪ'na:l/as]
padrão (adj)	standártinis	[stan'dart/ɪn/ɪs]
padrão (m)	standártas (v)	[stan'dartas]
paragem (pausa)	sustojìmas (v)	[sʊsto'j/ɪmas]
parte (f)	dalìs (m)	[da'l/ɪs]

partícula (f)	dalelýtė (m)	[dalʲɛ'lʲiːtʲeː]
pausa (f)	páuzė (m)	['pɑuzʲeː]
posição (f)	pozìcija (m)	[po'zʲɪtsʲɪjɛ]
princípio (m)	prìncipas (v)	['prʲɪntsʲɪpas]

problema (m)	problemà (m)	[problʲɛ'ma]
processo (m)	procèsas (v)	[pro'tsʲɛsas]
progresso (m)	progrèsas (v)	[pro'grʲɛsas]
propriedade (qualidade)	savýbė (m)	[sa'vʲiːbʲeː]

reação (f)	reãkcija (m)	[rʲɛ'aːktsʲɪjɛ]
risco (m)	rìzika (m)	['rʲɪzʲɪka]
ritmo (m)	tempas (v)	['tʲɛmpas]
segredo (m)	paslaptìs (m)	[paslʲap'tʲɪs]
série (f)	sèrija (m)	['sʲɛrʲɪjɛ]

sistema (m)	sistemà (m)	[sʲɪstʲɛ'ma]
situação (f)	situãcija (m)	[sʲɪ'tʋaːtsʲɪjɛ]
solução (f)	sprendìmas (v)	[sprʲɛn'dʲɪmas]
tabela (f)	lentėlė (m)	[lʲɛn'tʲælʲeː]
termo (ex. ~ técnico)	tèrminas (v)	['tʲɛrmʲɪnas]

tipo (m)	tìpas (v)	['tʲɪpas]
urgente (adj)	skubùs	[skʊ'bʊs]
urgentemente	skubiaĩ	[skʊ'bʲɛɪ]
utilidade (f)	naudà (m)	[nɑʊ'da]

variante (f)	variántas (v)	[varʲɪ'jantas]
variedade (f)	pasirinkìmas (v)	[pasʲɪrʲɪŋ'kʲɪmas]
verdade (f)	tiesà (m)	[tʲɪɛ'sa]
vez (f)	eilė̃ (m)	[ɛɪ'lʲeː]
zona (f)	zonà (m)	[zo'na]